Horst Wolf Müller · Ostdrift

Horst Wolf Müller, 1935 in Langenbielau (Schlesien) geboren, Flucht nach Bayern 1945.
Studium der Germanistik und Anglistik in München, Münster und Kansas (USA).
Horst Wolf Müller ist vorwiegend mit Theaterstücken hervorgetreten. In den 80er Jahren sind fünf Stücke an verschiedenen Theatern aufgeführt worden (u. a. in Konstanz, Karlsruhe, Regensburg und Salzburg). Daneben entstanden eine grosse Anzahl von Kurzspielen und Satiren für den Rundfunk.

Bibliografie:
MODERNE DRAMATURGIE, Diesterweg 1967.
HELDEN ZUM RAPPORT, Schwann 1970.
BERNHARD. Theaterstück (Auszug), Edition S 1990.
NIEDRIGWASSER. Roman, Literareon München 2002.

Horst Wolf Müller

Ostdrift

Drei Reiseerzählungen

Aventuur
im NordPark Verlag

Bibliografische Information der Deutschen Nationalbibliothek
Die Deutsche Nationalbibliothek verzeichnet diese Publikation in der Deutschen Nationalbibliografie; detaillierte bibliografische Daten sind im Internet über http://dnb.d-nb.de abrufbar.

Originalausgabe
2008

Lektorat: Marina Palm
Titelbild und Umschlaggestaltung:
Yasmin Schütte
Gesetzt in der Adobe Caslon
Druck: Books on Demand GmbH, Norderstedt
Printed in Germany
ISBN 978-3-935421-27-0
Aventuur
im NordPark Verlag
Klingelholl 53 · D 42281 Wuppertal
www.nordpark-verlag.de

Inhalt

Praha – die Schwelle

Im Jahre '67 schickte mir ein Vetter das postkartengroße Foto meines Geburtshauses; ein Bekannter, der in Schlesien gewesen war, hatte es aufgenommen. Das Haus sah kaum anders aus als in meiner Erinnerung, nur die Gartenmauer war abgerissen, und zwei polnische Mädchen schritten auf dem Gehweg, sie schienen miteinander zu plaudern – das Ganze machte einen friedlichen Eindruck. Willst du nicht auch einmal nach Schlesien fahren, fragte mein Vetter in dem begleitenden Brief. Ist das denn möglich, fragte ich zurück. Wenn das andere schaffen, wirst du das auch schaffen, schrieb mein Vetter aus Berlin.

Andere! Wer sind diese anderen? Das sind sicher Geschäftsleute, die dort hinfahren müssen. Der Briefwechsel versandete wieder, und meine Fragen blieben unbeantwortet.

Es ist wahr, ich habe mich bisher in kein Land des Ostblocks hineingewagt. Nur nach Ostberlin, aber da ist man abends wieder in Sicherheit. Reisen dagegen heißt bleiben, das erfordert Mut.

Der Ostblock war für mich offenbar zu einer Welt des Unzuganglichen und Verbotenen geworden, darüber hinaus auch eine vergessene Welt, und zwar eine, die es selbst wünscht, vergessen zu sein und zu bleiben. Unbeachtet und unerwähnt schienen mir dort die Menschen sein zu wollen wie Kranke, die in Ruhe sterben möchten, ohne Zeugen. Sie schienen ein Tabu über sich verhängt zu haben, das aus Pietät gewebt war: Man kann Sterbenskranke nicht besuchen, sich nicht von ihnen bewirten lassen, man kann sie nicht mit seiner Neugier belästigen, und Sterbende können sich einem nicht widmen. Und all die vielen, die dort auch nicht hinfuhren, schienen meine Vorstellung zu teilen. Man glaubte, dort ein Welken der Lebensprozesse wahrzunehmen, eine Art Biostase, ein Anhalten des Lebensvorgangs, eine Verwandlung der Lebenslust in ein müdes und mühsames Dahinvegetieren, das sich freilich hinter viel Geschäftigkeit und Arbeitsamkeit verbarg, oder verbergen musste, von Staats wegen. Vielleicht trifft diesen Zustand am besten die Metapher vom langjährigen Schlaf, wie ihm der Mönch von Heisterbach anheim fiel. An diesem kollektiven Schlaf wollte ich nicht teilhaben. Andererseits wusste ich, dass dort mit Argusaugen ein ganz und gar nicht schläfriger Sicherheitsapparat wachte und den schlummernden Lebenswillen, der in die Form des stillen Widerstandes eintauchte, argwöhnisch aufzeichnete. Als Westler fürchtete ich, dort auf Tritt und Schritt beobachtet und verfolgt zu werden und zuletzt sogar Rechenschaft über mein Wachsein und meine erhöhten Lebenshoffnungen abgeben zu müssen.

Unsere Menschen sind klein und geduckt, gehen Sie nicht so frech umher!)

Kurz und gut: Ich wollte nach Osten, aber ich wagte es nicht zu wollen.

So blieben mir die Länder jenseits von Elbe und Oder – wie vielen anderen, deren Vorstellungen auch nicht aus der Verschwommenheit herauskommen konnten – unbekannt, wie Länder der Sage, wie Tibet oder Orplid oder die Schluchten des Balkans. Einzelne waren zwar dort gewesen, aber die kannte ich nicht; ich kannte nur Nachrichten aus zweiter Hand, und die waren immer von Warnungen und Enttäuschungsbekundungen umwölkt, man solle dort nicht hinfahren, alles sei noch schlimmer, als es man sich vorstelle. Auf diese Weise bin ich auch davor gewarnt worden, mit einem Schiff den Atlantik zu überqueren, die Seekrankheit sei so furchtbar, dass man nur noch sterben wolle. Solche Warnungen haben sich früher immer sehr nachhaltig in mir ausbreiten können. Und die Vorstellung wurde durch solche Berichte unglücklich gespeist, noch grauer und schemenhafter und die Vorurteile zu unübersteigbaren Mauern, so dass ich mich an ihnen gar nicht erst versuchte, sondern nach Italien und nach Spanien fuhr, dorthin aber mit einer solchen Furchtlosigkeit, als führe ich zu lauter Verwandten aufs Land.

Aber die Namen Dresden, Erfurt, Magdeburg, Wittenberg ließen sich auch durch alles Licht des Südens nicht verdrängen, und an herbstlichen Lesetagen tauchten sie wieder auf und mit ihnen ein Gestaltenreigen altdeutscher Schelme, Welterforscher, Sucher, Prediger und Haudegen und damit kam ein seltsames Verlangen, ihren Stätten nachzuspüren. In Tagträumen sah man Eulenspiegel ein Krankenhaus leer räumen, Luther Streitschriften gegen den Papst verfassen, Guericke Pferde an seine luftleere Kugel spannen, Bach die Orgel in Leipzig zu ungekannter Fülle entfesseln, und es wob sich ein magisch-magnetischer Raum um einen, in dem eine Ostdrift herrschte, dass man glaubte, aufbrechen zu müssen, um durch alle Barrieren von Staub und Tristesse hindurch diese verbotenen und vergessenen Länder aufzusuchen und mit versteckter Wünschelrute den alten Geist wiederzuerwecken.

Gleichzeitig breitete sich aber im Gemüt eine Gegenstimmung von Melancholie aus, die wie schwarzer Lack den magischen Drang überlagerte und in alle Kavernen einsickerte, so dass man das auslösende Buch zuklappte und vom Schreibtisch oder aus dem Lesesessel aufstand und ganz unschlüssig im Zimmer auf und ab ging und es drängte sich der 17. Juni vor und einige Parolen wie »Übererfüllung« und »Subbotnik« und man sah Transparente auf Güterwagen und Losungen über Fabriktoren. Man dachte an Prozesse gegen Schüler, von denen man schon als Abiturient gehört hatte, und das Patt der Gefühle war wieder da, das einen in der jahrelangen Passivität gehalten hatte.

Den Zugang zum Ostblock habe ich durch Dr. Hebky gefunden. Vielleicht hat auch Kafka eine gewisse Rolle dabei gespielt. Dr. Hebky ist ein tschechischer Chemiker, den ich kurz nach dem Prager Frühling in Wien kennen gelernt habe, aber nicht als Emigranten, sondern als Teilnehmer eines wissenschaftlichen Kongresses. Aus Gründen, die ich nicht erforscht habe, wohnte Dr. Hebky damals, es mag im Herbst 1968 oder später gewesen sein, im Studentenwohnheim in der Porzellangasse. Wahrscheinlich, weil es an Devisen für Hotelzimmer fehlte. Ihm wurde ich – damals auch nicht begütert – als Zimmergenosse zugeteilt. In mir fand Dr. Hebky einen Neugierigen, dem keine marxistischen Grundlagen das Zuhören erschwerten, wenn jemand die Litanei der Fehlleistungen des Systems sang, und bei aller Höflichkeit, die er mir als Mitbewohner angedeihen ließ, verriet er mir so jäh wie unvorsichtig, mit welchem Abscheu Prags Intellektuelle, jedenfalls die Liberalen, zu denen er sich zählte, dem Wirken Husaks und der moskauhörigen Machthaber zusahen. Ich erinnere mich kaum noch an Einzelheiten dieses Gesprächs, das wir auf Studentenbetten sitzend führten (deren sonstige Schläfer irgendwo in Kärnten ihre Semesterferien verbrachten), nur noch an die Atmosphäre verschwörerischer Annäherung der Meinungen, die ein gewisses Flirren im Raum zu erzeugen schien, worauf wir das Fenster öffneten und das Vorbeifahren einer Wiener Straßenbahn mildernd in unser Gespräch eindrang. Wenn ich mich recht erinnere, hatte Dr. Hebky damals auch zu verstehen gegeben, dass er auch auf Dubcek keinerlei Hoffnungen gesetzt habe, weil es einen Kommunismus mit menschlichem Gesicht gar nicht geben könne, und es hatte sich ein gewisser Fatalismus über das ganze Gespräch gelegt wie ein Rauchschleier, wenn jemand starke Zigarren in einem ungelüfteten Zimmer verbrennt. Aber dieses Bedrückende habe ich fast immer empfunden, wenn mit Kennern der Materie über die Aussichten des Kommunismus geredet wurde. Hebky erwarb in meinen Augen den Nimbus unanfechtbarer Kompetenz, weil er – anders als deutsche Akademiker – mit dem Kommunismus nicht die geringste Hoffnung verband.

Sein doppeltes Wissen um eine Macht, die zutiefst unfähig, dabei aber gegen jeden Umsturz gefeit war, konnte seinen Eindruck auf ein westliches Gemüt nicht verfehlen. Es gab dann kein Gespräch mehr, das dem ersten in der Studentenbude im »Porzellanheim« an Intensität vergleichbar gewesen wäre, auch wenn wir uns zum Frühstück im Cafe Korall und zum Abendessen in einem Beisl dessen Namen ich heute vergessen habe, noch einmal trafen. Hebky machte mich auch noch mit seiner Tochter bekannt, die ihn nach Wien begleitet hatte; sie verlor kein Wort über Politik, was sehr erfrischend wirkte. Am dritten Tag unserer Bekanntschaft reisten beide schon nach Prag zurück, die letzten Worte, die getauscht wurden, waren Versicherungen, sich gegenseitig zu besuchen. Doch sollte ich zuerst nach Prag kommen, denn für ihn werde die nächste Valuta-Zuteilung auf sich warten lassen. Und überhaupt sei es mit den Ausreisegenehmigungen sehr schwierig, außer zu Fachkongressen werde er kaum reisen dürfen, und zu den Kongressen auch nur, weil er an der Entwicklung eines Mittels beteiligt war, das bei der Schweinemast dem Futter zugesetzt wurde und die Tiere vor Infektionen schützte. Kommen Sie bald nach Prag, rief er mir zu, als wir uns vor dem Porzellanheim trennten. Ich werde Ihnen Unterkunft besorgen! Na shledanou!

Es hat noch über zwei Jahre gedauert, bis ich Prag dann endlich sah. Ich bildete mir ein, es würde ein Wiedersehen werden, denn ich habe als Neunjähriger, während der Flucht aus Schlesien, eine Nacht in Prag zugebracht und hatte eine deutliche Erinnerung an einen Platz gespeichert, auf dem mich ein Prager Polizist zur Ruhe ermahnte, offenbar hatte ich dort, zusammen mit einem Gleichaltrigen, gelärmt.

Im nächtlichen Prag im März 1945 von einem Polizisten zur Ruhe ermahnt zu werden, war ein einschneidendes Erlebnis und hat mir diesen Erinnerungsrest beschert, darüber hinaus weiß ich nur etwas von einem Handwagen, auf dem zwei Flüchtlingsfamilien ihre Habe von einem Bahnhof zu einem anderen transportierten, wobei immer wieder die Hutschachtel meiner Mutter herunterfiel und sich öffnete. Hüte enthielt sie freilich keine mehr. Die beiden Bahnhöfe habe ich nicht wiedererkannt, auch nicht den Platz, auf dem ich ermahnt worden war. Das Prag von 1972 bot mir keinerlei Wiedererkennen, es war eine ganz neue und fremde Stadt. Sie war für mich ebenso neu wie für Dörte, die mich damals begleitete.

Dörte war gerade 20 geworden, ihre Bekanntschaft mit Kafka war noch sehr frisch und sie hatte daher die Idee, nach Prag zu fahren, begeistert aufgegriffen und aus einem meiner vielen Gedankenspiele über mögliche Reisen eigentlich erst zur ernsten Absicht gemacht.

Ende März reisten wir ab. Wir reisten mit der Bahn und in drei Etappen. Diese Strategie der vorsichtigen und langsamen Annäherung trägt unverkennbar meine Handschrift.

Wir verbrachten erst noch einen Sonntag in Bayreuth, den Palmsonntag nämlich, wanderten am Vormittag in den Vorort St. Johannes, mischten uns in einem Dorfgasthaus unter Konfirmationsgäste, saßen nachmittags in einem Cafe, in dem NPD-Zeitungen aushingen, und gingen abends ins Kino. Das Wagner-Haus konnte man damals nur von außen besichtigen, ebenso das Festspielhaus, wir nannten es die Musikfabrik (auf Grund seiner Architektur).

Das recht feudale Hotel, in dem wir wohnten (ich hatte gerade etwas besser zu verdienen begonnen, und legte Wert auf Zeichen erwachenderLeistungskraft), stärkte unser westliches Selbstbewusstsein, das wir in Prag zu benötigen glaubten. Ein Kellner im Frack putzte unsere vor die Tür gestellten Schuhe und schob uns beim Frühstück den Stuhl in die Kniekehle. Dienste, die so unerfahrene Gäste wie wir mit Verlegenheit annahmen. Wir bestiegen aber mit dem Gefühl, von jetzt an von vielen dienstbaren Geistern umworben zu werden, den Prager Zug. In Kirchenlaibach, zu recht früher Stunde. Der Zug erschien uns wohltuend leer, was uns in dem Gefühl bestärkte, dass die Reise nach Prag eine beschwerliche Angelegenheit sei, die nur sehr wenige Menschen im Westen auf sich nahmen. Ein Irrtum, wie wir noch feststellen sollten.

Wir setzten uns nun nicht in ein leeres Abteil, sondern in eines, wo eine ältere Frau saß, die den Eindruck erweckte, dass sie nicht nur die Strecke kenne, sondern sich auch aus den Grenzkontrollen überhaupt nichts machen werde, eine entfernte Verwandte jener Teta Linek, über die Werfel im »Veruntreuten Himmel« schreibt, und deren Gottvertrauen wie Körperfülle auf die Umwelt immer beruhigend ausstrahlten. Die Frau im Abteil war aus Mähren, sprach ein böhmisch gefärbtes Deutsch und kam von ihrer Schwester zurück. Zum Kommunismus hatte sie ein Verhältnis des Duldens, als handle es sich um sieben magere Jahre, die vorbeigehen würden wie Pestilenz und teure Zeiten und die man am besten mit Schachteln und Paketen übersteht, immer eins mehr, als man selber tragen kann. Unruhe kam, als wir uns der tschechischen Grenze bei Eger näherten, in uns dennoch auf, denn Stacheldraht, Wachttürme und Grenzschneisen kann man nicht mit Gelassenheit betrachten wie eine übersonnte Waldlichtung. An ihren Grenzen sind die Staaten immer am körperhaftesten fühlbar, da schneiden sie ins Fleisch und ins Gemüt, da ist alles Drohgebärde. Am Bahnhof von Eger dagegen, der auf tschechisch Cheb heißt, wurde aus der Einschüchterung Tristesse; liefen die Bahnhofsbeamtinnen und Kontrolleurinnen in ihren Uniformen auch in einer Haltung eingeübter Wichtigkeit hin und her wie in einer etwas laienhaften Choreogra- phie, so taten sie einem doch bei genauerem Hinsehen schon ein wenig leid, weil die Tuche zu ihren Uniformen weder von besonderer Qualität noch sehr schön geschnitten waren und weil man ihnen ansah, dass sie nicht die geringste Ahnung hatten, mit welch pantherhafter Anmut sich beispielsweise ein Bahnbeamter der Pennsylvania Station in New York bewegt und wie gelassen, ja mit welch hinterhältigem Humor er seine Ausrufungen an die Fahrgäste übermittelt – in Cheb hatten sie kein Bewusstsein von ihrer eingefrorenen Lebenslust. Wir waren beim Aussteigen in Gefahr, uns von der allgemeinen Tristesse anstecken zu lassen, die das Treiben im Bahnhof durchwob, bis auf – und hier offenbarte sich ein Quell unversiegten Freisinns – eine Biertheke. Hier knallten Schankfrauen gut gefüllte Halblitergläser mit dem süffigen Prazdroj mit solchem Schwung auf den nassen Holzbelag, dass man Lust und Durst zugleich bekam. Dörte verlangte sofort eine Halbe, und auch mir schien Bier jetzt das einzig Passende. Die Leichtigkeit, mit der wir bedient wurden, fegte den Trübsinn hinweg, wir fühlten uns hoffnungsfroh und neugierig auf dieses Land, auf die Widerstandskraft der Tschechen. (Im Gepäck hatten wir Schwejk, den Heizer Kafkas und Werfels Teta Linek).

Über das Hotel SLAVIE, in dem wir wohnten, weiß ich keine Einzelheiten mehr. Es war sicher nicht besser als sozialistische Hotels zu jener Zeit. Unser Stadtbummel aber, den wir gleich nach dem Mittagessen unternahmen, überschwemmte uns mit neuen und widersprüchlichen Eindrücken. Die Altstadt von Eger war damals leidlich erhalten, wenigstens so, dass man das ganz und gar Österreichische dieser Stadtanlage sofort als Bezauberung empfand. Ich erklärte Dörte, dass meine Großmutter hier als junges Mädchen in Stellung gewesen war, offenbar bei einem k.u.k. Offizier, oder wenigstens hatte sie für ihn die Kleider besorgt und gebügelt und war hier auch der ersten Liebe begegnet. Wenn sie über diesen Markt nach Milch gegangen sein sollte oder zum Kramer, so kann der Markt kaum anders ausgeschaut haben als heute, allenfalls waren die Farben etwas satter und die Passanten etwas fescher, besonders die flanierenden Offiziere. Nicht an einen dieser Feschaks, wie sie auch Schnitzler beschrieb, verlor meine Großmutter ihr Herz, sondern an einen Wiener Kaufmann, der nur vorübergehend in der Stadt wohnte, um hier Geschäfte zu machen; das Weltstädtische dieses Mannes mag es ihr angetan haben, die unerhörte Erfahrung, die sich in der Metropole auf den Menschen ablagerte, ohne dass sie sich mühten, der Atem des Balkans. Dörte half mir, eine Gasse zu bestimmen, in der die Großmutter gewohnt haben konnte, nicht zu ärmlich, nicht zu reich, und eine Partie in der Nähe der alten Kaiserpfalz, wo er mit ihr spazieren gegangen sein mochte. Und angesichts dieser schwarzen trutzigen Ruine sagte er ihr, dass eine Heirat leider nicht möglich ist, fügte Dörte munter hinzu. Die Weiden hier hatten erst gerade zu knospen begonnen, hielten mit Blütenblust noch zurück, auch dämmerte es schon, als uns Wallenstein einfiel, der im Schloss Eger niedergestochen worden war. Im Dämmerlicht einigten wir uns daraufhin, wiederzukommen und dann mehr über böhmische Geschichte zu wissen. Jetzt flammten Gaslaternen auf und wir wanderten ausdauernd durch das Gassengewirr, bis wir ein Restaurant fanden, das uns für eine Einkehr nicht zu düster und abgelegen erschien.

Prag erreichten wir am frühen Vormittag. Wir waren leichtsinnig genug gewesen, nicht für Zimmerreservierung zu sorgen, jetzt im überfüllten CEDOK-Büro begriffen wir, dass wir durchaus nicht die einzigen waren, die eine Pragfahrt auf sich genommen hatten. Die kopflose, nervöse Stimmung der herumstehenden Deutschen belehrte uns schnell, dass keine Unterkünfte zu bekommen waren. Mehr benommen als kopflos verließen wir das CEDOK-Büro, gingen die Strasse auf den Hauptbahnhof zu und erörterten unsere Möglichkeiten. Dörte bemerkte als erste, dass uns jemand folgte. Wir erschraken. Hatten wir uns verdächtig gemacht? Wir blieben stehen, in dem Gedanken, den Verfolger, der genau unseren Rhythmus angenommen hatte, an uns vorbeizulassen. Stattdessen trat er aber an uns heran.

»Ich habe gesehen, dass Sie ein Zimmer suchen. Bitte gehen Sie unauffällig hinter mir her.«

Er führte uns in ein Cafe, blieb aber in der Garderobe stehen und machte uns sein Angebot. Es bestand in einem Zimmer im Osten Prags, das eine Frau Hroudova zu vermieten hatte. Das Zimmer war in Devisen zu bezahlen, für westliche Begriffe durchaus nicht teuer, und er, dessen Name Neumann war, wäre mit zehn Mark Vermittlungsgebühr zu entlohnen. Wir waren erleichtert und nahmen sein Angebot ohne einen Augenblick zu zaudern an. Er fuhr uns mit einem alten Lada zum Bahnhof, wo wir unser Gepäck einluden, und dann in die Konevova. Seinen Zubringerdienst ließ er sich nicht mehr gesondert bezahlen. Zehn Mark waren damals in Prag noch eine Summe, die ein Gefühl der Stärke einflößen konnte. Herr Neumann stellt uns dann Frau Hroudova vor, die uns begrüßte, als habe sie uns schon lange erwartet, versprach dann, dass er sich weiterhin um uns kümmern werde und verschwand. Wir haben ihn in der kommenden Woche nicht mehr gesehen.

Das Zimmer, in das wir einzogen, sah aus, als sei es für lange erwartete, liebe Gäste zurechtgemacht worden, darauf deuteten vor allem die blühenden Zweige, mit Osterschmuck behängt, hin. Wir haben uns gerne in diesem Zimmer aufgehalten, viel darin gealbert, das Frühstück immer weit über eine Stunde ausgedehnt. Am ersten Abend trieb es uns zum Wenzelsplatz, wir wollten endlich die historische Stätte sehen, wo der Prager Frühling unter den Schüssen sowjetischer Panzer sein Ende nahm. Vor den Einschüssen am Parlamentsgebäude standen wir ehrfürchtig beklommen. Der untere Teil des Platzes trug keine Spuren der Kämpfe, hier flutete der Alltag, der Versorgungskampf. Wir aßen im EUROPA-Hotel, einem bürgerlich anmutendem Restaurant mit alter Täfelung, aber die Würde der alten Räume wirkte seltsam unausgefüllt, kulissenhaft, die billigen weißen Tischtücher schienen den Gast zur Eile zu mahnen; hier isst man und verschwindet, hier verweilt man nicht. Nachdem wir gezahlt hatten, bat uns der Ober nach nebenan, in einen halbdunklen Abstellraum, und bot uns an, D-Mark im Kurs 1:8 umzutauschen. An der Grenze hatten wir 1:5 umgetauscht, somit erschien uns der angebotene Kurs eine günstige Gelegenheit, reich zu werden, und wir sagten ja. Später stellten wir fest, dass wir viel zu viele Kronen hatten und keine Waren fanden, die wir damit kaufen konnten. Zunächst aber genossen wir unsere prallen Portemonnaies, die gefüllt blieben, was immer wir auch taten. Eine Beschreibung dessen, was wir in Prag taten und sahen, würde sich wie ein weiteres Reisefeuilleton lesen und soll daher ganz unterbleiben. Es kann nur versichert werden, dass kaum eine Bedeutsamkeit unbeachtet gelassen wurde, egal ob sie nun Altstädter Ring oder Mlada Strana, Teynkirche oder Hradschin, Cafe Parnas oder Goldmachergässchen hieß. Ich hatte mich gut informiert, und Dörte gehörte zu den Mädchen, die nichts dagegen haben, sich lotsen zu lassen. Hebky tauchte erst am zweiten Abend auf, er achtete unsere Selbständigkeit und beschränkte seine Cicerone-Funktion auf Theater und Gastronomie. Am Mittwochabend hatte er Karten für ein Kammerkonzert im Haus der Künstler, Dörte hat den Programmzettel aufgehoben und darin ein Klarinettenkonzert von Frantisek V. Kramar mit Querbalken versehen, die klassische Symphonie von Prokofieff aber mit Ausrufzeichen. Der satte Klang des Orchesters erschien uns wie etwas Unerwartetes, als werde nur in Geheimveranstaltungen so musiziert, im übrigen aber dünnblütig und schlecht. So erging es uns später auch in der Oper; wie konnte sich in einem Volk, das am Tage blass und verhärmt in schlechten Windjacken durch die angegrauten Straßen eilte, an dürftig bestückten Schaufenstern vorbei, abends eine solch üppige Fülle des Wohllauts entfalten und somit ständig eine Vision eines Goldenen Zeitalters entstehen, in der freie Menschen von einer verfügbaren Welt Besitz ergriffen. So auch in der »Verkauften Braut« Smetanas, die uns begeisterte. Heute haben wir längst begriffen, dass das Selbstbewusstsein der unterjochten Völker auch und vor allem in seinen Theatern überlebt hat, aber was wir 1972 in Prag erlebten, sah wirklich nach Verschwörung von Können und Qualität aus, die aufrüherisch wirken musste.

Vervollkommnet wurde dieser Eindruck vorhandener Reserven bei unserer Einkehr im Gasthaus U Fleku, einer der wenigen Privatbrauereien. Das schwarze Bier, das sie ausschenkten, hätte vielleicht auch eine verstaatlichte Brauerei hervorzubringen vermocht, kaum aber die gerösteten Brotscheiben mit Butter und Knoblauch und Schafskäse, und noch weniger die labyrinthisch verwinkelte Anlage der Gasträume, so etwas kann nur eine frei und schrittweise sich ausbreitende Individualität. Dörte, die ja rothaarig ist, war an diesem Abend beim Flek eine Art Blickfang, von mehreren Tischen aus strömte ihr beifällige Aufmerksamkeit zu. Sie strahlte Behagen aus und ein bisschen Glück, es war noch nicht lange her, dass wir Verliebte gewesen waren, auch wohl noch nicht ganz vorüber. Jetzt war sie im Bann dieser Stadt, dieses Gasthauses und des schwarzen Biers, das es nur hier gab. Man winkte und lachte uns zu. Wie mögen sie es gemacht haben, rätselten wir, dass sie noch nicht verstaatlicht worden sind, eine Frage, die man im Ostblock immer wieder zu stellen versucht war, wenn man eine Einrichtung entdeckte, der noch nicht das letzte Leben entzogen war. Hebky konnte es uns wohl auch nicht sagen, vielleicht wusste es niemand, vielleicht gab es Verbindungen zu Persönlichkeiten der Parteispitze oder gar Parteipfründen. Man fragt nicht, sondern genießt. So war es auch an den anderen Tagen, bei unserem Ausflug zum Vyšehrad, von wo aus Prag gegründet worden sein soll, hier hielt sich auch die sagenhafte Libussa auf (tschechisch Libuse), die durchaus keine Loreley ist, auch wenn sich der Felsen des Vyšehrad hoch und schroff über der Moldau erhebt. Zum Kämmen war in grauer Vorzeit keine Zeit. Freilich war sie auch nicht blond. Wir haben es sehr genossen, dass sich hierhin kaum Touristen verliefen und wir fast allein waren. Selbst wenn man zehn Reiseführer über einen Ort durchgearbeitet hat, werden einige Winkel ausgespart bleiben, die der Entdeckung freistehen und dem Wanderer jenes kleine Columbusgefühl geben, das er sucht und braucht. Die Welt ist nicht katalogisierbar, und der Anblick von einheitlich ausgerüsteten Menschen mit dem Baedeker in der Hand und der Spiegelreflexkamera vor der Brust, beschränkt sich auf gewisse Routen, die in einem Reiseführer eingezeichnet werden sollten, denn sie sind wirkliche Trampelpfade und sind auch häufig mit gestrichelten roten Linien markiert, von denen abzuweichen zur Ehre des neugierigen Wanderers gehört. Man kann sich einen oder zwei Tage lang auf den Routen der touristischen Wegekarte bewegen und ein Pflichtprogramm absolvieren, danach legt man die Karte beiseite und geht auf Entdeckungsfahrt und wird staunen, wieviel übrig bleibt. Wir haben während unseres ersten Pragbesuchs nur am Ostersonntag solch eine Abweichung von den Hauptwanderwegen unternommen. Nach dem Besuch des Strahovklosters begaben wir uns in ein Stadtviertel, das zwar den Namen NOVY SVET (Neue Welt) führt, aber doch eher eine Armeleutegegend ist, abschüssige Gassen, niedrige Häuschen, lange Mauern. Hebky hatte uns am Samstagabend zum letzten Mal getroffen und war mit uns in die Oper gegangen.

Wir hatten Stehplätze in einer der Proszeniumslogen und schauten meist etwas vornübergebeugt auf die Bühne, von der wir nur einen Teil sahen, was zu dem Gefühl beitrug, dieser Oper heimlich beizuwohnen, sogar unerlaubterweise, man konnte dankbar sein, dass man so viel von der reichen Ausstattung mitbekam, die Musik sogar uneingeschränkt. Danach saßen wir im KLASTERNI VINARNA und versuchten, unseren reichen Vorrat an tschechischen Kronen loszuwerden, indem wir dem mährischen Wein zusprachen, auch das teuerste Essen wurde bestellt – unsere Geldbörsen wurden nicht dünner. Zum Glück waren am Ostermontag, unserem letzten Tag in Prag, einige Geschäfte geöffnet, vor allem Konditoreien, so dass Dörte mit dem Einkauf von Cukrovinky ihren Barbestand noch etwas vermindern konnte, auch ein paar kunstvoll bemalte aber luftleere Ostereier erwarben wir, mehr gab es nicht. Unser Zug fuhr 11.05 Uhr.

Die Deutschen, mit denen wir das Abteil teilten, waren voll von ihren Prager Erlebnissen, einer hatte hier eine Tschechin kennengelernt und machte sich Gedanken, wie sich die Bekanntschaft gestalten lassen würde, die anderen gaben ihm gute Ratschläge, einer riet zur Heirat, dann ließe man sie sicher ausreisen. Einer wusste zu berichten, dass man auch schon dem Staate Personen abgekauft hatte, der ließ sich alles bezahlen, was an Ausbildungskosten entstanden war, natürlich in Devisen. Der Stoff der verkauften Braut war wieder aktuell geworden. Kurz nach dem Verlassen Prags fuhren wir an einem Güterzug vorbei, der mit russischen Panzern beladen war, und es entstand wieder das Gefühl einer massiven Einkreisung und Bedrohung, das wir schon bei unserer Einreise gehabt hatten. So hat sich uns Prag, dessen Name Schwelle bedeutet, wirklich zu einer Schwelle gestaltet, über die wir in ein unbekanntes Imperium einstiegen, aber unter dem staubigen grauen Mantel der kommunistischen Diktatur lag hier immerhin die tausendjährige Stadt der Premysliden, der Luxemburger und Habsburger, der Juden, Deutschen und Tschechen, die einstige Kaiserstadt Karls IV., Stadt der Gotik, des Barocks und der Mozartschen Musik; soviel historische und architektonische Seinsfülle war nicht einfach abzutragen oder durch neue Machtinsignien zu ersetzen, und die tschechischen Kommunisten haben das auch gar nicht erst versucht, sondern haben offenbar akzeptiert, dass das Geschichtliche nicht ausgerottet werden kann. Wir haben aus Prag den trügerischen Eindruck mitgenommen, dass der beherrschende Charakterzug der Kommunisten ihre Hilflosigkeit ist, und dieser Irrtum ermutigte mich, nun alle zwei Jahre in ein sozialistisches Land zu reisen, denn man hatte ja gesehen, dass sich unter einem Schleier von Mangel und Tristesse große Reichtümer verbargen, Spuren eines ganz anderen Lebens.

Ein Jahr nach Prag haben Dörte und ich zusammen die Provence bereist. Vielleicht hat sie in diesem Frühling bereits ihre stille Liebe zu Frankreich entwickelt, die Voraussetzungen wären gegeben gewesen, vor allem waren meine Gefühle ihr gegenüber schwächer geworden, sie fühlte das und litt darunter, wenngleich ich mich nicht offenbarte, ich war kaum mehr verliebt, hatte aber nach wie vor ein starkes Harmoniebedürfnis, hoffte, dass wir alle Genüsse teilen würden, war entschlossen, ihr jeden Wunsch zu erfüllen, vor allem den nach der Camargue und den Flamands, den Flamingos. Seltsamerweise ließ sich das meiste von dieser trügerischen Harmonie herstellen, unsere Diners, unsere Ausflüge zur Fontaine de Vaucluse und Les Baux, zum Krankenzimmer van Goghs in St. Remy und zu den Ockerfelsen von Roussillon trugen alle Kennzeichen des Gelungenen. Oder doch nicht ganz. Vor der Radtour nach Fontaine, entlang der grünen Sorgue, gab es die ersten Tränen. Beim Fahrradhändler, wo wir die Velos ausliehen, sah Dörte ein Tandem und bat darum, mit mir auf diesem Tandem fahren zu dürfen. Ich widersetzte mich hartnäckig. Zu Recht, wie wir später sahen, denn auf der Rückfahrt blies uns der Mistral entgegen und wir kamen ganz erschöpft in Avignon an. Aber Dörte war enttäuscht in Tränen ausgebrochen, als ich dieses Symbol der Zweisamkeit abschlug. Tränen vertiefen die kleinsten Haarrisse in einer Beziehung, bald werden tiefe Spalten sichtbar. Es gab davon noch mehr auf dieser Reise, sie müssen indes nicht bis ins einzelne aufgeführt werden. Dörte führte mir vor Augen, was ich noch nicht zu fühlen vermochte: Unsere Liebe löste sich auf. Sie teilte mir etwas von ihrem Schmerz darüber mit, machte mir auch am letzten Ort unserer Reise, in Aix eine große Szene, mit Geheule und Weglaufen, vor mir her durch die Stadt Laufen, als seien wir Fremde, und all diesen theatralischen Posen, die, als untrügliche Vorboten kommenden Verlustes, sehr schmerzhaft sind. Eine Versöhnung ist nach solchen Ereignissen nicht möglich; wir saßen draußen vor den Toren von Aix, in einem alten Gemäuer, starrten auf den Mont St. Victoire, der von Cezanne so oft und in immer neuen Techniken gemalt worden ist, als sei er ein heiliger Berg, und der jedem Kunstfreund zutiefst bekannt ist, starrten diesen Mont St. Victoire an und fanden nichts Begeisterndes an ihm, noch an der Landschaft, die uns umgab, wussten nichts mehr miteinander zu reden, erwiesen einander eine eigenartige Höflichkeit, brachten es aber nicht fertig, uns zu trennen. Dörte hätte abreisen müssen, das hätte ihrer Botschaft Nachdruck verliehen, dass ich sie seelisch und körperlich vernachlässigte, aber sie reiste nicht ab. Und ich war außerstande, sie fortzujagen. So quälten wir uns die beiden letzten Tage dahin, mit dem schwer auf uns lastenden Gepäck der soeben noch erworbenen Gemeinsamkeiten, unserer Tage in der Camargue, und benahmen uns gut bis zur Trennung in Genf, wo sie in Richtung Basel, ich in Richtung München umstieg. Sie mag in den folgenden Wochen begriffen haben, dass ich nicht der Schuldige an unserem Scheitern war, die Liebe kommt, die Liebe geht, und sie hat mir einen nachsichtigen Brief in Form einer Kassette geschickt, auf der sie mir einiges über ihr Praktikum in Marburg erzählte. Und so haben wir die Trennung noch ein Weilchen hinausgezögert, immer in dem

Irrglauben, einander schonend behandeln zu müssen, bis dann endlich ein Mann in ihr Leben eintrat und es uns ermöglichte, einen ersten Bruch zu versuchen.

Prag ist für uns die Stadt der jungen Liebe geblieben, das kalte und nasse Prag mit seinen verfallenden Altbauten, dem wir unsere junge und frische Wahrnehmung entgegensetzten. Die leuchtenden Farben der Provence aber verbanden sich zu einem Panorama der Trauer, durch das zartrosafarbene Flamingos wie von weit hindurch flogen. Vogelschwärme, die nur von den wenigsten Reisenden gesehen werden; wir sahen sie, weil wir die große Wanderung auf der schmalen Landbrücke quer durch den Etang de Vaccares machten, eine Strecke von knapp 20 Kilometern, vorbei am Leuchtturm von La Gacholle, endend in dem gottverlassenen Nest Salin de Giraud, dessen Wildwest-Atmosphäre uns noch einmal stimulierte. Vielleicht sind hier, in diesem verwilderten Hotel, mit Blick auf ein riesiges Salzwerk, die letzten halbherzigen Küsse getauscht worden.

Als ich Prag wiedersah, war ich allein, aber frei von Melancholie. Ich unterbrach die Fahrt diesmal in Karlsbad und war sogar unternehmungslustig genug, mir dort ein Zimmer zu suchen, für zwei Nächte. Ich hatte Glück. Mein Abendspaziergang durch Karlsbad geriet mir wieder zur mystischen Annäherung, ich wurde mit dieser Stadt so vertraut, als hätte ich hier einmal gelebt, wäre ich Buddhist gewesen, hätte ich mir eingeredet, in einem früheren Leben hier Kellner gewesen zu sein. Wiedererkennungseffekte werden aber dem im Osten Aufgewachsenen in diesen Ländern immer wieder zuteil, ich ließ es auch dabei bewenden. Am nächsten Tag fuhr ich mit einem klapprigen Linienbus nach Schlaggenwald, das jetzt Horny Slavkov hieß. Hier hatte vor langer Zeit mein Grossvater gelebt, als Porzellanmaler, wie aus den alten Akten und Urkunden hervorging. Ich fand einen halbverlassenen Ort, in den verfallenden Wohnhäusern hausten Zigeuner. Eine Fabrik fand ich auch, aber sie stellte kein Porzellan her, sondern Schamottsteine. Vergeblich suchte ich auch auf dem Friedhof nach einem Grabstein, der vielleicht die Namen der Vorfahren getragen hätte. Da ich damals meine Ahnenforschung noch ohne System und Hartnäckigkeit betrieb, ließ ich mir die verneinende Antwort der Geschichte genügen und reiste schnell wieder ab. Viel später erfuhr ich, dass eine Schwester meines Vaters, eben jene Tochter des Wiener Händlers, dem meine Großmutter in Eger begegnet war, in der Nazizeit nach Schlaggenwald gefahren war und auf dem damals deutschen Gemeindeamt sich Urkunden über die Herkunft ihrer Ahnen hatte ausstellen lassen, da sie einen Ariernachweis beibringen musste. Der rätselhafte Wiener Händler wurde zwar dabei auch nicht gefunden, wohl aber ein lückenloser Stammbaum meines Großvaters, dessen Vorfahren samt und sonders aus dem Böhmischen kamen, bis hinauf nach Sankt Joachimstal reichten die Spuren, in jenes Bergbaustädtchen, dem Taler und Dollar ihren Namen verdanken. Dort war einer der Unsrigen Büchsenmacher gewesen. Viele betreiben heute dieses Spiel des Aufspürens ihres genetischen Materials, das sich zwar unterwegs immer wieder halbiert, letztlich aber doch zuverlässig genug ist, um immer wieder Käuze der eigenen Art hervortreten zu lassen, und dies gibt ein so ähnliches Gefühl, wie es Hänsel und Gretel gehabt haben mochten, als sie anhand der gestreuten Erbsen den Weg nach Hause fanden. Ich habe in Schlaggenwald nicht den Versuch gemacht, in eines der Kirchenbücher zu schauen, hätte wohl auch keines mehr gefunden, und wenn doch, wäre ich nicht weiter vorgedrungen als meine Tante Emma im Jahre 1940, als Böhmen eine deutsche Verwaltung hatte. Fünfzehn Jahre später fand ich heraus, dass im Kloster Tepl, nicht allzu weit von Schlaggenwald entfernt, ein noch viel entfernterer Ahne, einer, der noch im achtzehnten Jahrhundert geboren war, als Kirchenmaler Fresken geschaffen hatte, die dieses Kloster noch barg, ohne dass es in der Lage gewesen wäre, sie seinen Besuchern zu zeigen.

Das war im September 1990 gewesen. Ich war mit einem Freund, dem Jungbauern Sepp Haas, vom Stiftland aus hinüber nach Tepl gefahren. Die Grenzen bestanden noch, aber es bedurfte keines Visums mehr. Viele nutzten den Sonntag zu einem Tagesausflug in den Kaiserwald oder nach Marienbad. In einem Ort, der in deutscher Zeit den Namen Siechdichvür getragen hatte, besuchte Sepp einen Tschechen, der ihm öfter schon Antiquitäten geliefert hatte, im Tausch für Autoersatzteile. Es war auch diesmal eine kleine Sammlung von Bildern, Vasen und Nippsachen aus deutschem Fundus da, aber nichts, das ihm gefiel; er entdeckte aber dann einen Tropenhelm, den ihm der Tscheche schenkte. Das Kloster Tepl erreichten wir um die Mittagszeit und fanden es geschlossen. Es sollte um zwei Uhr wieder geöffnet werden. Die verbleibende halbe Stunde nutzten wir zu einem Spaziergang, fanden Felder und Fischteiche, die schon von den Zisterziensermönchen angelegt worden waren. Der großzügige Bau des Klosters mit seinen Nebengebäuden erinnerte ständig an eine Zeit wirtschaftlicher Blüte, der Zustand, in dem die Bauten sich befanden, kündeten dagegen vom langen Niedergang. Am Eingang verkaufte eine junge Kunststudentin Bleistiftzeichnungen, die sie vom Kloster gemacht hatte. Nur wenige Räume des Klosters konnten besichtigt werden, darunter die prachtvolle Bibliothek aus dem achtzehnten Jahrhundert und die Klosterkirche. Die Räume, in denen sich die Wandmalereien meines Ahnen befanden, konnten nicht gezeigt werden. Man erfuhr aber, dass das Kloster in absehbarer Zeit an die Prämonstratensermönche zurückgegeben werden sollte und dass dann auch damit zu rechnen sei, dass der Blaue Saal und das Refektorium wieder zugänglich gemacht werde, vorausgesetzt, dass die Mönche das Geld aufbrachten, das zur Restaurierung des gesamten Klosters notwendig war. Denn die Belegung mit Armeesoldaten hatte ihm nicht gut getan und das lange Leerstehen auch nicht. In letzterer Zeit habe es sogar nächtliche Einbrüche gegeben, wobei Bilder und Skulpturen entwendet worden waren. Das Kloster sei nachts nur von einem alten Nachtwächter und seinem Hund bewacht und die habe man irreführen können, während andere den Einbruch besorgten. Und so werde es auch wohl noch eine Weile weitergehen. Sepp erzählte mir später, dass er im Sommer 91 noch einmal in Tepl gewesen sei, die Prämonstratenser seien noch nicht zurückgekehrt gewesen, es habe neue Einbrüche gegeben, und die Räume mit den Malereien des Maurus Fuchs seien immer noch nicht zu besichtigen gewesen.

Erst Mitte der 90er Jahre änderte sich alles.

1974 fuhr ich wieder nach Prag. Auch dieser Besuch ging kaum über ein touristisches Kennenlernen hinaus. Frau Chybova, bei der ich ein Zimmer bewohnte, ließ sich in keine längeren Gespräche ein, auch schien sie sich mit den Verhältnissen arrangiert zu haben. Hebky blieb der einzige, der noch litt, bei geschlossenen Fenstern erzählte er mir zwei Stunden lang von Korruption und Schmiergeldern; selbst einen Zahnarzttermin bekam man nur, wenn man einige Scheine locker machte. Mir gaben diese vertraulichen Mitteilungen immer das Gefühl, an einer verschwörerischen Zusammenkunft teilzunehmen, obwohl es nie Dritte bei diesen Gesprächen gab, keinen Einheimischen mochte man in diesen Dingen als Zeugen haben. Der Gast aus dem Westen bekam so auch ein Stück von der Funktion eines

Beichtvaters übertragen, auf dessen Schweigsamkeit allein Verlass ist. Gebeichtet wurde letztlich die Verachtung und die Wut, die das Regime in den Menschen erzeugte, und auch ein wenig die Scham, dass man Fremden und Gästen ein so zerrüttetes Land offerierte. Abends dann, in einer Aufführung der Puppenspielbühne Spejbl und Hurvinek, war Hebky der Dolmetscher und verdeutschte mit besonderem Eifer alle Stellen, in denen sich aus dem Munde der Marionetten ein Hauch von Regimekritik entlud, freilich in so versteckter und feinsinniger Form, dass sie einem Kundschafter der KPC genauso wenig fassbar erscheinen musste, wie einst den Kundschaftern der Gestapo, wenn sie eines der wenigen übriggebliebenen deutschen Cabarets besuchten. In einem der Dialoge, den die beiden Puppen miteinander führen, fragt Hurvinek, der Sohn mit der Diskantstimme, den Vater Spejbl, ob auch Menschen Marionetten sein können. Und Spejbl antwortet, ja, manchmal können Menschen auch Marionetten sein. Die Menschen können überhaupt alles, das hängt bloß vom Charakter ab. Dies etwa war die Form, die Kritik in Prag damals annehmen konnte, Deutlicheres hätte die Schließung des Theaters bedeutet. Hebky war aber auf diese spärlichen Zeugnisse einer mühsam getarnten Opposition stolz, nicht weniger, als er auf das Narodni Divadlo oder auf den historischen Gehalt Prags stolz war und sicher sein durfte. Am Samstag fuhr er mich mit seinem Moskwitsch über Land und zeigte mir die Burgen Karlstein und Krivoklat. Am Sonntag besuchte ich allein den Prager Zoo, in dem mir ein Elefant auffiel, der einen kleineren Artgenossen unaufhörlich rempelte. Am Sonntagabend kehrte ich mit Hebky ein letztes Mal ein, es muss ein Weinhaus nahe der Bethlehemkapelle gewesen sein, und ich erinnere mich, dort ungarische Salami zu einem mährischen Rotwein gegessen zu haben. Am nächsten Morgen rebellierte mein Magen und ich musste mich mehrmals erbrechen, auch war mir so elend, dass ich die geplante Abreise aufschieben musste. Hebky, den ich angerufen hatte, kam nach dem Dienst vorbei und brachte mir Kekse mit, Frau Chybova kochte mir Schwarztee. Ob es der Wein oder die Salami war, die ich nicht vertragen hatte, ließ sich nicht aufklären. Am Dienstag reiste ich in die Oberpfalz ab, um dort an einem Klassentreffen teilzunehmen. 20 Jahre war es her, dass wir in Weiden unser Abitur bestanden hatten. Zu einem solchen Treffen kommt man nicht gern mit leeren Händen, alte Klassenkameraden, die man zwanzig Jahre nicht gesehen hat, haben sich zu gestandenen Männern ausgewachsen, haben im Beruf etwas erreicht, haben geheiratet, haben Kinder und vielfach auch eigene Häuser. Ich hatte nur lächerliche Bruchstücke dieser Bilanz aufzuweisen, dafür brachte ich mein erstes und einziges Buch mit und meine noch frische Berührung mit dem Sozialismus. Es reichte nicht aus, wie ich bald bemerkte, mir fehlte das Verwurzelte. Meine inzwischen siebzigjährige Lateinlehrerin bemerkte, ich habe mich überhaupt nicht verändert, Sie aber auch nicht, entgegnete ich, worüber sie milde lächelte. Was für sie ein Lob war, war für mich ein Tadel: Eine Fünfzigjährige darf stehenbleiben, wo sie steht, ein Neunzehnjähriger muss sich stürmisch entwickeln. Auch mein Mathematiklehrer schien zu resignieren, er stand kurz vor mir, als suche er das Gespräch, winkte dann aber ab und wandte sich anderen Schülern zu, als lohne sich das geringste Wort nicht, das man an mich verschwendete. Ich merkte, dass in meinen Lehrern unvorteilhafte Bilder von mir gespeichert waren, aber ich hütete mich, diese Bilder zu ergründen. Ich wollte nicht wissen, wer ich in meiner Schulzeit gewesen war. Aus einigen Anekdoten, die meine Mitschüler erzählten, erfuhr ich dann doch einiges. So soll ich über unseren Religionslehrer, den Pfarrer Michler, nachdem ich ihn beim Heimgehen gesehen hatte, gesagt haben: der ganze Mann ist ein Krampf. War ich den Lehrern gegenüber auf besonders verstockte Weise intolerant? Konnte ich mit den grotesken Zügen, die die meisten von ihnen im langen Schulkampf entwickelt hatten, auch jetzt nicht meinen Frieden machen? Meine Klassenkameraden gingen mit ihren alten Lehrern herzlich und verzeihend um, als sei die ganze Schulzeit nur ein Albtraum gewesen. War ich der nachtragende Historiker, der sich nicht liebevoll erinnern will und am Werk gemeinsamer Verklärung nicht mitarbeitet? Mag sein.

Ich bin zu keinem Klassentreffen mehr gefahren, habe aber einige der Klassenkameraden seit jenem Jahr regelmäßig besucht und mich mit ihnen neu angefreundet. Meine Prager Erlebnisse blieben in Weiden ganz unbeachtet. Außerdem war ich nicht der einzige, der Prag kannte, und die anderen sprachen nicht mehr darüber. Ich war etwas enttäuscht, dass man nicht ausstrahlt, was man gerade hinter sich gebracht hat und was einen so nachhaltig beeindruckte. Man strahlt viel ältere Erfahrungen aus, seine Jugendprägungen wahrscheinlich, die pubertären Hemmungen und Verwirrungen. Wer weiß. Wenn man erfahren will, wie man in seinen Jugendjahren war, muss man fleißig zu Klassentreffen gehen. Aber ich betreibe keine Selbst-Archäologie. Zu wenig kommt zu Tage, was die Selbsterforschung lohnt.

Rätselhafterweise bin ich in Prag seitdem nicht mehr gewesen. Die Korrespondenz mit Hebky blieb bestehen, es wurden jährlich ein bis zwei Briefe gewechselt, manchmal schickte ich auch ein Päckchen mit Blumen- oder Gemüsesamen nach Prag und ließ durch einen Großhändler bestimmte winterfeste Sträucher liefern, die Hebky in seinem Garten bei Prerau pflanzte, auch Bücher habe ich dann und wann geschickt. Die Gedichte Wilhelm Buschs und Kortüms Jobsiade kamen an und bereiteten Hebky, der jedes deutsche Buch fließend lesen konnte, viel Vergnügen. Er hat Deutsch im KZ Oranienburg gelernt, in dem er zwei Jahre inhaftiert war, weil er 1939 gegen die deutsche Besatzung protestiert hatte. Über diese Erlebnisse hat er nie mit mir gesprochen und ich habe danach auch nicht gefragt, ich denke aber, dass in diesem Sommer, wenn ich ihn in Prag besuchen werde, auch davon die Rede sein wird, da die eisernen Bande des Schweigegebots sich alle gelöst haben und nun von allen Arten von Gefangenschaften die Rede sein wird. Anfang der achtziger Jahre hat mich Hebky am Rhein besucht. Es hat so lange gedauert, weil er mein Angebot, die Reise für ihn zu bezahlen, nicht annehmen wollte und die Devisen dafür fehlten lange Zeit, dann waren sie endlich einmal vorhanden und er kam. Seit 1938 hatte er, mit Ausnahme von Wien, keine westeuropäische Stadt mehr gesehen, man kann sich vorstellen, mit welcher Inbrunst er sich die Städte ansah, die für ihn in gralshafte Ferne entrückt gewesen waren, und die ihm jetzt, einige wenige doch, mit eigenen Devisen,(denn Hilfe nahm er auch jetzt nicht an) erreichbar waren: Köln, Aachen und Trier. Diese drei hatte er ausgewählt und bereiste sie allein, in Trier übernachtete er auch. Nur in Köln habe ich ihn begleitet. Er hat diese Städte erlebt wie die neuen Weltwunder, das Nebeneinander von gut erhaltenem Alten und boomendem Neuen versetzte ihn gleichzeitig in Bewunderung und Resignation, denn für die böhmischen Städte schien das alles unerreichbar. Als er mich 1989 im Oktober ein zweites Mal besuchte – er hatte zu der Zeit schon einen Herzinfarkt hinter sich und hatte gelernt, sich jede Aufregung zu versagen – ereigneten sich gerade die Fluchtwellen in der DDR, die Prager Botschaft war ein großes

Auffanglager geworden, man sah Fernsehbilder von Kindern, die über hohe Zäune gereicht werden, man sah auch tschechische Polizisten, die tatenlos zusahen, für Hebky Bilder einer Märchenfolge, die ihm kaum in Realität umdenkbar erschienen. Am 17. Oktober war Hebky nach Amsterdam gefahren. Als er am Abend des 18. Oktober zurück kam, voller Begeisterung über die Stadt der Grachten, konnte ich ihm vom Rücktritt Honeckers berichten. Er mochte die Nachricht nicht recht glauben, als er sie aber glauben musste, sagte er: »Das wird bei uns nicht geschehen.« Vierzig Jahre Diktatur haben eine Tiefe des Misstrauens geschaffen, in der auch nicht mehr geglaubt wird, was man sieht und fühlt. Als wenige Wochen später das Prager Regime gestürzt wurde, wird Hebky zunächst an die Rückkehr der Kommunisten geglaubt haben. Mit diesem Gefühl hatte er auch nicht ganz unrecht, wie man in Rumänien und in Russland sehen konnte, wo das Abgesetzte sich einfach nicht entfernte, die Entlassenen nicht gingen, die Besiegten ihre Kapitulation nicht unterschrieben, das Ausgerottete da und dort weiterwucherte.Ich habe aber an jenem Abend des 18. Oktober, das Misstrauen Hebkys in die Kraft der Kettenreaktion nicht teilend, die Moldau von Smetana aufgelegt und danach die Platte vom Schwejk im zweiten Weltkrieg, dort ist in Anlehnung an die Musik Smetanas von Brecht ein Song geschrieben worden. Zu Dessaus Musik:

Am Grunde der Moldau wandern die Steine
es liegen drei Kaiser begraben in Prag,
das Große bleibt groß nicht und klein nicht das Kleine,
die Nacht hat zwölf Stunden dann kommt schon der Tag.
Es wechseln die Zeiten. Die riesigen Pläne.
Der Mächtigen kommen am Ende zum Halt.

Und gehn sie einher auch wie blutige Hähne
Es wechseln die Zeiten, da hilft kein Gewalt.

Das ist über Hitler geschrieben worden, aber es passt auch auf den Stalinismus. Es sagt auch ihm den Zerfall voraus. Wir kamen an diesem Abend auf die französische Revolution zu sprechen, die auch Freiheit auf ihre Fahnen geschrieben hatte, sie aber erst in Anarchie, dann in Schreckensherrschaft verwandelte, in permanente Abrechnung mit der Guillotine, dann aus Freiheit den Ruhm eines neuen Kaiserreichs aufquellen ließ, neue Befreiungen folgten durch andere Völker, und ein Jahrhundert lang fast rang Freiheit mit immer neuen Potentaten und Selbstherrschern, regenerierte sich in der Pariser Commune in alter neuer Radikalität und erlag wieder den Armeen, doch war nun wenigstens die Republik dauerhaft verankert. Ich glaube nicht, sagte Hebky, dass die Freiheit auch in Böhmen ein Dreivierteljahrhundert brauchen würde, um sich endgültig zu behaupten, aber erst müsste sie einmal eingeführt sein. Dann würde man sie schnell wiedererkennen. Wir haben keine Wette darauf abgeschlossen, und ich möchte auch keine Wette gewinnen, die das Schicksal eines Volkes zum Gegenstand hat, aber ich will in diesem Sommer nach Prag fahren, auch wenn dort anarchische Verhältnisse herrschen sollten, und ich möchte auf der Moldaubrücke das Lied von Brecht und Dessau singen, nachts vielleicht, und warten, bis mich wieder ein Prager Polizist ermahnt, die Nachtruhe nicht zu stören.

Odersommer

Herr, ich bin in Alexandria geboren, beginnt Wilhelm Hauff gern seine Almanach-Geschichten. Leser, ich bin in Schlesien geboren, würde ich gerne beginnen und damit hoffen, schon so viel gesagt zu haben, dass sich ganze Seiten voller Erläuterungen erübrigen. Doch immer weniger Menschen wissen, was ein Schlesier ist oder was Schlesien war, oder sie glauben, die Schlesier sind eine Pressure-Group, die auf den Bundestag einwirkt, die Ostgebiete nicht preiszugeben, sie ersinnen schlechte Slogans, die sofort wieder zurückgenommen werden müssen, wie das ominöse »Schlesien bleibt unser«, das vor einigen Jahren ans Licht kam, sofort auf Widerspruch stieß und dann ergänzt wurde zu dem sprachlich dubiosen »Schlesien bleibt unsere Hoffnung…«

All diese Vorgänge sind irreführend und sagen wenig über den Schlesier aus, der sich auch in der Politik selten zurechtfindet und alles andere besser kann, als Propaganda zu machen. Schlesier sind Menschen des Heimwehs, sie tragen immer ein Bild des verlorenen Paradieses mit sich herum, sie leben immer in der Fremde und es verlangt sie immer nach daheim. Schon Eichendorffs Lieder klären uns darüber auf. Er besang den schlesischen Wald und die stillen Gründe, die Flusstäler. Seine Fremde war aber eher symbolisch, über Wien, Berlin und Danzig ist er in seinem Leben nicht hinausgekommen. Dass den Schlesiern gerade das widerfuhr, was sie am meisten fürchteten und am wenigsten bewältigten, die Vertreibung, hat etwas Tragisches, vielleicht sogar Zynisches. Das Schicksal ist wohl eher zynisch als tragisch, wenn es die Schwächen seiner Opfer ausschlachtet und oft gar ausbrennt; aber die Schlesier sind nicht nur vertrieben, sie werden auch bald so gut wie ausgerottet sein als deutscher Stamm, und die Trauer wird erst schwinden, wenn der letzte Schlesier geschwunden ist.

Ich habe das Land mit neun Jahren verlassen und damals keinen Schmerz gefühlt; was meine Mutter empfand, als sie mit mir und der kleinen Schwester den Flüchtlingszug in Langenbielau bestieg, weiß ich nicht. Mit uns flüchtete unsere Untermieterin, Johanna H., eine junge Frau, die im Oktober 1944 in unserem Haus ihre Hochzeit mit einem Luftwaffenoffizier gefeiert hatte. Es war genau der Abend des Großangriffs auf Breslau, die Sirenen hatten geheult und uns ins Freie getrieben, wo wir verwirrt das Spiel der Christbäume am Nachthimmel anstarrten; später saßen wir im Luftschutzkeller, die Männer in ihren Smokings, die Frauen in Taftkleidern und Capes. Ich erinnere mich nicht mehr, ob noch weitergefeiert wurde, ich weiß nur noch, dass Johanna im Brautkleid auf dem glatten Parkett unseres Salons stürzte und sich den Arm verstauchte, eine Mischung von Missgeschicken, die mir diese Nacht unvergesslich machte. Was werden die Russen nur mit diesem glatten Parkett angefangen haben? Jetzt also, im März '45, hatte sich Johanna bereitgefunden, meiner Mutter bei der Flucht beizustehen, denn wie hätte die Mutter allein, mit zwei Kindern, einem davon im Kinderwagen, diese Wanderschaft meistern sollen.

Gegen zwei Uhr mittags hatten wir das Abteil im Zug belegt, es wurde sieben Uhr, ehe der Zug sich endlich in Bewegung setzte. In der Zwischenzeit sprachen die Frauen noch mit dem Großvater, der allein zurückbleiben sollte. Was sie besprochen haben, weiß ich nicht, aber es muss um das Haus gegangen sein, wie man es schützen konnte gegen Diebe, Plünderer,

Soldaten, und wie er selber sich schützen würde vor den Habenichtsen aus den Steppen. Und mein Großvater, ein unerschütterlicher Optimist, wird die Mutter beruhigt haben, wird beschrieben haben, wie er die am Ort gebliebenen Freunde und Bekannten zur Hilfe holt, und wenn wir zurückkämen, sei es in vier Wochen, sei es in zwei oder drei Monaten, würden wir alles unversehrt vorfinden.

Wir sind niemals zurückgekommen, und ich habe das Haus meiner Kindheit auch nie wiedergesehen.

Unsere Flucht dauerte nur fünf Tage, vor allem dank der Tatkraft von Johanna H., die, wenn ich es richtig sehe, in allen Stadien der Reise die Initiative ergriffen hat. Der Flüchtlingstransport endete schon im böhmischen Braunau. Dort wurden wir in einem großen Sammellager untergebracht und hatten die Nacht auf Stroh zuzubringen. Ein neuer Transport sollte am nächsten Tage zusammengestellt werden. Aber das Erlebnis dieser ersten Nacht in der Turnhalle, in der das Licht nicht ausging, das Stroh stank und die Menschen keinen Schlaf fanden, weckte in Johanna H. und meiner Mutter den Entschluss, hier keine zweite Nacht zu bleiben, sondern die Flucht auf eigene Faust fortzusetzen. Als Ziel kam nur der kleine Ort T. in Bayern in Frage, denn dort wohnten Verwandte meines Vaters, dort würde man, zumindest für eine Übergangszeit, aufgenommen werden. Um T. zu erreichen, musste man die gesamte Tschechei durchqueren, was zu dieser Zeit noch möglich war. Es gelang uns wohl vor allem unserer Ahnungslosigkeit wegen. Im März '45 fuhren auf allen Strecken noch Züge. Ob fahrplanmäßig, vermag ich nicht zu sagen. Manchmal gab es auf einem Bahnhof Fliegeralarm, und wir mussten einen Luftschutzkeller aufsuchen. Ich sehe uns auch im Abteil mit einem deutschen Landser zusammen, der Johanna und meiner Mutter die

Kriegslage erläutert. Aber alle Erinnerungen, die ich an diese fünf Fluchttage habe, sind Momentaufnahmen. Eine davon ist, dass ich einen Teller Suppe, den ich vom Roten Kreuz in einem der Bahnhöfe eingeschenkt bekommen und gegessen habe, wieder erbrach. War jene Übelkeit, die mich 1974 in Prag einen Tag länger festhielt, vielleicht eine Reminiszenz? Sie zeigt mir heute bildhaft meine damalige Verfassung, eine tiefe Verstimmung, aus der ich mich wohl durch mein nächtliches Lärmen in Prag zu befreien versuchte. Wir erreichten T. über Königgrätz, Prag, Pilsen und Eger am fünften oder sechsten Tag. Und sogar abgeholt wurden wir, ein Onkel meines Vaters und seine Frau standen hinter der hölzernen Balustrade am Bahnhof von T. und schauten neugierig nach uns aus. Der Zug dampfte weiter nach B., die wenigen Menschen, die ausgestiegen waren, verliefen sich, die Stille einer kleinen Provinzstadt breitete sich um uns aus, Tante Mimi streckte uns zum Empfang die Hände entgegen – wir waren in Sicherheit. Schlesisch gesagt: wir waren in der Fremde. In einer Fremde freilich, die mir in den kommenden Jahren doch noch einmal zur Heimat geriet und zu der Landschaft wurde, in der heute noch die Steine, die Waldlichtungen und die Teiche zu mir reden. Doch davon anderswo. Schlesien blieb nicht unser, es entfernte sich mit jedem Jahr weiter in die Unerreichbarkeit. Johanna ist noch einmal hingefahren und hat Langenbielau vor den Russen erreicht, aber als sie zurückkam, hatte sie mehr von ihrer Habe als von unserer mitgebracht. Die Enttäuschung meiner Mutter war groß. Johanna berichtete auch, dass der Großvater Silber und Porzellan in einem Versteck unter dem Fußboden aufbewahrt hatte und die Briefmarkensammlung des Vaters unter den Kohlen, und auch im Garten soll wohl etwas vergraben worden sein. Aber solches Verstecken belegte nur die Hilflosigkeit, die die Menschen angesichts der anrückenden Roten Armee befiel, es war nichts mehr zu bergen. Der Großvater hielt selber noch ein Jahr aus und bewohnte sein schönes großes Gründerzeithaus, allen Russen und Polen, die in die Stadt drängten, zum Trotz, wie ein Grandseigneur. Zwar war das Haus schon 1940 an die Städtische Sparkasse verkauft worden und uns nur noch ein Wohnrecht bis zum Tode des Großvaters eingeräumt, aber diese Rechtslage hielt er auch nach der Besetzung aufrecht und ging mit dem Trotz und der Unerschrockenheit des Alters Tag für Tag durch die hohen Räume, die ihre beste Zeit vor dem Ersten Weltkrieg gesehen hatten, als sich dort die Hautevolee von Langenbielau zu Großvaters Diners und Abendgesellschaften versammelte.

Dass er ein Mann gewesen war, der es lustig und zwanglos liebte, geht aus einer Anekdote hervor, die sich über diese Zeit hartnäckig gehalten hat: Bei einem Diner, bei dem es unerwünscht steif und etepetete zuging, soll er eine Flasche Weißwein über die Tafel geschüttet haben mit den Worten: Und jetzt kann die Gemütlichkeit losgehen. Die Honoratioren sollen auch, wie erzählt wurde, mit Brokatkissen das breite Treppengeländer hinuntergerutscht sein, freilich erst zu vorgerückter Stunde. Ob er daran gedacht hat, als er die letzten Male diese Treppe hinauf- und hinabstieg, vielleicht in Begleitung russischer Offiziere?

Jenes Treppenhaus haben mein Freund Eckhard und ich immer in unsere phantasievollen Spiele mit einbezogen, da ist deklamiert, gekämpft und Geländer gerutscht worden, obwohl dort immer ein leichter Dämmerzustand herrschte. Das einzige Licht kam durch ein buntes Jugendstilfenster in Höhe des Treppenabsatzes, das aber keine direkte Berührung zur Außenwelt hatte, sondern nur zu einem Lichtschacht, der viel Tageshelligkeit abfing. Die umständliche und verwinkelte Bauweise des Hauses bot unseren Spielen überaus günstige Voraussetzungen, es gab Flur und Korridor, Holzkammer und Dachboden, letzterer von besonderem strategischen Reiz, denn von da aus konnte man auch das Dach besteigen und war in beklemmender Nähe zu den steinernen Allegorien des Sommers und Winters, die den Dachfirst krönten. Im Körpervergleich konnte man nun deren wahre Größe erfahren. Als wir endlich einmal zu ihnen vorgedrungen waren und uns wie Eroberer neben ihnen auf dem Dachfirst postierten, bereit sogar, sie zu umschlingen, wartete in der Dachluke der Großvater bereits mit Ohrfeigen, denn Kühnheiten diesen Grades waren streng verboten. Nicht anders ist es mir ergangen, als ich auf dem steinernen Balkongeländer balancierte. Es sieht so aus, als hätte ich es an Mutproben damals nicht fehlen lassen. Später wurden solche Mutproben rarer. Ungefährlich waren die ausgedehnten Kellerräume, die sich leicht unseren Spielen einverleiben ließen. Da gab es die alte Wagenremise, von wo aus der Großvater vor 1914 zu vierspännigen Kutschfahrten durch die Stadt aufgebrochen war. Nebenan muss es Boxen für die Pferde gegeben haben, aber sie waren umgebaut worden. Zeitweilig haben Menschen in den Kellerräumen gewohnt, ein ausgedienter Hausmeister gar mit Frau und Tochter. Sie hieß Else und war ein bisschen wild, verstand mich aufzuhetzen bis zur Rauflust, wusste aber auch wilde Spiele. Es muss heftigen Streit zwischen uns gegeben haben, denn einmal habe ich gar, von Wut übermannt, einen halben Ziegelstein nach ihr geworfen, von oben herab, und sie an der Schulter getroffen. Von schlimmen Folgen weiß ich allerdings nichts. Die Spiele mit Else waren auf den Hof beschränkt. In den Garten durften nur Freunde hinein, er war der Raum des inneren Kreises, der Männerbünde und der Phantasie. Dieser Garten war von einer mannshohen Mauer umgeben, so dass niemand von der Straße aus hineinspähen konnte, er war ein abgeschiedenes verwildertes Reich mit einem Springbrunnen aus der Gründerzeit, zwei uralten Eschen und einer hölzernen Sommerlaube. Die Laube war unser Hauptquartier und Regenhaus, auch Schutzburg, manchmal heiß umkämpft. War nur Eckhard da, so nahmen die Spiele einen subtileren Verlauf, wir waren dann nicht selbst Kämpfer, sondern nur Inszenatoren, Regisseure, Lenker. Es ging nicht einmal dann wild zu, wenn ich mit Eckhard die Burg aufgebaut hatte und die roten und blauen Ritter sich gegenseitig von der Zugbrücke stürzten, kurzlebige, stichflammenartige Aggressionen züngelten auf, bei denen sich allenfalls unsere Hände, die die Ritter bewegten, einmal verhakten. Lieber noch als Krieg spielten wir Theater. Eckhard, ein geborener Tüftler, hatte eine kleine Bühne aus Sperrholz und Pappe gebastelt, dazu Papierfiguren, ihnen Standfestigkeit verliehen, indem er ihnen ein Papierblättchen durch den Fuß zog. Die erste Vorstellung auf dieser Bühne gab er mir, dem Überraschten und Neidischen, dem das alles nicht eingefallen war; das Stück hieß »Prinzessin Leckerli im Wunderland«. Erfunden wird er das Spiel nicht haben, aber seine Wirkung auf mich wäre auch dann nicht geringer gewesen. Später entwickelten wir neue Stücke, und es zeigte sich, dass meine Phantasie der seinen schnell ebenbürtig wurde. Diese Spiele fanden entweder im Esszimmer oder im Herrenzimmer statt, oder, wenn die Mutter nicht zu Hause war, auch im Salon. Nichts ernstlich Störendes drang in die Kindheitsidylle ein. Draußen wütete der Weltkrieg, aber im abgeschiedenen Gebirgsstädtchen herrschte Friede, wenigstens für Kinder und Großeltern, die an ihren Träumen wirkten. Die Omen wurden übersehen; dass mich ein SS-Mann zur Taufe trug, dass mein

Vater mir im Urlaub einmal einen Kradmantel zeigte, den ein französischer Granatsplitter durchdrungen hatte, dass der Großvater bei der Meldung über Stalingrad sich so heftig auf die marmorne Platte des Küchentisches stützte, dass sie herunterfiel und zerbrach.

Seltsam, wir hörten gern in der Küche Radio. Vielleicht ließen sich dort in den gewürzgesättigten Dünsten die schlechten Nachrichten aus der Welt besser verdauen? Vielleicht musste man sich beim Zuhören immer etwas zu schaffen machen, indem man Gläser einschwefelte, in dem großen Zinktopf mit dem versenkbaren Thermometer Obst einweckte, oder Eierkuchen buk, eine der Lieblingsbeschäftigungen des Großvaters (und ihm gelangen sie auch am besten).

Stalingrad ist das erste Wort gewesen, das sich wie ein störendes schwarzes Kerbtier in meine Kindheitsidylle eingefressen hat. Es war unverkennbar, dass ihm Unheil anhaftete, und dass dieses Unheil sich aus der Ferne langsam und unberechenbar näherte. Der andere Name, der mich etwas später seltsam aufschreckte und beunruhigte, war Stauffenberg. Aus der Art, wie die Erwachsenen ihn in den Mund nahmen und wieder und wieder wendeten und wieder fallen ließen, entnahm ich die Bedrohung, ohne zu wissen, was sie uns allen anhaben würde. Es waren Erschütterungen wie schwache Erdbeben, bei denen die Idylle nicht in sich zusammenfällt, aber auf hohlem Untergrund stehend schwankt. Sichtbar wurde die Bedrohung dann beim Luftangriff auf Breslau. Im Januar '45 begannen durch unsere Stadt die ersten Flüchtlinge westwärts zu ziehen. Eine Familie aus Oberschlesien nahm für ein paar Tage bei uns Quartier. Dann zogen deutsche Soldaten durch, eine Gulaschkanone stand in unserem Hof, wir aßen Linsen und Rindfleisch aus Feldgeschirren. Dann sah man leichte Panzer in der Stadt, durfte gar auf ihnen herumklettern. Zuletzt begannen die Bilder an den Wänden zu zittern, wenn in der Ferne die Artillerie schoss. Der Krieg war fühlbar geworden. Am stärksten an jenem 22. März 45, als ich, in zwei Mänteln steckend, mit einem Rucksack voll Wäsche und Spielzeug auf dem Rücken, neben meiner Mutter, Johanna und dem hoch bepackten Kinderwagen, in dem meine Schwester ahnungslos mauzte, zum Bahnhof von Langenbielau trottete und von allen Seiten Frauen mit Kinderwägen herbeiströmten.

Anna Bähr, die Schwester meines Vaters, die auch mit zum Bahnhof ging, hat später erzählt, dass im Esszimmer, das sie abends nach unserer Abfahrt betrat, die halbvollen Suppenteller auf dem gedeckten Tisch gestanden haben, und die Löffel in den Tellern, in der kalten Kartoffelsuppe lagen.

Einunddreißig Jahre später. Das Land heißt Polen. Die Annäherung erfolgt quer durch die DDR, von Bebra aus. Dort habe ich übernachtet, in einem kleinen Hotel mit dem Titel DEUTSCHES HAUS, die Bewohner, die Gäste machen einen wunderlichen und kauzigen Eindruck, als sammelten sich in Grenznähe auffälligere Menschen. Zwei wanderfreudige Alte erörtern ihre morgige Route, ein Geistesschwacher, dem ein Rentner ein Bier spendet mit den Worten: den Kerl adoptier ich noch, krakeelt, eine ehesuchende Madame aus Bochum, die einem Heiratsschwindler in die Hände gefallen ist, jammert sich aus, ein munterer Junggeselle mit Prinz-Heinrich-Mütze erhält vom Wirt ständig die Aufforderung: Lass dir doch das Flügelrad wieder dranmachen!

Dazu ein Stehender, der immer wieder Fußballergebnisse von sich gibt, mit glasigen Augen, und zu jedem Ergebnis einen Zug aus dem Bierglas tut. Ist hier der Westen zu Ende? Sammeln sich hier in Grenznähe die Unangepassten, die durch das

Raster gefallen sind? Ich fühlte mich nicht unbehaglich in dieser Atmosphäre. Aber sie war am nächsten Morgen im Zug wie weggeblasen. Im Zug nach Görlitz finden sich keine Originale und keine Käuze. Er ist überhaupt schlecht besetzt. Wieder stellt sich, als man den Todesstreifen durchfährt, das Gefühl von Beklemmung ein, wenn auch schon schwächer. Im Grenzbahnhof steigen Volkspolizisten und Geldwechslerinnen ein. Mit ihrer umgehängten Wechselkasse machen sie eher einen erheiternden Eindruck, beim Abstempeln von Dokumenten blitzt deutsche Entschlossenheit auf. Ich habe auf dem Sitz neben mir den STERN liegenlassen, die Wechslerinnen sehen ihn, sagen nichts, gehen weiter. Etwas später kommt eine der Wechslerinnen zurück und schaut in mein Abteil, aber der STERN ist verschwunden. Sie lächelt ominös und ein bisschen verschämt, wie jemand, der sich eines heimlichen Wunsches schämt. Hätte sie ihn doch gleich konfisziert! Das durfte sie, und jetzt hätte sie etwas Aufwühlendes zum Lesen! Vertan!

Um halb zwölf sind wir in Eisenach, bei leichtem Regen. Die Wartburg steht grau und unscheinbar hinter der Bahnhofshalle, ohne allen Nimbus. Ein nicht sehr großer, korpulenter Mann steigt in mein Abteil, bleibt eine Weile schweigsam. Dann, als der Zug wieder fährt, eröffnet er doch ein Gespräch. Der Mann gibt sich als Koch aus Delitzsch zu erkennen, er koche dort im Reichsbahnausbesserungswerk. Er habe sich, auf ein Inserat hin, als Objektleiter für ein Hotel in Eisenach beworben, das er übernehmen wolle. Gerade habe er das Einstellungsgespräch hinter sich, und es sehe gut aus. Es werde zwar Kämpfe in seinem Betrieb geben, wenn sie erführen, dass er weggehen wolle, aber weggehen werde er. Ein eigenes Objekt zu leiten – davon träumten doch alle. Und wie wenige schafften es! Über seine persönliche Situation geht das Gespräch nicht hinaus. Keine Klagen, keine Kritik. Keine Fragen, wo ich herkomme, wo ich hin will. In Leipzig steigt der Mann aus. Die restliche Fahrt bis Görlitz bleibt ohne Gespräche. Aber die Blicke aus dem Zug, besonders auf Bahnhöfen oder bei der Durchfahrt durch Städte wie Erfurt, Naumburg, Weißenfels, sind bewegend. Ich spüre wieder die stehengebliebene Zeit, hier ist der Krieg noch nicht Vergangenheit, die Nachkriegszeit noch nicht abgelöst, hier sieht es noch aus wie auf alten Postkarten. Gleichzeitig steigt aus diesen Städten eine unbeschreibliche Verlockung auf, es ist, als könne man hier etwas Verlorengeglaubtes wiederfinden, hier läuft das Rad der Geschichte mit niedrigerer Umdrehungszahl und gibt einem den Glauben, die Besinnung wiederzuerlangen. Schon als wir Leipzig erreichen, bin ich fest entschlossen, die DDR so bald wie möglich zu bereisen. Ich verwünsche die inneren Barrieren, die mich bisher davon abgehalten haben und arbeite noch im Zug Pläne aus, wie ich das Versäumte nachholen kann.

In Görlitz hatte ich eine Stunde Aufenthalt. Ich nutzte die Zeit zu einem Stadtbummel, der mir eigentlich nicht erlaubt war. Aber wer lässt sich gern die Chance entgehen, eine verbotene Stadt zu besichtigen. Die größte Überraschung, die mir Görlitz bot: Hier lebten noch Schlesier! Eine Mutter öffnete ein Fenster im dritten Stock eines Bürgerhauses und begann mit ihrem Kind, das auf der Straße spielte, einen lauten Wortwechsel, in reinster schlesischer Mundart. Es gab also noch ein Stückchen Schlesien. Es gab noch den Wurzelboden, aus dem Jakob Böhme und Werner Finck gesprossen waren. Es gab vielleicht auch noch schlesische Gartenlokale am Fuße der Landeskrone, in denen im Mai die Kirschbäume blühten. Ich war einem Wunder begegnet. Im Dunkeln erreichte ich Hirschberg, das auf polnisch Jelenia Gora heißt. Ich ließ mich per Taxi ins Hotel Europa fahren, sah nichts mehr von der Stadt. Nachts regnete es. Beim Aufwachen sah ich ein Stück Wald hinter den Dächern. Wer hat dich, du schöner Wald… . Aber dann die Stadt, noch grauer fast als Görlitz, überall abblätternder Putz. Und ein eigenartiger Geruch, oder besser, ein Ensemble von Gerüchen. Am stärksten stank der Bober. Um zehn Uhr machte das ORBIS-Büro auf, ich tauschte Mark in Zloty um, vergaß mir einen Umtausch-Beleg geben zu lassen, bekam Schwierigkeiten im Hotel, verhandelte mit einer Blondine auf russisch. Dann Unklarheiten über die Hotel-Reservierung, man musste mit Warschau telefonieren, endlich die Aufklärung, ja, alles ist rechtmäßig gebucht. Statt um 13.03 konnte ich erst 16.02 weiterfahren, zu spät, um in Königszelt (Jeworzyna) noch den Anschlusszug zu bekommen. Es blieb nichts anderes übrig, als sich ein Taxi zu suchen. Es waren immerhin noch gut 30 Kilometer zurückzulegen bis nach Langenbielau, das jetzt Bielawa hieß. Doch die D-Mark ist stark, sie bewirkt, dass man nie lange hilflos herumsteht. 20 Mark, verkündete der Taxifahrer, würde die Fahrt nach Bielawa kosten, aber bis Reichenbach (Dzierdzonniow) fuhren noch zwei polnische Geschäftsleute mit, so dass der Tarif sich etwa drittelte. Dagegen war nichts einzuwenden, mehr noch, man fühlte sich mächtig, wie einer, der in Amerika sein Glück gemacht hat. Vom Beginn der Fahrt an ist im Süden der blaue Rücken des Eulengebirges sichtbar, der sich immer stärker hervorhebt, je näher wir ihm kommen. Davor dehnt sich die hügellose Ebene im rötlichhellen Dunste des Maienabends, und schließlich ragt aus der durchsonnten Ebene der Pfeiler des neugotischen Kirchturms von Langenbielau auf. Da liegt immer noch die Stadt, die wir vor einunddreißig Jahren so überstürzt verlassen haben, und es sind Lerchen in der Luft und da und dort Pferdegespanne auf den Feldern, und man kann nicht begreifen, dass etwas Schwerwiegendes vorgefallen sein sollte, und nichts mehr von Artilleriefeuer und Granateneinschlägen, sondern ein friedvolles Atmen der Erde, die alle Unterbrechungen abgewiesen hat. Hier also, am Fuße dieser blauen Berge, habe ich das Licht der Welt erblickt. Die Hoffnung auf Unversehrtheit des Kindheitstraumes löste sich schnell auf, schon am Stadtrand, als man die ersten Häuser sah. Hier hatte wie überall der Verfall gearbeitet, aber dahinter erhob sich mein Pompeji, meine ausgegrabene Stadt, unverfälschter als eine Stadt im Westen es je sein kann. Nur ihre Bewohner waren verschwunden, als hätte auch hier ein Ascheregen sie zugedeckt, und jetzt bewegten sich fremde Menschen durch die allzu vertrauten Straßen. Keiner verstand meine Sprache, keiner meine Erinnerungen, keiner meine Überraschung, ein neugebautes Hotel an einer Stelle zu sehen, wo früher das Gasthaus ZUM SCHWARZEN ADLER gestanden hatte. In diesem Hotel, das GORE SOWIE hieß, HOHE EULE zu deutsch, wohnte ich eine Woche lang. Mein Zimmer ging nach hinten hinaus, zum katholischen Friedhof, zu den hohen Pappeln, in denen noch immer die Dohlen schrieen. Dohlen hatten in dieser Stadt auch zur Zeit meiner Kindheit schon gelebt, sie waren die einzigen Bewohner, die hier geblieben waren. Ich erledigte an der Rezeption meine Formalitäten, verstaute mein Gepäck im Zimmer, duschte kurz; dann hielt mich nichts mehr im Hotel, es zog mich in die Stadt, ich musste die Straßen und Plätze sehen, in denen einst kindliche Wahrnehmung und kindliches Gefühl allmählich erwacht waren und mit ihnen das ungetrübte Vertrauen zur Welt, vor allem zu dem Haus, in dem so vieles aufbewahrt war, in dem jeder Raum prägende Ereignisse umschloss. Das prächtige, weitläufige, vielzimmrige Haus! Gedankenverloren näherte ich mich ihm, aber die Silhouette mit den Allegorien auf dem Dach tauchte nicht auf, so sehr ich auch nach ihr ausspähte, nur ein großer dunkler Erdfleck breitete sich an seiner Stelle aus, schwarzes noch frisches Erdreich, und eine Vertiefung an einer Stelle, wohl dort, wo unser Springbrunnen gewesen sein musste._ Ich lief ungläubig die Straße hinauf und hinab, das Haus meiner Kindheit war nicht mehr da. Sie hatten es abgerissen. Vor einigen Jahren schon, wie ich später im Hotel erfuhr, der Schwamm hatte es befallen. In seiner Umgebung war alles unversehrt, die Nachbarhäuser standen da so, wie ich sie kannte, die Bäckerei war noch in Betrieb, die Milchhalle war ein Getränkeladen, das CAFE SEBASTIAN war ein Restaurant. Nur mein Elternhaus war verschwunden. Die Erinnerungen blieben in mir verkapselt, konnten nicht mehr ausströmen, sich nicht an Wirkliches ranken, nicht an Vorhandenem verdorren.

An einem der folgenden Tage sah ich in der Nähe der Stelle, wo das Haus gestanden hatte, deutsche Touristen. Aus ihrer Unterhaltung konnte ich entnehmen, dass es alte Langenbielauer waren. Das ermutigte mich, sie anzusprechen. Ich brachte das abgerissene Haus zur Sprache und fragte, ob sie es gekannt hätten.

»In dem Hause hab ich einmal Stores aufgemacht«, sagte der Mann.

»Wie ist das zu verstehen?«

»Ich war im Tapezierergeschäft Menzel beschäftigt, und da hab ich einmal den Auftrag gehabt, bei Wolffs Stores aufzumachen. Und Vorhänge. Weil die Tochter doch heiratete.«

»Das ist meine Mutter gewesen.«

»Die Fräuln Wolff? Später hieß sie glaube ich Kienzel.«

»Kindler.«

»Ach. Und Sie sind der Sohn dazu. Denk mal, Brigitte.«

»In den dreißiger Jahren waren die Wolffs nicht mehr so reich«, sagte die Frau.

»Das kann möglich sein«, gab der Mann zu. »Aber sie machten weiter wie früher, als sie noch

Geld hatten. Die Macht der Gewohnheit.«

Lachend verabschiedeten sie sich.

Ich sah die hohen Fenster des Salons vor mir und den jungen Tapezierer auf der Leiter, beim Anbringen schwerer Satinvorhänge. Während ein Fähnlein der SA durch die Straße marschierte, martialisch singend. Vergebliche Mühen hier und dort. Es durchdrangen sich die Zeiten fast nahtlos, es erlosch alter Glanz hinter rissigen Mauern, in denen der Schwamm schon sein Werk begann.

Abends, im Hotelrestaurant, lasse ich die Speisekarte bringen. Das meiste ist durchgestrichen. Bekommen kann man Rühreier mit Brot, Herbata (Tee). Dorota heißt die Serviererin, kann kein Wort Deutsch. In der Küche gibt es noch eine ältere Frau, die Deutsch spricht und die bei schwierigen Situationen geholt wird. (Das Lokal hat ringsum Fenster, aber sie sind den ganzen Tag über von gelben Vorhängen verdeckt, als wolle man niemanden hinausschauen lassen auf die verfallenden Häuser.)

An Nachbartischen spielt sich in polnischer und russischer Sprache eine Szene ab, die ich nur der Gefühlslage nach einschätzen oder mutmaßen kann: ein sowjetischer Offizier rügt einen polnischen Soldaten niedrigeren Dienstranges, weil er entweder mit der Art seines Grüßens oder mit seinem Verhalten insgesamt nicht zufrieden ist. Der Soldat reagiert wie ein Untergebener, scheu, mit mühsam geknebeltem Ärger. Der Sowjetoffizier wird aber von den bedienenden Polinnen, besonders von der Alten, furchtlos beschimpft; lange und nachhaltig, wie man einen alten Teppich klopft, hackt die Alte auf ihn ein, und der Offizier lässt es sich bieten. Er verlässt sogar schließlich das Lokal, in dem der Pole noch sitzt. Ich beginne, über die Polinnen zu staunen. Sie haben die historische Demütigung noch lange nicht verinnerlicht, sie hadern mit den Besatzern. Sie verteidigen ihre Eigenart und ihre Würde, noch ist Polen nicht verloren.

Einen Tag lang habe ich meine Geburtsstadt durchstreift. Außer dem Haus meiner Kindheit ist fast nichts zerstört, Dutzende von Gebäuden, deren Bewohner ich als Kind kennenlernte, kann ich jetzt wiedererkennen, das Haus, in dem der Konsum war, die Fleischerei, in der sogar die alten Wursthaken noch benutzt werden und die weißen Kacheln noch schimmern, das Rathaus, die Apotheke, das kleine von Garten umgebene Haus, in dem Karin Einspenner wohnte, mit der ich so viel gebastelt habe, das evangelische Krankenhaus, in dem meine Schwester und ich zur Welt gekommen sind, und viele andere Häuser. Es gab auch noch die reich ausgestattete Villa, in der der Bruder meines Großvaters, Garnhändler wie dieser, und die Großmutter als junges Mädchen und Tochter eines Parchentfabrikanten, gewohnt haben. Ein wenig Neid wird mich beschlichen haben, weil dieses Haus noch stand und keinerlei Schädigung aufwies, obwohl es genauso alt war wie unseres. Und sicher auch aus dem gleichen Stein errichtet. Vorhanden war auch noch der PREUSSISCHE HOF, ehemals großer Gasthof mit einer Bühne, auf der meine Eltern beide gestanden haben, vor ihrer Verlobung. Mein Vater hat sicherlich nur mitgespielt, um mit meiner Mutter näher bekannt zu werden, was ja auch gelungen ist, nie hätte er freiwillig das Theaterspielen zu seinem Hobby gemacht, in seiner Jugend war er leidenschaftlicher Turner und wurde auch da und dort ausgezeichnet. Er soll allerdings, wie seine Schwester Anna Bähr später erzählt hat, dann und wann in kleiner Gesellschaft Couplets vorgetragen haben, darunter ein vorsichtig frivoles, das ich einmal in einer Version von Viktor de Kowa hörte. Sein Refrain lautete:

> Erst kamen die Blusen und Kleider
> und dann die Jupons voller Pli
> darauf die Dessous undsoweiter
> und dann und dann kam sie.

Ich habe mehr Theater gespielt als mein Vater und mir selbst Couplets geschrieben, ganz meiner erblichen Belastung folgend, dagegen habe ich nie geturnt. Am Hochreck eine Abiturnote erwerben zu müssen, empfand ich als Schikane der Schulbehörden, dann stieß ich noch lieber die Kugel.

Ich habe bei meinem Rundgang auch den Sportplatz von Langenbielau aufgesucht, aber die Tribünen nicht mehr gefunden, die es während des Kriegs gegeben haben muss, denn mir ist ein panikartiges Erlebnis in Erinnerung, bei dem so eine Tribüne voller Menschen saß, als ein kleines unbemanntes Segelflugzeug auf diese Tribüne herabstürzte. Der allgemeine Schreckensschrei der Menge ist wie ein Blitzlichtbild in meiner Erinnerung aufgezeichnet. Vom Sportplatz aus sah man zu den DIERIG-Werken hinüber, die in BIELTEX-Werke umbenannt sind und heute noch Textilien herstellen. Die Fraglosigkeit, mit denen die Polen alles übernommen haben, was ihnen da in die Hände gelegt worden ist, mit der sie versucht haben, die Stadt genauso zu nutzen und zu benutzen, wie die Deutschen es vor ihnen getan haben, fand ich zuweilen rührend. Es tat mir gut zu sehen, wie recht ihnen unser Inventar war, wie sie von schlesischen Laienmalern gemalte Kruzifixe am Wegrand weiter anbeteten und nicht versuchten, sie durch eigene Ikonen zu ersetzen.

In anderen Augenblicken schmerzte es auch, denn manches gebrauchten sie offenbar nicht mit dem nötigen Wissen oder der dazu passenden Vornehmheit, für die Dierig-Häuser zum Beispiel gab es niemanden mehr, der in diesen erlesenen Villen erhaben genug wohnen konnte. Es gab überhaupt kein Bürgertum, wie wir es gekannt hatten. Bildung, Besitz und Privilegien hatten einen Menschentyp geformt, den der Kommunismus in dreißig Jahren ausgerottet haben dürfte. Die Menschen, die jetzt durch die Straßen huschten und hasteten, immer in Sorge, etwas Nützliches zu erraffen, schienen auch das Worte Muße nicht zu kennen. Es schien keinen sozialen Status zu geben, zwar fuhren einige Leute in Automobilen, aber sie sahen genauso entmachtet aus wie die Fußgänger. Einige hatten vollere Brieftaschen als andere, aber niemandem sah man den Hauch eines Vorranges an; eine Errungenschaft, auf die der Sozialismus stolz gewesen sein mag, obschon sich hinter den Kulissen längst die Nomenklatura formierte. Aber auch das waren die Menschen nicht, deren Rang man neidlos anerkannte. Es ist mir nie in den Sinn gekommen, meinen Großvater als einen Vertreter der ausbeuterischen Bourgeoisie zu betrachten, noch weniger wird er selbst sich so gesehen haben. Und heute, wo das Bürgertum in den östlichen Ländern so gut wie verschwunden ist, denkt man mehr als freundlich an diese Bourgeoisie, die, so reich an Vorurteilen und Dünkelhaftigkeiten sie war, doch auch Menschen von einer Bonhommie hervorgebracht hat, die man heute gelegentlich vermisst. Auch Hebky ist Zeit seines Lebens ein Bürger geblieben, und man ist heute erfreut darüber. Man ist dankbar für alle noch vorhandenen Reste an Bürgertum, an denen der große Prinzipienschwund vorbeigegangen ist.

Ich habe bei meinem Stadtrundgang freilich auch gesehen, wie viele arme Häusler und Fabrikarbeiter es gleich neben den Dierig- und Suckert-Villen gegeben hat, und mir sind auch die Weber wieder eingefallen, die 1844 aufrührerisch durch die Stadt marschiert sind, weil die Not ihnen an der Gurgel saß.

Damals geschah es, dass im Flechtnerhause, jener erhaltenen Villa der Parchentfabrikanten, die Weber erregt einen Berg von Inventar aus dem Fenster auf die Straße geworfen haben. Die Aufständischen unterschieden also nicht im geringsten zwischen humaneren Unternehmern und Halsabschneidern. Eine alte Packnadel, die sich unter den hinausgeworfenen Gegenständen befand, und die ein Vorfahre aufbewahrte, hat sich später unter den wenigen Habseligkeiten befunden, die der Großvater aus der Heimat nach Bayern mitbrachte. Heute ist sie verloren. Ob mein Großvater Karl Marx in seinem Bücherschrank aufbewahrte, oder Georg Büchners Aufruf »Friede den Hütten, Krieg den Palästen«? Unsere Bücher damals standen hinter Glas, es waren ihrer nicht allzuviele, nur im Herrenzimmer gab es Bücher, und nicht die giftigsten. Fontane wird es gegeben haben und Felix Dahn, Goethe zwar, aber auch Riemkasten und Brausewetter. Mein Großvater war großbürgerlich, und als ich klein war, gefiel er mir so, wie er war, mit seiner Altherrenart und Selbstironie, und dass er im Gasthaus SCHÖN einmal ein Federbett versetzt hat, ist mir nur als Gerücht bekannt. Wenn er mich dorthin zum Frühschoppen oder zum Schlachtfest mitnahm, wurde immer bar bezahlt, für sein Bier und mein Himbeerwasser. Meinen Vater jedoch, den Kleinbürger, der bei DIERIG als Expedient arbeitete, hatte er als Schwiegersohn von Anfang an nicht haben wollen und hat hartnäckig gegen ihn intrigiert und ihm Hausverbot erteilt. Mein Vater ist nicht minder stur gewesen und hat auf der Tochter des Garnhändlers

Wolff bestanden, die Anfang der dreißiger Jahre schon lange keine gute Partie mehr war, denn der Garnhandel war in Konkurs gegangen, und mein Großvater hatte ihn nicht neu aufgezogen. Für meinen Vater galt: Die oder keine! Die Liebenden haben dann, weil Langenbielau mit Wolffschem Bann belegt war, in einem Nachbarort geheiratet, irgendeinem kleinen Straßendorf im Eulengebirge, und während der Trauungszeremonie hat sich mein Großvater in die Kirche geschlichen, hat hinter einer Säule gestanden und zugeschaut. Ob sich Rührung und Zorn da in ihm mischten, ist mir nicht bekannt geworden. Auch weiß ich nicht, welche Haltung die Großmutter in der Liebessache einnahm, vermute aber, dass sie eine heimliche Opposition gegen ihren standesbewussten Mann betrieb und den aufsässig Liebenden die Wege ebnen half, vielleicht hat sie sogar den Pastor bestellt in Steinkunzendorf. Sie soll eine Frau gewesen sein, die bei offenen Meinungsverschiedenheiten meist von Migräne befallen wurde.

Es ist zu vermuten, dass sie mit ihrer Meinung kaum mehr Gehör fand und daher Debatten ganz aus dem Wege ging. Wie wir wissen, war sie auch herzkrank, und fuhr öfter als ihr Gatte in die schlesischen Bäder. Bad Altheide war ihr das liebste.

Die Ehe war nun geschlossen und mein Großvater hatte nichts dagegen tun können, aber seine gekränkte Standesehre ließ ihn weiter hart bleiben und dem jungen Paar den Einzug in sein geräumiges Haus verweigern.

Die Mutter meines Vaters war es, die nun Rat schaffte. Sie räumte dem Paar ihre hübsche Zweizimmerwohnung, zwei Stockwerke über dem Konsum. Sie selber zog in eine kleinere Wohnung, in eine Arme-Leute-Gegend: Sie stieg eine Stufe hinunter auf der sozialen Leiter. Zwei Jahre lang haben meine Eltern in der hellen Wohnung am Markt gewohnt, mit Blick auf Rathaus und Eulebrunnen, haben den Großvater sehen können, wie er morgens ins Gasthaus SCHÖN ging, um seinen Kummer in Bier und Korn zu ertränken.

Eines Tages erreichte ihn aber die Meldung, dass er Großvater werde. An diesem Tage war er berauscht ohne Getränk, er mied das Gasthaus, stieg die Treppen zu der kleinen Zweizimmerwohnung am Markt hinauf, stieß die Tür auf und rief in die Zimmer hinein: »Ihr zieht natürlich in mein Haus.«

Durch die Hoffnung, Ausschläge an seinem Stammbaum zu sehen, wurde das patrizische Herz dieses Mannes weich; ich als kleiner Erdenkäfer bin es gewesen, der sein Alter belebt hat, für mich erfand er Kosenamen, mich schleppte er durchs Haus und später wanderte er mit mir durch die schönsten Landschaften Schlesiens. Durch mich weichte der Ehrencode seiner Jugend auf. Jetzt räumte er das Zimmer neben dem Salon. Hier sollte nun das neue Leben heranwachsen. Er selber zog in ein Zimmer, in dem früher einmal die Köchin geschlafen hatte, und das an Küche und Speisekammer angrenzte, sichtbar unterlegen in der Ausstattung und in der Höhe der Fenster, was besonders bei Stores und Gardinen auffiel. Der alte Mann wurde symbolisch zum Dienstboten, genau genommen zum Koch, und meine Mutter mag ihre ersten Versuche am Herd unter seiner Anleitung gewagt haben. Wie er mit seinem Schwiegersohn umgegangen ist, muss wieder aus Indizien mühsam erschlossen werden. Er wird ihn seigneural behandelt haben, und mein Vater, der ein selbstbewusster Kleinbürger gewesen ist, ließ sich sicher nichts gefallen. Gesprache von Mann zu Mann oder zumindest deren Ton und Schattierungen sind zwischen beiden kaum vorstellbar. Der alte Wolff, der den alten Dierig duzte, war gar nicht in der Lage, zu einem kleinen Expedienten der Firma Dierig, der sich ihm angenähert hatte, indem er ihm einen Enkel schenkte, familiäre Beziehungen aufzunehmen. Geduzt haben sich die beiden Männer auch nach dem Kriege nicht, nachdem der eine die Flucht, der andere die Gefangenschaft hinter sich hatte. Noch im Bauernhaus in Bayern, wo beide auf Strohsäcken im gleichen Zimmer schliefen, blieben die inneren Trennseile gezogen. Aber in Langenbielau, dem einstigen Weberdorf, in dem Ackerbürger, Weberknechte und Fabrikanten siedelten, sind diese Trennlinien im Stadtbild sichtbar; auch 1976 waren sie es noch, als es längst keine alten Herren mehr gab. Und ich, als kleiner Junge, lief zwischen den Fronten hin und her, ging bei den kleinbürgerlichen Verwandten von Vaters Seite genauso leicht ein und aus wie beim Großvater Wolff und seinen Freunden, ohne zu bemerken, dass die wirklich Reichen der Stadt des Großvaters Freunde schon längst nicht mehr waren. Er hat sich selber mit den Kleinbürgern anfreunden müssen nach dem Konkurs von 1929. Und das hat er auch getan. An seinem siebzigsten Geburtstag hat ihm die Freiwillige Feuerwehr, deren Ehrenvorsitzender er war, ein Ständchen gebracht. Da war er noch einmal der alte Herr, der vom obersten Treppenabsatz winken durfte.

Man musste die Arbeiterstadt Bielawa, die ein wenig verschlafen wirkte, verlassen, um die Polen lebendiger und lustiger zu sehen. Im Wallfahrtsort Wambierzyce, einst Albendorf, schlesisches Jerusalem genannt, fand ich auf dem Kirchplatz eine bunt zusammengewürfelte Gesellschaft von Pilgern, Wandervögeln und Programmabsolventen vor. Ein Wandermusikant hatte sich auf den heiligen Stufen niedergelassen und sang zur Gitarre, um ihn herum scharten sich polnische Kinder. Ich glaubte, eine Szene aus dem EVANGELIMANN zu sehen. Auf dem Stadtbahnhof von Glatz (Miasto), sah ich erstmals Gesichter der jungen Intelligentsia, Vaganten mit breitkrempigen Hüten; sie schienen ohne bestimmtes Ziel im Lande unterwegs, lachten, scherzten, stichelten, neckten die Mädchen, die mir von Ort zu Ort hübscher erschienen. Ihre Albernheit hatte etwas Prickelndes. Wurde hier der allgemeinen Unfreiheit ein Schnippchen geschlagen von neuen Clerici Vagi? Ist das der neue Humus, schrieb ich abends in mein Notizbuch, nach dem Treibsand des Proletariats und dem Faulschlamm der Grundherren und Industriellen, aus dem doch eines Tages etwas Neues wächst? Aber die tumultartigen Szenen, die ich bald danach am Busbahnhof von Glatz erlebte, wo ein Handgemenge ausbrach, als der Busschaffner die Zahl der Mitfahrenden begrenzte, zeigten mir, dass es bis dahin noch weit war. Immerhin war sichtbar, die Jugend verlangte danach, dieses ihr zugeteilte Land mit neuem und beflügeltem Leben zu füllen und es sich erst einmal im Stil der Fahrenden anzueignen. Auch glaubte ich eine pantomimische Grundhaltung bei den jungen Polen zu entdecken: ich sah Jugendliche Badminton spielen ohne Ball und Netz. Lachende, begeisterte Zuschauer. Abends im Hotelcafé (Rührei und Herbata) musste ein Bursche namens Jurek gezügelt werden, der es auf die junge Dorota abgesehen hatte und sie immer wieder mit der Hand an seinem Tisch festzuhalten versuchte. Gar nicht gern sah er, dass sie öfters an meinem Tisch nach Wünschen fragte, die gar nicht zu erfüllen gewesen wären, denn es gab nichts. Dorota schien mir verändert, sie war geschminkt, trug neue Sandalen, lief im Lokal mit einem Bügeleisen herum, ging, kurz nachdem sie bei mir kassiert hatte, in einer karmesinroten Jacke aus dem Haus.

Hätte ich sie in ein Café einladen dürfen, wo wir wiederum nur Herbata getrunken hätten und ich ihr Wendungen aus meinem polnischen Sprachführer vorgelesen hätte, die sie mit Lachen quittiert hätte? Niemals!

Am letzten Abend hat sie mir dann, sei es aus Versehen, sei es aus Rache für meinen Geiz bei den Trinkgeldern, 10 Zloty zu viel einbehalten. Ich opponierte nicht mehr, ich gönnte ihr den kleinen Vorteil. Der Geizige verdient eine Lektion, er fördert ja den Betrug.

An meinem letzten Tag im Hotel GORIE SOWIE habe ich eine Wanderung ins Eulengebirge gemacht. Bis weit ins Waldtal hinein schallten aus offenen Fenstern die Kofferradios, als sei die Sonntagsstille nicht zu ertragen, als wirke das Rauschen des Waldes nicht als ein Gegenmittel gegen eine Woche monotonen Fabriklärms. Die Ausflügler, die ich später im Gebirge traf, in Familienstärke auf Waldlichtungen picknickend, ließen laute Musik ins Grüne schallen, nach Waldeinsamkeit schien es sie nicht zu verlangen, und ein polnisches Wort für Trösteinsamkeit dürfte ihnen unverständlich erscheinen. Aber das Laute hat jetzt überall Zulauf.

Ich hatte mich gefragt, ob ich noch eine der schlesischen Gebirgsbauden vorfinden würde und war erstaunt, die ZIMMERMANNSBAUDE gut erhalten vor mir zu sehen. Vom ursprünglichen Mobiliar der Baude war nichts mehr da außer drei alten Wanduhren, die in einem der Räume hingen. Aus unbekannten Gründen waren sie hängen geblieben, während die übrige Einrichtung sicher nach dem Krieg irgendwo Verwendung gefunden hat, wo man sich einrichten musste. Die Baude hieß jetzt SCHRONISKA ZYGMUNT und wimmelte von Jugendlichen. An einem Schalter wurde an Hungrige Bigos ausgegeben. Ich stellte mich mit in die Schlange und kam so zu einem unerwarteten Essen. Nach der Stärkung setzte ich meinen Aufstieg fort. Ich ging aber nicht bis zum Eule-Gipfel, sondern nur bis zu einer Lichtung, von der man einen guten Fernblick hatte. Man sah den Verlauf der Euledörfer vom Gebirge bis weit hinein in die

Ebene, wie langgestreckte Gräten, einige mehrere Kilometer lang. Das waren die berühmten Weberdörfer, von denen man durch Gerhard Hauptmann Kenntnis erlangt hatte, Siedlungen großer Armut sicher auch heute noch.

Ich stieg durch Steinseifersdorf und Peterswaldau ab. Die Rückkehr, durch Rapsfelder, durch Scharen von Spaziergängern hindurch, mit dem schräg einfallenden Sonnenlicht im Rücken, war eines der letzten Bilder, das ich aus der wiederentdeckten Heimat mitnahm. Sie war ein Garten der Erinnerungen geworden, in dem es freilich da und dort Lücken gab. Lange suchte ich nach einem Einkehrlokal, das sich GERNEGROSSLINDE genannt hatte. Auf dem Weg dorthin waren wir immer an einem Haus vorbeigekommen, wo sich ein schlesischer Tüftler ein mechanisches Hammerwerk gebaut hatte, von einem kleinen Bach über ein Wasserrad angetrieben. Dutzende von Handwerkerfiguren waren dort in ständiger klappernder Bewegung, vorwiegend sägend und hämmernd, denn die Bewegungen mussten linear sein, da sie von Pleuelstangen erzeugt wurden. Ich war dort als Kind immer lange stehen geblieben und musste mit kräftigen Worten zum Weitergehen ermuntert werden.

Diese Attraktion von einst habe ich nicht wiedergefunden. Andere Kindheitsbegleiter, die ich vergessen hatte, waren noch vorhanden. Bei einem Abendspaziergang in weichen Wiesengründen sind mir im Zwielicht einmal harte, eichelgroße Geschosse an den Kopf geflogen, deren Flugbahn so waagrecht war, dass mir schnell die Gewissheit dämmerte: das sind Maikäfer! Und auch ihre natürlichen Abnehmer, die Störche, sind noch unterwegs. Aber die Biele führt fast kein Wasser mehr. Sie ist oberhalb des Ortes aufgestaut, damit die BIELTEX-Werke Staukraft bekommen. Wir haben kein Recht auf das Fortbestehen der Idylle, weder diesseits noch jenseits der Mauern, die den Fortschritt abhalten sollen. Und Kindheiten gehören in die Reservate der Erinnerung, ihre Rekonstruktion muss misslingen.

Als hätte ich mich vor Breslau aus noch nicht abzusehenden Gründen gefürchtet, hatte ich für diese Stadt nur einen Tag vorgesehen und nur eine Übernachtung buchen lassen. Vielleicht auch, weil mir das Hotel, dem ich zugewiesen wurde, schon auf dem Papier nicht behagte: es war weit außerhalb des Zentrums gelegen, gehörte einer internationalen Hotelkette an und versprach genau die Ghettoatmosphäre, die ich umgehen wollte. Die eine Nacht, die ich dort verbrachte, war öde genug. Die Bedienung im Restaurant war arrogant und ausgepicht, der Grill schloss um 20 Uhr, um 22 Uhr gingen die Lichter aus. Im Zimmer das ewige Sausen und Brausen des Frischluftgebläses. Nur fort von hier, dachte ich abends im Bett.

Am nächsten Morgen begab ich mich auf Zimmersuche. Ich fand ein paar ältere Hotels im Zentrum und war entschlossen, in einem davon Quartier zu nehmen. Aber die Portiers klärten mich auf, dass Zimmer erst um 12 Uhr mittags vergeben würden. Ich lief in der Altstadt herum und versuchte, das einstige Gefüge der für Schlesier legendären Stadt zu erahnen. Das wenige, was stehengeblieben oder wiederaufgebaut worden war, ließ eine Stadt von großer Eigenständigkeit erkennen, etwas düster zwar, aber von unbestreitbarem Charakter. Was das 19. Jahrhundert dazugebaut hat, wird etwas unfreundlich gewirkt haben, aber die barocke und mittelalterliche Substanz war frei von Konformität, das Reich muss recht fern gewesen sein für diese slawisch-deutsche Handelsmetropole. Der Gauleiter, der die Stadt 1945 zur Festung erklärt und damit dem Untergang geweiht hat, kann kaum gewusst haben, was er tat. Wie alle seinesgleichen, die nicht wussten, was sie deutschen Städten antun, obwohl damals Eingeweihten schon bekannt war, dass die Zeit eines selbständigen Stils in der Architektur vorüber war. Aber was galt ein Weichbild einer Stadt den fauchenden kleinen und großen Potentaten, die, bis zuletzt in die Macht verbissen, ständig rückwärts gehend, nichts losließen, alles ihrer Geltung opfernd, was ihnen gar nicht gehörte, von vergötzten Propagandisten zum Durchhaltewillen gepeitscht. Sie haben Breslau wie Dresden, Nürnberg, Würzburg, Magdeburg und Königsberg auf dem Gewissen, aber sie litten daran nicht. Erlitten wurde das Schicksal von den anderen.

Freilich, auch unzerstört gebliebene Städte verlieren in der Gegenwart Stück um Stück ihr mittelalterliches oder barockes Gesicht. Jede Stadtverwaltung bricht da und dort Breschen ins Alte und erlaubt einem Kaufhauskonzern einen Betonklotz oder sich selber ein halboffenes Parkhaus. Die Vorstellung von dem, was erhaltenswert ist, verändert sich, und im Laufe der Jahre werden die Städte sich alle immer ähnlicher werden, ohne dass irgendjemand es mehr verhindern kann. Aber die, die uns schlagartig des Besten beraubten, können wir wenigstens noch hassen. Verwirrt und melancholisch fand ich mich fünf vor zwölf in dem Hotel ein, das ich mir ausgesucht hatte, einem behäbigen Altbau. Aber ich war nicht allein. Ein Pole mit Aktentasche, sichtbar älter als ich, hastete neben mir die Treppen zur Rezeption hinauf. Ich ließ ihm, als dem Einheimischen, den Vortritt. Als wir uns außer Atem vor dem Portier aufpflanzten, ihn mit bedeutsamen Blicken zu einer Äußerung ermunternd, läuteten draußen die Mittagsglocken. Der Portier schüttelte nur den Kopf. Als dem Polen dieses Stück Körpersprache nicht reichte, nahm der Portier die Hände zur Hilfe, erst zuletzt, fast widerwillig, die Sprache: Es gibt keine Zimmer! Niema. Eine

Schimpfkanonade folgte, die der Portier mit trockenen, etwas geringschätzigen Repliken parierte. Ich spann den Dialog deutsch. »Nirgends gibt es Zimmer, nirgends. In der ganzen Stadt nicht. Weil es keine Hotels gibt. Warum reisen Sie los, wenn Sie keine Zimmer haben. Warum haben Sie hier keine Freunde und Verwandten. Warum keine Wohnwagen. Warum rasen Sie in der Welt hin und her.«

Es ist so beruhigend, wenn sich Menschen beschimpfen und man ist selber nicht inbegriffen. Man hat ein Gefühl von Freilassung und Feierabend, man kann beiseite gehen, hinaus auf die Straße, in die milde Mailuft. Nur ein Zimmer hat man immer noch nicht und wünscht jetzt, dass man selbst auch beschimpft worden wäre.

»Wie konnten Sie so leichtsinnig sein, und in ein sozialistisches Land fahren ohne Zimmerreservierung.«

»Warum verlangt dieses Land keine Reservierung, wenn es so wenige Zimmer hat.«

»Es ist nicht unsere Aufgabe, Ihre Angelegenheiten zu regeln. Organisieren müssen Sie Ihre Reisen schon selber.«

»Ich organisiere nicht gern, ich fahre gern ins Blaue.«

»Hier gibt's kein Blaues. Und hier ist auch kein Optimismus angebracht. Organisation ist hier alles.«

Mit Bewunderung starre ich das alte Hotel an, das den Krieg überlegt hat und beneide alle, die jetzt in ihm wohnen dürfen. Dann, in der Schweidnitzer Straße, befällt mich eine schützende Gleichgültigkeit. Wenn ich nichts finde, werde ich mit dem Nachtzug Breslau verlassen. Aber warum sollte ich in einer so großen Stadt nichts finden, in der mein Geld so viel wert ist? Ich suche das POLORBIS-Büro auf, sie schicken mich zu einer Zimmervermittlung

»Ja, Privatzimmer vermitteln wir. Wenn Sie DDR-Bürger sind.«

»Bin ich aber nicht. Ich bin Bundesbürger.«

»Dann dürfen wir nicht privat vermitteln.«

»Aber warum nicht. Ich zahle gut.«

»Es ist verboten.«

Ich überlege, ob ich einen Bestechungsversuch machen soll. Lasse aus Unerfahrenheit davon wieder ab. Gehe grußlos zum Ausgang, bleibe dort stehen und schaue hinüber zum unzerstörten Hauptbahnhof. Denke an die Tage, die ich als Sechsjähriger mit meinem Großvater in Breslau verbracht habe, denke an die weißen Oderschiffe. Ein hagerer Mann von fünfzig Jahren, den ich zuvor an einem der Schalter gesehen hatte, ist mir zur Tür gefolgt und tritt jetzt neben mich. Er hat dieselbe Haltung wie seinerzeit Herr Hoffmann in Prag, verschwörerisch wirkende Unauffälligkeit, der man das Gespielte nicht glauben mag. So müssen sich Agenten bewegen.

»Ich kann Ihnen ein Zimmer anbieten«, sagt er, nach einem Zug an der Zigarette. »Wenn Sie bis abends nichts finden. Kommen Sie zum Rynek 98, Bialy. Aber kommen Sie nicht später als acht Uhr, weil wir dann das Europapokalspiel anschauen. Vielleicht interessiert es Sie auch, Bayern München spielt da.«

Ehe ich etwas erwidern kann, hat der Mann sich in Bewegung gesetzt. Geht jetzt den Bürgersteig entlang, vom Bahnhof weg, auf die Innenstadt zu. Ich beeile mich, die Adresse in mein Notizbuch zu schreiben, damit ich sie nicht vergesse. Wie ein guter Agent hat er mir nichts Schriftliches in die Hand gegeben. Ich blicke ins Büro zurück, sehe die junge Polin, die mir das Privatzimmer vorenthielt, grinsen. Ich mache eine Geste des Einverständnisses. Gehe dann aber ohne Worte. Warum hält man uns Westler hier von der Bevölkerung fern? Ich verschiebe die Antwort auf den Abend, in meinen täglichen Aufzeichnungen werde ich sie zu geben versuchen und dabei zu kurz greifen.

Die Stadt, die ich jetzt vor mir habe und bis zum Abend durchstreifen kann, ist eine andere. Die Herbergsuche ist von mir genommen, ich bin ein Wroclawer Bürger, ich bin ein Kosmopolit, ich gewinne die Leichtigkeit zurück und den Optimismus. Sehn Sie, möchte ich dem Portier jetzt entgegnen, es geht doch, man kommt überall unter, die D-Mark schließt alle Türen auf, ich vertraue auf eine harte und solide Währung, die ich gar nicht mit geschaffen habe, die ich zu Hause verlache. Sein sei wichtiger als Haben, äußere ich in meinen Stoßseufzern unter Freunden. Dabei fuße ich auf dem Psychoanalytiker, der wiederum auf der Bergpredigt fußt, auf die wir Westler uns gern berufen, wie auch auf die Speisung der Fünftausend, aber wir sind satt und haben mehr als wir brauchen, da kann man gut mit dem bedürfnislosen Wanderrabbi am See Genezareth solidarisch sein. Ihr seid viel glaubwürdiger hier in Polen, ihr habt von allem zu wenig und haltet es doch mit ihm, viel zuverlässiger, und ein Wort wie Konsumterror hätte eure Linke bestimmt nicht ausgebrütet, das Wort ist in einer Shopping Mall im mittleren Californien entstanden.

Ich eigne mir jetzt die östliche Herbheit Breslaus widerstandslos an und freunde mich auch mit den großen windigen Plätzen an, die zwischen den Kathedralen und Kaufhäusern aufgerissen sind.

Ich bummle zum Scheitniger Park und zur Jahrhunderthalle und ich betrete den Zoo, in den mich mein Großvater vor 35 Jahren geführt hat, und erkenne sogar das Bärengehege wieder, vor dem ich damals fotografiert wurde. Aber das vornehme Zoorestaurant, in dem wir Kirschkaltschale serviert bekamen, existiert nicht mehr, da ist nur noch eine primitive Bar, in der es grüne Heringe und Kwas gibt. Der Zoo wirkt verarmt, aber kaum zerstört. Auch die Ausflugslokale an der Oder, in denen die Breslauer so gerne einkehrten, sind verschwunden. Der Schlesier liebte auf seinen Ausflügen die Einkehr, und überall im Lande hatte er seine Gartenlokale, sie hießen STEINHÄUSER und GUCKE, GERNEGROSSLINDE und WAIDMANNSRAST, WALDESRUH und ZUR ERHOLUNG.

Einatmen, ausatmen, aufatmen. Luft holen, tief durchatmen. Innehalten. Sich verschnaufen.

Nicht, dass ich euch missionieren wollte. Aber das war etwas, was sich schon dem Kinde mitgeteilt hat, und das Kind hatte doch genug Muße. Zur guten Einkehr.

Im Stehen also nur: grüne Heringe und Kwas.

Kurz vor acht bin ich am Ring 98.

Die Bialys wohnen in einem der alten Bürgerhäuser, die im Karree um das Rathaus stehen, haben drei Zimmer, eines davon geht zum Ring hinaus. Gerne wüsste ich, wie man zu einer so zentral gelegenen Wohnung kommt, sicher hat Herr Bialy Verbindungen zur Partei. Ich werde freundlich aufgenommen. Frau Bialy bewirtet mich während des Fußballspiels mit Bier und Broten. Herr Bialy ist auf seiten von Bayern München. Ich sehe aus Höflichkeit zu, wenngleich Tore bei mir nicht zu befreienden Gefühlsausbrüchen führen, ich schneide zum Ersatz ein paar Grimassen. Frau Bialy bemerkt, dass ich kein großer Fußballfan bin und versucht eine Unterhaltung in Gang zu bringen, die aber Herr Bialy unterbindet. Gemeinsames Fernsehen, die systemübergreifende, harmlose Form abendlicher Geselligkeit, das, was ich am wenigsten suchte, und der Abend endet ohne jedes Kennenlernen und Austauschen von Lebensstimmungen, wie sie mir vorschwebten. Da man berufstätig ist, geht man auch zeitig zu Bett. Für den nächsten Tag wird noch ein Treffen im Hotel EUROPEISKI anberaumt, mittags 13 Uhr, dort wird man vielleicht weniger abgelenkt und absorbiert sein, dort wird das Gespräch gelingen. Am Morgen, beim Frühstück, begegne ich im Korridor einem sechzehnjährigen blonden Mädchen, das zuvor nicht in Erscheinung getreten war. »Dzien dobry, panie!« Und schon ist sie im Bad verschwunden. Welcher Feenspuk! Welche Aufhaltungstendenz! Wie kann man abreisen, solange diese Erscheinung nicht verifiziert ist. Die Mutter stellt klar, kein Spuk, sondern ihre Tochter Ewa. Muss zur Schule. Schweigendes Kauen von meiner Seite, die Mutter schenkt schmunzelnd Kaffee nach. Sicher, sechzehn ist fernes Land. Dennoch? Die kurze Begegnung im Korridor gehört zu den Augenblicken, die in der Erinnerung haften bleiben, zur flackernden Reminiszens werden, zunächst freilich der Sprachlosigkeit überantwortet. Beim Mittagessen im EUROPEISKI, wo beide Bialys erscheinen, wird von anderen Dingen gesprochen. Ich bemerke, dass ich zuviel polnisches Geld besitze und möchte 2000 Zloty zurücklassen (damals etwa 200 Mark). Sie sind bereit, für mich ein Depot anzulegen. Dann sprechen wir von Breslau, jetzt Wroclaw, was es mir bedeutet und was ihnen. Sie stammen aus Lwow, deutsch Lemberg, sind von dort vertrieben, Flüchtlinge wie ich. Ostpolen ist von den Russen annektiert worden, klärt mich Herr Bialy auf. Ungefähr das gleiche Gebiet wie bei der polnischen Teilung. Offenbar ist Herr Bialy doch kein Parteimensch. Es wird nun während einer Stunde alles nachgeholt, was während des Europacup-Spiels nicht gesagt werden konnte: Herkommen, Sozialstatus, Beruf, Familienstand, Weltsicht. Es werden Einladungen ausgesprochen, es wird bedauert, dass man jetzt nicht mehr Zeit miteinander habe. Ich verspreche, für länger zu kommen, am Rynek zu wohnen. Frau Bialy will noch um 16 Uhr zum Bahnhof kommen. Ich reise also doch mit dem Nachtzug. Wir sitzen dann noch eine halbe Stunde in einem Café und Frau Bialy ist viel elegischer als beim Mittagessen mit den eleganten Kellnern. Es ist so schwer hier zu leben. Nächstes Jahr sehen wir uns in Deutschland, muntere ich auf. Oy, Herr Kindler, oy! Sie winkt mir am Bahnsteig nach wie einem alten Bekannten, der nach Australien auswandern will. Wie einem, dem sie ihre letzten Hoffnungen als Wegzehrung mitgegeben hat.

Drei Jahre später haben mich die Bialys in Bonn besucht. Sie kamen ohne ihr Familienoberhaupt, Herr Bialy war schon kurz nach meinem Besuch in Breslau ausgezogen, die Ehe war geschieden worden, er hatte auch vorher nur der Wohnungsnot wegen bei Frau und Tochter gewohnt, kaum aber hatte er eine Wohnung gefunden, als auch schon die Ehe aufgelöst wurde. Aus dem Spätzug, der um Mitternacht in Bonn einlief, entstiegen nur noch Frau Bialy und Ewa, dazu ein Fremder, der ihnen mit dem Gepäck half, sich dann aber ebenso freundlich wie unauffällig entfernte.

»Guten Tag, Herr Heinz!« begrüßte mich die Mutter, »Oy!« Und ich hätte beinahe ein »Oy« erwidert, denn Tochter Ewa war zu einer solchen Erscheinung herangereift, dass ihr noch auf dem mitternächtlichen Bahnsteig Aufmerksamkeit zuteil wurde, Ewa war »eine Schönheit«, und ich erinnerte mich dunkel eines Operettenliedes, in dem der Polin Reiz nach langer mehrstrophiger Vorbereitung über den der Kreolin gestellt wird, mit der sie nur den Reim teilt. Mir wurden anerkennende, auch neidische Blicke zuteil, denn ich war der Gastgeber dieser Schönheit, und mir kamen Zweifel, ob ich überhaupt der richtige und würdige Gastgeber war, denn meine Mansardenwohnung bot kaum das angemessene Ambiente für so viel Eleganz.

Es zeigte sich auch rasch, dass Ewa ein wenig enttäuscht war von dem Zimmer, in dem sie mit ihrer Mutter untergebracht war, aber sie wird damit getröstet worden sein, dass sie ja im Westen war und im freien Spiel der Kräfte sicher gute Figur machen werde. In meiner frugalen Küche sitzend bei einem Erfrischungsgetränk streiften wir scherzhaft die reichen Möglichkeiten, die sich jungen Mädchen vom Schlage Ewas hier bieten mussten. Ewa, die kein Wort Deutsch verstand, ihre Mutter und mich lachen hörte, forschte mit häufigem »Co?«, wovon denn die Rede sei »Co pan movi« und schmetterte oft ihr »Nie« in die Erörterungen.

Schon am nächsten Tag begaben die beiden Damen sich auf Arbeitssuche. Sie hatten nicht vor, es sich hier gut gehen zu lassen und ihre Zeit mit Stadtspaziergängen zu verbringen, sie wollten Geld verdienen, westliches Geld, das ihnen zu Hause den Zutritt zu den besseren Geschäften erlauben würde. Ihr Plan war, mehrere Reinigungsfirmen aufzusuchen und nachzufragen, ob sie für ein paar Wochen Beschäftigung bekommen konnten, ohne Abgabe zahlen zu müssen. Sie hatten in Polen gehört, dass Schwarzarbeit am ehesten bei Reinigungsfirmen zu bekommen war. Und sie waren erfolgreich. Schon am ersten Tag hatte sie die Firma Aurora als Reinigungskräfte eingestellt, freilich zu denkbar schäbigen Bedingungen. Am kommenden Morgen sollten sie Punkt sieben Uhr früh in der Firma sein, dort würde ihnen Arbeitskleidung zugeteilt und mit einem Bus würden sie in eine der Universitätskliniken gefahren, wahrscheinlich die Frauenklinik. Ewa, die noch nie so niedrige Arbeit verrichtet hatte, jammerte ein bisschen, aber die Mutter beruhigte sie mit der Vorstellung, bald werde sie blankes Westgeld in Händen halten, der Traum aller Polinnen und Polen. Ewas Klagen verloren allmählich alles Eruptive und gingen in ein besorgtes Fragen über und verstummten ganz während des Abendessens, das ich mit selbstgemachten Bratkartoffeln anreicherte. Ewa ließ durch die Mutter mitteilen, dass es ihr schmecke. Zur Verbesserung der Stimmung trug auch bei, dass ein gewisser Stefano auftauchte, ein italienischer Flickschneider, den die Damen aus Breslau kannten, und der ihnen Arbeit verschaffen sollte. Als er erfuhr, dass Frau Bialy und Ewa schon Arbeit hatten, überging er das fällige Erstaunen und bereitete sofort in Gedanken den Fall vor, dass diese Arbeit in den Kliniken nicht gut wäre. Dann würde er sofort in die Bresche springen und einige seiner Freunde in Bewegung setzen. Ewa werde dann als Serviererin in einer Pizzeria eingesetzt und für Frau Bialy werde sich etwas anderes finden. Stefanos Monolog, in dem er die widerwärtigsten Fälle des Lebens durchspielte und für jeden eine neue Form der Abhilfe in Aussicht stellte, wirkte auf die Frauen beruhigend und dehnte diese Wirkung auch auf mich aus, so dass mir das Leben jetzt chancenreicher erschien als bisher. Ich bot ihm eine Flasche Bier an, die er aber ablehnte. Auch war er für weitere Geselligkeit, nachdem sein Redestrom einmal versiegt war, nicht mehr zu gewinnen. Er brach abrupter auf, als es die Üppigkeit seines Redestroms hätte vermuten lassen, hinterließ uns aber in recht sorgloser Stimmung.

Ewa ging ebenso unvermittelt zu Bett, wie Stefano aufgebrochen war, ließ sich aber, während sie schon von den geblümten Bezügen umrahmt war, von mir ein Liedchen auf der Gitarre vorsingen. Ich wählte eine leicht verballhornte Fassung von Humperdincks »Abends wenn ich schlafen geh, vierzehn Engel um mich stehn«, ein Text, der Frau Bialy zunehmend amüsierte, was wiederum zu heftigen und ungeduldigen »Co?«-Rufen belebte, so dass ein gewisses simultanes Verdolmetschen des Schlummerliedes zustande kam, das wiederum ein noch verstärktes Amüsement bei Ewa bewirkte, die schließlich vor lauter Begeisterung mit den Fäusten in die Kissen drosch. »Dobra Noc«, sagte ich und zog mich sehr behutsam zurück, ließ mir aber noch die Zusage abringen, weitere Schlummerlieder anzusammeln. Am kommenden Abend jedoch, dem ersten ihrer Reinigungstätigkeit in der Uni-Frauenklinik, stand beiden Frauen der Abscheu ins Gesicht geschrieben. Was ihnen dort an Abfall, Schmutz und Unrat durch die Hände ging, auch wenn sie täglich neue Plastikhandschuhe und Mundschutztücher bekamen, das hätte auch robustere Gemüter als die der beiden Polinnen angegriffen. Die Arbeit war in Zimmern zu tun, in denen die Kranken lagen und zusätzlich noch ihr Leid und ihre körperlichen Gebresten loszuwerden versuchten, ungehalten, wehleidig, zänkisch, ja sogar zynisch in ihren Äußerungen. Mutter und Tochter verwandelten ihr Erlebnis in ein chorisches Wehklagen, dem ich diesmal nichts entgegenzusetzen hatte, weder an Kochkünsten noch an Schlafliedern.

Da erschien Frau Schürde, der ich von meinem Besuch aus Breslau erzählt hatte und die sogleich versprochen hatte vorbeizukommen.

Frau Schürde gehört zu den Menschen, die, wie auch Stefano, nicht davon abhängig sind, welche Situation sie antreffen, sondern ohne jede Sondierung gleich gesprächig werden und ihr eigenes Epos in Gang setzen, eine Mischung aus Lebensgeschichte, Welt- und Menschenschau, das nur unterbrochen werden kann, wenn ein anderer Gesprächsteilnehmer diesen Lebensbericht mit seinem eigenen konfrontiert und außer Kraft setzt. Das aber ließ Frau Schürde an diesem Abend nicht zu. Die Polinnen hatten kaum mitgeteilt, dass sie in einer Klinik reinemachten, schon fielen Frau Schürde ihre sämtlichen Klinikaufenthalte ein, und zwar mit so vielen und plastischen Details, dass schon die Verwunderung über dieses Leidensgedächtnis den Sprachfluss der Zuhörer unterband. Da war von einer Wanderniere die Rede, von inneren Narben, von einer Lebensrettung durch reichliches Trinken von Wasser, von einer Pulsfrequenz von 35 und von einer breiten Palette von Schmerzen, die Frau Schürde durch alle Lebensphasen hin begleitet hatten. Da war aber auch die Rede von geheimniskrämerischen Ärzten, die mit der Wahrheit nie ganz herausrückten, und schließlich von einer Internistin, die sich selber an der Galle operiert habe. Die gute Schürde muss aber gespürt haben, dass diese letzte Geschichte die Glaubensbereitschaft ihrer Zuhörer etwas überforderte; sie schloss den Krankenbericht ziemlich unvermittelt ab und ging – zur Kunst über. Sie hatte fast zehn Jahre in ihrem Leben Theater gespielt, zwar nicht an bedeutenden Häusern, hatte aber auf der Bühne gestanden, und später, als die Rollen ausblieben, noch ein paar Jahre als Souffleuse ihre sehr klare und nuancierte Aussprache zur Verfügung gestellt. Sie erzählte farbig, detailreich und leidenschaftlich, teilte die Menschen, mit denen sie zu tun gehabt hatte, ohne zu zaudern in wohlgesonnene und neidische ein, behauptete auch, dass ein Spielleiter in L. geradezu um sie gekämpft habe, ohne sie zu bekommen, da ein anderer ebenso entschlossen an ihr festhielt. Den Höhepunkt ihrer Schilderungen bildete ein Monolog aus Medea, den sie in meiner Küche zum besten gab. Küchentisch und Stühle mussten zuvor etwas zur Seite gerückt werden, das freiwerdende Stück Bastteppich genügte ihr für den Vorhof von Kreons Burg, in der die große Klagerede Medeas an ihre Kinder ertönte, mit langsam sich steigernder Inbrunst, aus der sich auch einige schrille Töne lösten; zuletzt kniete sie erschöpft und etwas abwesend sekundenlang auf dem Boden, während die Polinnen sich unsicher ansahen. Was hatten sie gerade erlebt? Was hatte sich da vor ihren Augen und Ohren entladen? Die ungebrauchte Energie eines kinderlos gebliebenen Lebens? Eines Lebens, in dem nie eine Ehe angeboten worden war? Ein Schrei nach letzter Erfüllung? Was war dagegen das Wegräumen ein paar blutiger Binden und Pflaster?

Es war nichts mehr zu sagen. Ewa entfernte sich als erste, mit dem Hinweis, sie müsse um sechs Uhr aufstehen. Mutter Bialy beschäftigte sich mit dem Geschirr, das immer noch, der großen Tragödie ganz unangemessen, herumstand, auch wenn Frau Schürde es nicht bemerkt hatte. Die Schürde kniete noch immer auf meinem Bastteppich, rieb sich die Kopfhaut und die Lider und schien Mühe zu haben, die selbst erzeugte Trance zu verlassen. Sie sah jetzt wirklich wie eine Tragödin aus, hatte eine entfernte Ähnlichkeit mit der Schauspielerin Antje Weisgerber, der sie sich auch geistesverwandt fühlte.

»Soufflieren ist eigentlich eine Erniedrigung«, sagte sie endlich. »Gerade, wenn man noch so vieles nicht gespielt hat. Nie hat man mich die Medea spielen lassen. Ich habe andere Mütter spielen dürfen, aber schlechte Mütter. Dafür war ich nicht geschaffen. Sie haben eine Tochter, eine sehr reizende Tochter. Für Sie ist das Leben abgerundet. Die Männer sind gar nicht so wichtig. Eine Zeitlang ja. Aber nicht für die Dauer. Wir kommen ganz gut ohne sie aus.«

»Aber bitte, stehen Sie doch auf!« sagte Frau Bialy und half der Schürde, die schwer wie Blei geworden war, auf die Beine. Als sie stand, lachte sie, und Frau Bialy lachte mit ihr.

»Sind wir nicht komisch? Sind wir nicht viel komischer als die Männer? Wenn wir wollen, sind wirs.«

»Na, aber bestimmt. Wir sind morgen früh wieder sehr komisch, wenn wir auf den Knien in den Krankenzimmern herumkriechen, und die Kranken uns Bonbons herunterwerfen.«

»Wo haben Sie so gut deutsch gelernt?« begann Frau Schürde sich zu interessieren.

»Mein Vater stammte aus Österreich.«

»Ach, Österreich! Da möchte ich auch einiges dazu sagen. Wir müssen uns mal länger treffen.«

»No, warum nicht, Pani Schürde.«

Und so wurde vereinbart, am Wochenende eine Dampferfahrt auf dem Rhein zu machen. Und die Lebenskreise anzunähern. Frauen solidarisieren sich schneller als Männer, konnte ich erneut beobachten, auch wenn die Bialys Frau Schürde noch immer ein wenig wunderlich fanden. Die Schürde wiederum fand Ewa ein wenig zu puppenhaft, wie sie mir später vertraute. Ja, gelegentlich konnte sie recht bissig sein. Ihre Sympathie für die beiden Polinnen stieß bei der Tochter auf etwas Hartes, Abwehrendes, und das erzeugte ihre Kritik. Tadelsucht und Toleranz wechselten bei ihr schnell und manchmal unvermittelt; auf dem Wasser gewann die Toleranz die Oberhand, und die Schürde war uns allen fast wie eine Großmutter, obwohl sie ein paar Jahre jünger war als Frau Bialy, aber ihre matronenhaftere Statur ermöglichte ihr das umfassende Gefühl der Reife. Neben Frau Schürde zeigten auch andere Leute schnell Interesse an meinen Besucherinnen. Mein Nachbar Hagen Küpper, ein selbständiger Dreher und Besitzer eines dreistöckigen Mietshauses, Vater von drei Töchtern, erinnerte sich beim Anblick Ewas seines selbstgemauerten Grilltisches hinter der Werkstatt und sprach eine Einladung zu einem abendlichen Grillfest aus. Er entnahm Buchenscheiter einem Holzstoß, baute den Rost auf und förderte aus einer Gefriertruhe Koteletts und Grillwürste zutage. Innerhalb einer Stunde waren sieben, acht Leute um die Feuerstelle gruppiert. Man stritt sich heiter, wie am schnellsten Glut entfacht wird und wie man den Rauch unterbindet, denn man wolle ja nicht räuchern.

»Nie wedzic« rief Ewa, die sonst wegen ihres fehlenden deutschen Wortschatzes eher schweigsam war, »nicht räuchern!«

Der Rauch, der vom Grilltisch aufstieg und natürlich bis in die Fenster des Mietshauses drang, brachte schließlich auch die drei Töchter herbei, die stets wissen wollten, was sich tat. Birgit (14), Ulli (11) und Claudia (9) tauchten nun in kurzen Abständen am Grilltisch auf, bemerkten sofort, dass es einen geheimen Mittelpunkt gab (Ewa), und erklärten rundheraus, die sei aber schön.

Birgit war es, die sich Ewas gleich annahm und ihr ein paar deutsche Ausdrücke beizubringen versuchte, um wenigstens einen rumpfhaften Sprachkontakt mit ihr zu haben. Und so wurden an diesem Abend Wörter wie »Bratwurst«, »Bier«, »grillen« gelernt, dazu die volkstümliche Wendung »schmeckt gut«. Kein Subjekt zu dieser Satzaussage, sondern die geläufige Kurzform. »Schmeckt gut«, wiederholte Ewa mehrmals gutgelaunt.

Bei jedem Spracherwerb gibt es irgendwelche ersten Worte, aber selten beginnt der Einstieg in die Sprache Goethes und Kants mit dem Wort Bratwurst.

Hier allerdings war es so.

Birgit und Ewa entdeckten, dass sie trotz des Altersunterschiedes einen unangestrengten Kontakt miteinander entwickelten, und trafen sich nun öfter, fast täglich. Es ließ sich vieles gemeinsam tun, wie Platten anhören, diejenigen, die Ewa besonders gut gefielen, auf Kassetten überspielen, Diskobesuche wurden geplant, sogar ins Kino wollte man sich wagen. Schnell wussten alle meine Bekannten von meinen polnischen Gästen, und die Mehrheit beeilte sich, sie einzuladen. Besonders eifrig darin erwies sich Reinhold Ammon, ein vierzigjähriger

Musikkritiker (auch Theater, aushilfsweise Kunst), der unverheiratet war. Freunde glaubten beobachtet zu haben, dass er sich ungewöhnlich lange eine Vorliebe für junge Mädchen erhalten habe. Sein Freund, der Wissenschaftsjournalist Bartels, meinte, es handle sich da unverkennbar um Nymphen und er prophezeite ihm, dass Erhörungen allmählich zur Rarität werden würden. Ammon pflegte zu antworten, dass ihn der Umgang mit jungen Mädchen verjünge, ließ dieses Argument aber mit der Zeit fallen, weil er sich nicht mehr so sicher war, ob diese Verjüngung auch vorhielt. Doch der Anblick Ewas wirkte auf ihn sofort, der Charmeur in ihm erwachte.

Ammon zelebrierte genüsslich eine Teestunde mit Mate und selbstgebackenem Früchtebrot, ließ auf einem uralten Tonbandgerät ebensoalte indianische und russische Folklore ablaufen. Auch die dunklen Tapeten und einige echte Mädchenporträts an den Wänden taten ihre Wirkung, Mutter und Tochter waren angeregt, sie spürten, hier umwarb sie jemand, und das Angenehme war, es ließ sich nicht recht ausmachen, wer gemeint war. Vielleicht erzeugte er gleichzeitig Grundtöne und Obertöne, wie ein östlicher Meditierender: die Tochter beeindrucken, die Mutter entwaffnen. Ich war in dieser kleinen Veranstaltung nur verwunderter Zuschauer, obwohl ich Ammons leichte Selbstentfaltung in Gegenwart von Frauen kannte. Nicht verwundern konnte mich, dass alle drei sich mühelos einig wurden, eine Diskothek zu besuchen, doch wunderte mich, dass man mich ganz herzhaft aufforderte, mitzukommen. Ich war jahrelang in keiner Diskothek mehr gewesen, ging aber widerspruchslos mit, da mir als Gastgeber ohnehin oblag, den Gästen alles zu bieten, was der Westen zu bieten hat. Ammon schlug das Zamamphas vor, eine recht untypische Disko, wie mir später von Kennern versichert wurde (Birgit), im Stil eines Western Barnstables eingerichtet, mit holzverkleideten Boxen, in denen die Besucher enggedrängt saßen, mit einem Disk Jockey an seinem Pult, mit einer kleinen Tanzfläche, auf der sich mehr Solisten als Paare bewegten. Auch Ewa tanzte dort fast durchweg solo, in glatten, überzeugenden Körperdrehungen und Armschlingen. Sie wirkte stets in sich versunken und in sich hineinhorchend, schien niemanden auf der Tanzfläche zu sehen, geschweige denn anzusehen. Ammon bewegte sich um sie und vor ihr her, er verschlang sie mit Blicken und befragte sie mit Bewegungen, ohne den geringsten sichtbaren Effekt. Seine Ausstrahlung schien sich während der Teezeremonie verbraucht zu haben, er wirkte jetzt schwingungslos und Ewa unerwartet nüchtern. Die Mutter und ich standen an der Bar und hatten Drinks vor uns, wir sahen der »Jugend« neidlos und gönnerhaft zu. Mich entnervte der Lärmpegel der Musik, ich rollte mir aus Papierservietten kleine Kügelchen, die ich mir in die Ohren stopfte. Frau Bialy lachte. Ihr hatte es die Diskomusik angetan, sie bewegte die Hände parallel im Takt der Bässe hin und her. Sie schien, obwohl fünfzehn Jahre älter als ich, von den monotonen Rhythmen in Tanzlust versetzt. Ich fühlte mich noch stärker in die Zuschauerrolle gedrängt. Ammon übrigens bald auch, denn nachdem wir in einer der Boxen Platz genommen hatten, tauchte ein junger Franzose auf, der Ewa mehrfach zum Tanz bat. Obwohl auch er sie nur geschmeidig umkreiste, schien der Kontakt der Tanzenden intensiver: Ewa versandte Augenblitze, ihre Versunkenheit begann in eine Pose von aufreizender Keckheit überzugehen. Der junge Franzose holte Ewa mehrmals, blieb aber nie an unserem Tisch. Zuletzt ließ er sich, ehe er abrupt die Diskothek verließ, Ewas Adresse und Telefonnummer (die meinige) geben und versprach, sich zu kümmern. In welcher Sprache das alles vermittelt wurde, bleibt rätselhaft, aber in der

Jugend sprechen die Körper, und durch die Gleichheit der Codes wird mehr verstanden. Ammon und ich fühlten uns ein wenig wie Reiseführer, die gerade eine Gruppe ins Nachtleben eingeführt haben. Nur hatte Ammon sich vielleicht die größere Illusion aufgebaut. Egal, es wird genommen, was kommt, war seine Philosophie, und es kommt noch immer genug. Ich habe mich in der Rolle des Reiseführers eigentlich ganz wohl gefühlt. Ich fuhr fort, Ewa Schlummerlieder zur Gitarre zu singen, auch, als sie sich abends gelegentlich mit François traf (Mamu, Francois utschit Polski). Am Samstag nachdem sie ihren ersten deutschen Lohn ausbezahlt bekommen hatten, führte ich sie auf den Flohmarkt am Rheinufer. Das wie ein Jubelruf ausgestoßene »Ale, fajne!« (Aber ist das schön!), in der hellen, fast scharfen Tonlage Ewas, eröffnete die Jagd. Ohne lange zu suchen, hatte sie ein fuchsbraunes tailliertes Lederjäckchen entdeckt – es saß ihr wie angeschneidert. Und sie behielt es an. Dieser instinktive Griff nach den einzig richtigen Kleiderstücken findet sich nicht bei vielen Frauen – Ewa besaß ihn. Und es war hier, auf diesem Flohmarkt, bei der Anprobe weiterer Kleidungsstücke, die an ihr alle wie neu aussahen, dass ich zu Frau Bialy die Bemerkung machte: Eigentlich könnte sie ein Mannequin sein!

»Aber das will sie ja. Und sie hat in Wroclaw auch schon ein paar Angebote gehabt. Aber sie steht doch nicht auf. Wenn sie um neun zu einer Vorstellung kommen soll, geht sie um zehn dort hin. Dann will sie keiner mehr. Ein Mannequin muss pünktlich sein. Das will sie nicht glauben.«

»Co pan movi?«

Sie machte ihrer Tochter noch einmal deutlich, wie hart das Leben der teuren Modelle ist. Ewa hob bedauernd die Hände und hielt sich weitere Kleidungsstücke auf den Leib, die sogleich zur Eleganz aufblühten. Ich bemerkte, wie traurig ich es fände, dass sie als Putzfrau in der Gynäkologie herumkriechen müsse statt über einen Laufsteg zu schreiten, nur weil es ihr nicht gelinge, aufzustehen.

»No, sie wird eines Tages gut aufstehen. Aber es muss der richtige Mann kommen.«

»Co ty muvies?«

Frau Bialy erläuterte der Tochter ihre Hoffnung.

»Ach nein!« sagte Ewa laut, abwinkend. »Kein Mann!«

Viel schlafen macht schön, wandte ich ein. Darüber musste sie, als es ihr übersetzt worden war, schallend lachen. Und wandte sich den Schmuckständen zu.

Obwohl es von nun an ständig Francois gab, schloss sich Ewa auch unseren Unternehmungen gerne an. So machte sie den Sonntagsausflug nach Königswinter, diese gedankenlose Pflichtübung, gerne mit, war auch einverstanden, dass Frau Schürde daran teilnahm, aber sie müsse wieder spielen, etwas Dramatisches vorführen. Ich sagte das zu, aber die Schürde spielt nicht auf Verlangen, und schon gar nicht auf einem Ausflug, wo ständig fremde Blicke an einem kleben. Ich berichtete stattdessen, dass Schürde in einem Science-Fiction-Stück für die Jugend eine Astronautin gewesen sei, die auf dem Flug zum Mars das Verlangen der Crew nicht nach Geliebten sondern nach einer Mutter gestillt habe, und ich versuchte, sozusagen als Ersatz, einen Astronauten zu spielen, der außerhalb der Erdstrahlung einen Angstanfall bekommt und nach den Eltern ruft. Ich spielte diese Szene während unserer Fußwanderung zum Drachenfels, etwa auf halber Höhe, an einer Stelle, wo uns laufend Esel und Maultiere überholten, auf denen vergnügte Kinder zu Berge ritten, und führte mich stellenweise so hektisch auf, dass einige Esel zu traben begannen. Ewa lachte wieder ihr schallendes

Lachen, während Frau Bialy den Kopf schüttelte, im Staunen darüber, zu welchen Albernheiten mich die Gegenwart Ewas inspirierte.

Auf dem Drachenfels, in der Cafeteria, die von weitem aussieht wie die hässliche Prothese eines verstümmelten Berggipfels, unterhielten sich die »Mütter« über das Heiraten. Frau Bialy gestand, dass sie es gerne sehen würde, wenn Ewa einen deutschen Mann heirate. Dann kann sie in Deutschland bleiben und mich nachholen. Warum soll ich nicht in Deutschland sein? Warum ausgerechnet in Wroclaw, wo man nichts verdienen kann und wo es nichts zu kaufen gibt und keine Berufsmöglichkeiten? No, warum? Ich bin ein Flüchtling genau wie Herr Heinz auch (sie nannte mich von nun an mit dem Vornamen), als junges Mädchen habe ich in Lwow gelebt. Wroclaw ist nicht meine Heimat. Und die Deutschen kenn ich auch gut, mein Vater ist Österreicher gewesen. Im Krieg hab ich einen deutschen Freund gehabt, das war ein feiner Mensch. Offizier aus Küstrin. Hat sehr gut Chopin gespielt. Ich bin vorbereitet.

»Ich habe einen österreichischen Freund«, sagte die Schürde, »aber Deutschland wird mir dabei immer fremder.«

Die Frauen mussten lachen.

»Eigentlich müsste ich in Wien leben«, sinnierte die Schürde, »aber dafür bin ich vielzu ostisch. Meine Vorfahren stammen aus dem Baltikum.«

»Und er ist aus Wroclaw«, sagte die Pani mit Blick zu mir. »Na, nicht ganz, aber beinahe. So sind wir alle aus einem großen Topf.«

Wir fuhren mit der Zahnradbahn zu Tal.

Unmerklich mehrte sich in den nächsten Tagen der Bekanntenkreis meiner Gäste. Eines Tages, als ich aus dem Dienst nach Hause kam, saßen zwei Fremde an meinem Küchentisch. Sie wurden mir mit Dragan und Zoran vorgestellt. Die Selbstverständlichkeit, mit der sie auf meinen kissenbelegten Küchenstühlen saßen, und der geringe Eindruck, den mein Auftritt auf sie machte – das Gespräch ging sogleich mit unverminderter Kraft weiter – ließ Ärger in mir aufkommen. Ich konnte feststellen, dass ich nicht gerne Nebenperson in meiner eigenen Wohnung bin und setzte mich auch nicht, obwohl mir von Frau Bialy sofort ein Stuhl angeboten wurde, sondern zog mich in mein Arbeitszimmer zurück. Dies wurde als unfreundlich registriert, und nun stockte der Redefluss. Man beschloss, die Beratungen woanders fortzusetzen, und eine gute Viertelstunde nach meinem Erscheinen brachen die beiden Jugoslawen auf. Mir wurde versichert, dass die beiden jungen Männer »prima« seien und sich um eine bessere Arbeit für Ewa bemühten, denn in der Frauenklinik könne es Ewa nicht mehr lange aushalten, die Arbeit mache sie depressiv. Ich gestand ein, dass es mir nicht besser ergangen wäre. Die Frauen dort seien so schlampig, überall verstreuten sie ihre Asche. Dass es solche Frauen in Deutschland überhaupt gebe, habe man nicht gedacht. Die Mitteilungen der Panis träufelten lindernd in meinen Ärger und stimmten mich nach und nach um. Was für Arbeit Ewa denn durch die beiden Jugoslawen bekommen werde? Wahrscheinlich bedienen. Aber nicht hier, sondern in Frankfurt.

»Warum denn so weit weg?«

»Weil Dragan in Frankfurt ein Restaurant hat. Und Zoran ist, glauben wir, ein bisschen, wie sagt man?«

»Entflammt.«

»Ja, gut«, lachte Frau Bialy, »vielleicht ist er entflammt.«

»Nie«, protestierte Ewa, »nie!«

»Na, was ist er dann, wenn er nicht entflammt ist?«

Es entspann sich eine kurze Beratung in polnischer Sprache. Ewa meint, sie seien gute Geschäftsleute und suchten gutes Personal. Das Thema war damit erschöpft.

Wir spielten noch eine Runde Mensch-ärgere-dich-nicht. Aßen dann das von mir zubereitete frugale Abendbrot, bei dem es fränkischen Pressack gab. Er wurde als Kuriosität gewertet. Danach ging Ewa in ihr Zimmer und spielte Musikkassetten ab, die ihr Birgit Küpper geliehen hatte.

An einem der nächsten Tage wurde ich in das Restaurant DALMATIEN eingeladen und umgestimmt. Ich hatte eine Mahlzeit frei. Etwas spöttisch fragte Zoran, ob er sich zu uns an den Tisch setzen dürfte, und sah mich dabei fragend an. Ehe ich etwas antworten konnte, fing Frau Bialy das Peinliche der Situation mit allerlei füllenden Redensarten auf. Ich war erleichtert, mochte aber von meiner Reaktion ein paar Tage zuvor nicht einfach abrücken. Dass sie es als deutsch oder spießig empfanden, ließ ich gelten. Während des Essens erfuhr ich, dass Zoran und Dragan dabei waren, an der dalmatinischen Küste ein Hotel zu bauen. Ihr Plan war, Ewa dort eines Tages als Empfangschefin zu beschäftigen. Waren sie also doch nicht entflammt, wollten sie nur von der Erscheinung des Mädchens profitieren? Ein anregender, verwirrender Abend, mit mancher Denkkorrektur. Aber auch mit Zweifeln. Ob alles stimmte, was erzählt worden war? Ob hinter den geschilderten Absichten nicht auch andere versteckt waren? Ich fühlte mich nicht in der Lage, es herauszufinden.

Zoran und Dragan waren zu smart, als dass sie sich in die Karten hätten schauen lassen.

Vorerst geschah nichts.

In den letzten Tagen ihres Aufenthaltes am Rhein bekam Ewas Lächeln etwas Siegesgewisses, das es zuvor nicht gehabt hatte. Zwar waren Francois und Dragan und Zoran wieder von der Bildfläche verschwunden, aber sie wollten alle nach Wroclaw kommen, als ob sie sich erhofften, ihre Argumente würden dort durchschlagender wirken oder ihr Charme verfänglicher; und Ewa war ohnehin nie betrübt über Schwankungen im Verhalten ihrer Verehrer, weil es deren zu viele gab und sie immer die Wahl hatte. Nein, ihre Freude am Ende des Besuchs galt dem sauer verdienten Geld. Sie hatte auch eine Menge Kleidungsstücke erworben und es waren jetzt mehr Kleider als Koffer da. Eine Arbeitskollegin erkannte die Lage und schenkte Ewa einen Koffer. Nun musste jemand gefunden werden, der die Koffer zur Bahn trug, aber auch das war nicht das Problem, es war sogar Zeit genug, die Koffer im Abteil zu verstauen und wieder auszusteigen.

»Jetzt beginnt unsere Überführung«, scherzte Frau Bialy, und Ewa rief etwas auf polnisch aus dem schon anfahrenden Zug. »Sie sagt«, dolmetschte die entfliehende Mutter, »nächstes Jahr müssen Sie nach Wroclaw kommen!«

»Dobra!« rief ich, mit einem Stimmumfang, der mich überraschte.

Aber ehe ich nach Wroclaw fahren konnte, waren die Panis wieder da, im Sommer des folgenden Jahres. Die Mutter kam zuerst allein, Ewa sollte in ein paar Wochen folgen, und wieder sollte Geld verdient werden, aber diesmal nicht in der Frauenklinik, sondern in einem Verwaltungsgebäude, wo es vielleicht nicht solche »schlampigen Frauen« geben würde, aber dafür viele Flaschen in den Papierkörben und manchmal auch Scherben, und es musste immer mit Handschuhen hineingefasst werden und immer vorsichtig, tastend, denn man konnte nie gewärtig sein, ob nicht scharfe oder spitze Gegenstände sich zwischen dem Papier verbargen oder Asche. Auch in diesen Gebäuden waren die Menschen nicht aufmerksamer und dachten nicht an die Putzfrauen, die ihre Hinterlassenschaften am Abend wegräumen mussten, und es war wieder sauerverdientes Geld, das die Firma Aurora auszahlte. Frau Bialy konnte diesmal nicht gleich bei mir wohnen, weil ich anderen Besuch hatte, und blieb eine oder zwei Nächte in einem Hotel, das ich für sie bezahlte. Dann hatte sie durch die Caritas ein Zimmer in einem katholischen Frauenwohnheim vermittelt bekommen, aber von ihren Mitbewohnerinnen war sie noch entsetzter als von den Frauen in der Gynäkologie. Das waren ja Entwurzelte mit ganz spärlichen Prinzipien, die vor allem eines nicht kannten, Rücksichtnahme, diese schöne Eigenschaft, und noch weniger Höflichkeit, diese polnische Tugend. Dort prügelten sich junge Mädchen um das Bett am Fenster oder um entwendete Lippenstifte, man kam sich vor wie in einer Besserungsanstalt.

»Aber bessern muss ich mich doch nicht, Herr Heinz, oder?« sagte Frau Bialy etwas provozierend im einzigen bayerischen Bierkeller der Hauptstadt, wo wir das dunkle Bier tranken und dazu eine Leberknödelsuppe löffelten.

»Nein, bessern sollen Sie sich nicht, höchstens verbessern, in Ihrer Unterkunft, und in ein paar Tagen können Sie auch wieder bei mir einziehen, dann wird das Gästezimmer frei.«

Frau Bialy war sehr erleichtert über diese Aussicht, mir dagegen gefiel der Gedanke, dass meine bescheidene Mansardenwohnung im Vergleich mit dem katholischen Frauenwohnheim sichtlich an Wert gewann, und dass ich auch ganz unerwartet das Ansehen eines prinzipienfesten Bürgers für mich verbuchen konnte, der über deutsche und polnische Tugenden verfügt und zu dessen Schwächen allenfalls zu zählen ist, dass er bei überraschenden Besuchen den Überrumpelten spielt und sich etwas verstockt zeigt. Kaum hatte Frau Bialy wieder bei mir Quartier genommen, als auch Anrufe von Ewa aus Wroclaw eingingen, die ihre Ankunft ankündigte, dann wieder verschob. Und auf einmal war sie da, mit dem Zug einlaufend, der drei Stunden Verspätung eingefahren hatte. Mittags. Sie schlief den Nachmittag durch, war abends aufgeweckt und erzählte sprudelnd, die Mutter gab gestraffte Zusammenfassungen. Neu war, dass Ewa in diesem Jahr nicht putzen würde. Dragan und Zoran waren in Wroclaw gewesen und hatten Ewa auf eine neue, bessere Arbeit eingestimmt. Worin diese bestand, war nicht genau zu erfahren, aber es würde eine Arbeit sein, die in den Abendstunden getan werden musste, und sie würde in Frankfurt zu geschehen haben. Ich vermutete, dass Ewa in einer Bar arbeiten sollte, behielt diese Vermutung aber für mich. Die beiden Jugoslawen tauchten an den nächsten Tagen auch auf, nahmen aber nie wieder an meinem Küchentisch Platz, nachdem ich auf ihre einstige Gemütlichkeit so kopfhängerisch reagiert hatte. Sie blieben entweder ganz stehen oder setzten sich im Zimmer der Panis auf die dort vorhandenen Sessel, während Ewa auf ihrem Bett saß. Die südländische Gemütlichkeit kehrte nicht mehr wieder. Am Freitag brachten sie noch einen Freund mit, Milan genannt,und brachen dann alle ins Restaurant DALMATIEN auf. Anschließend gingen sie ins ZAMAMPHAS. Ich entzog mich, indem ich Arbeit vorschützte. Am Wochenende fuhren sie mit Mutter und Tochter nach Frankfurt, damit alles in Augenschein genommen und als seriös befunden werden konnte. Frau Bialy kam alleine zurück.

»Es ist alles gut dort, Zoran ist sehr um Ewa bemüht. Er behandelt sie wirklich mit Gefühl, er wird sie nicht übers Ohr hauen, er hat sie gern, und Ewa ist erwachsen, ich kann ihr keine Vorschriften mehr machen. Was meinen Sie?«

Ich sagte, im Nachtleben gebe es viele undurchsichtige Gestalten, wie übrigens überall, aber Ewa werde sich sicher zu schützen wissen, sie habe ihren Stolz und sichtlich auch einen starken Willen, und solche Menschen kommen nicht so leicht unter die Räder.

»No, unter die Räder kommt sie bestimmt nicht. Ich habe nur Angst, dass sie das Geld jetzt zu leicht verdient und ganz vergisst, wie schwer es zu verdienen ist.«

»Ja«, sagte ich, »die junge Generation überspringt leicht ein Stadium, im ersten Jahr leert sie noch fremde Papierkörbe aus, im zweiten Jahr mixt sie vielleicht schon den Frankfurter Nachtschwärmern die Drinks.«

»Mixen Sie uns auch einen, Herr Heinz, oy!«

»Was hab ich schon im Haus? Nur Cognac, und den verdünnt man nicht!«

»Und pur würden Sie ihn geben?«

»Pur gebe ich ihn.«

»No! Dann also pur.«

Wir tranken auf die Reinheit des Frankfurter Nachtlebens, wohl wissend, dass solche Magie vergeblich bleiben würde, aber uns blieb immer noch die Unbestechlichkeit des Schicksals und Ewas unbeugsamer Charakter. Und es kamen dann und wann Anrufe, die immer wieder zur Beruhigung Frau Bialys beitrugen; Ewa ging es gut und die Gäste waren anständig, Zoran war liebenswürdig, in ihm drückte sich die Ehrerbietung des Balkanstaates für das einstige Königreich des Sobieski aus, der die Türken erst aus Wien und letztlich dann auch vom Balkan vertrieben hatte. Zoran trug Ewa allem Anschein nach auf Händen. Was zu erwarten war. Einmal fuhr Frau Bialy noch nach Frankfurt, an einem Wochenende, kam verwöhnt und beschenkt zurück, mit einer neuen Halskette; auch beruhigt, Frankfurt war gar kein so schlimmes Babel, dort gab es schöne Parks und Apfelweinschenken und ein Goethehaus, und eine Stadt, wo sich Goethe so viele Jahre aufgehalten hat, kann nicht ganz verderben. Von Goethe ist schließlich geschrieben, edel sei der Mensch, hilfreich und gut. Ich gab mich erstaunt, was sie alles kannte.

»Sie brauchen nicht erstaunt sein«. Sie haben auch mehrere Platten von Chopin.

Der Sommer schritt voran, Frau Bialys Barschaft mehrte sich und die gemeinsame Polenreise rückte immer näher. Es würde eine Reise zu dritt werden, denn mein Studienfreund Christian, ein gebürtiger Schlesier, war seit langem darauf vorbereitet, mit mir nach Breslau zu fahren und in der Wohnung der Bialys Quartier zu nehmen. Er wollte aber, obwohl er verheiratet war, allein fahren, denn seine Frau fürchtete den Ostblock, ohne genau sagen zu können warum. Wir vermuteten bei Maria eine Gefühlsmischung, die gar nicht selten ist bei denen, die sich weigern, sich ins Innere der Grenzmauern, Wachttürme und Minenfelder zu begeben.

Christian akzeptierte solche Ängste, er wusste, dass man ihnen mit Überredungskunst nicht beikommt, allenfalls mit Geduld. Vielleicht wird Maria, so meinte er, wenn ich erst einmal dort gewesen bin und freundliche Fotos und Erzählungen mitbringe, doch eines Tages bereit sein, mich einmal zu begleiten, und wer weiß denn, wie ich selber das unbekannte Land erlebe!

So waren wir zu dritt, denn Ewa blieb noch in Frankfurt. Sie hatte sich soeben ihr erstes Pelzcape gekauft und war im Begriff, weitere Anschaffungen de luxe zu tätigen. Ihr Job schien ihr zu gefallen, sie konnte lange schlafen und sich ihre Schönheit erhalten, keine scharfen Laugen zerbissen ihre helle Haut, Zorans Stimme war voller Musik – da gab man nicht auf. Sie wusste nicht, wann sie zurückkommen würde, im Herbst vielleicht, aber nicht jetzt.

In Kassel stiegen Frau Bialy und ich aus dem Zug, Christian, hoch aufgeschossen, mit blonder Mähne, kam uns über den langen Sackbahnsteig entgegen, die Hände schwenkend, ihm stand die Vorfreude auf das schlesische Land ins Gesicht geschrieben.

»Guten Tag, Herr Christian«, begrüßte ihn Frau Bialy, »und morgen dann vielleicht schon: willkommen in Wroclaw.«

»Eine herrliche Idee.«

»No, und ich denke, mit zwei so vorbildlichen Kavalieren kann die Fahrt gar nicht langweilig werden.«

»Sie wird nicht langweilig, aber wahrscheinlich, weil wir nicht ganz vorbildlich sind.«

»Aber Kavaliere sind Sie.«

»Das müsste eigentlich …«

»... zutreffen«, ergänzte ich.

Der ironisch-beschwingte Ton, der sich zwischen Danuta Bialy und mir herausgebildet und bewährt hatte, und an dem Ewa nie teil hatte, wurde von Christian sofort übernommen und um eine Variante bereichert, die Direktheiten und Galanterien hintersinnig mischte. Darin war Christian mir über. Frau Bialy war so angetan von dieser Mischung, dass sie sie mir sogar ein- oder zweimal zur Nachahmung empfahl.

»Sehen Sie, der Herr Christian hat nicht solche Hemmungen wie Sie.«

»Das macht ja gerade das Besondere unserer Beziehung aus, dass er etwas mehr Tatmensch ist und ich etwas mehr Taugenichts…«

»Taugenichts, das ist ein schönes Wort! Das muss ich mir merken. Es klingt so sympathisch.«

»Das muss es auch, denn das, was es bezeichnet, ist ziemlich schlimm.«

»Also, Herr Tatmensch und Herr Taugenichts, was machen wir jetzt, wo fahren wir heute noch hin?«

»Wir übernachten in Bad Hersfeld«, erklärte Christian, »ich habe dort drei Zimmer bestellt.«

»Dann lassen Sie uns losfahren, denn es ist sehr heiß und man wird froh sein, wenn man sich etwas frisch machen kann.«

»Dem steht nichts im Wege.«

Christian führte uns zu seinem kadmiumroten Audi und ließ uns in der angestaunten Hitze im Inneren Platz nehmen, nachdem das Gepäck im Kofferraum lag.

Die Fahrt konnte beginnen.

Sie begann aber so richtig erst am Tage danach, als wir die Grenzen bei Wartha und bei Görlitz passierten. An den letzteren verbrachten wir wohl eine Stunde, es wurde auch im Kofferraum herumgeschnüffelt, schließlich durften wir doch fahren. Wir versorgten uns in der Wechselstube noch mit Zlotys zum legalen Kurs, um Umtauschbelege zu haben, warfen einen Blick in den Straßenatlas und starteten. Jetzt erst lag der Osten frei vor uns.

Wir fahren jetzt auf der alten Reichsautobahn, wo man die Fugen zwischen den einzelnen Betonplatten spürt, ein monotoner Schlagrhythmus, der uns bis nach Breslau begleitet. Aus den Wäldern rechts und links der Straße stürmen polnische Kinder, halten uns Schalen mit selbstgepflückten Heidelbeeren und Körbe mit Pfifferlingen entgegen. Wir halten, kaufen, und wollen bezahlen, mit Zloty. Nein, D-Mark wollen die Kinder haben. Als Frau Bialy auf polnisch mit ihnen zu schimpfen beginnt, schaun sie betreten drein: Wie kann es passieren, ein deutscher

Wagen, deutsches Kennzeichen – und da, wie ein Platzregen, eine wortreiche Gardinenpredigt in der eigenen Sprache? Verwirrend! Die Kinder schauen entmutigt, als sie mit Zloty bezahlt werden, ich gebe ihnen aber vor dem Abfahren noch ein paar Markstücke, und Christian reicht mir Kaugummi an, zum Verteilen. Nun winken sie wieder fröhlich... Pfifferlinge, aus schlesischen Wäldern! Würziger Waldgeruch. In deutschen Wäldern findet man kaum mehr welche, nur alte Waldgänger wissen noch Stellen, wo sie wachsen. Und wie viele gab es früher! Ich berichte davon, wie ich als Abiturient in den Wald ging zum Pilzesammeln, und manchmal fünf, sechs Pfund Pfifferlinge nach Hause brachte. Fast nie freilich einen Steinpilz, dafür hatte ich keine Nase. Die Pfifferlinge aber wusste ich zu finden, hatte Gespür für die Stellen, wo sie gerne wuchsen. Mein Auge war auf gelbe Trompetenköpfe geeicht, nicht auf braune oder rötliche Kappen. Christian bekennt, er habe stets überwiegend Steinpilze und Reizker gefunden.

Da habe jeder die Pilze gesucht, die zu ihm passen, bemerkt Frau Bialy. Wir sehen uns bedeutungsvoll an und merken, dass wir diese Äußerung sinnbildlich deuten. Es regt an, Frauen mit Pilzen zu vergleichen. Rotkappen sind dann Rotköpfe, ihrer hellen Haut entspricht der weiße, rissige Stiel des Pilzes, Steinpilze sind gestandene Weiber, aber brünett (und nicht immer wurmig). Pfifferlinge sind kleine, quirlige Blondinen, die meist in Scharen auftreten. Ich merke gleich an, dass ich blonde Zwillinge kenne, die auch noch beide Medizin studieren. Man könnte sie ohne weiteres, ohne sie oder ihre Anverwandten zu kranken, die Pfifferlinge nennen, was ihre zarte Keckheit ganz angenehm hervorhebt. Im übrigen, das fällt mir jetzt soeben ein und auf, sind ihre Eltern beide aus Schlesien, und zwar aus Leubus, an dem wir soeben in einer Entfernung von maximal 20 Kilometern vorbeifahren dürften.

»Obwohl sie Schlesien beide nie gesehen haben, liegt in ihren Augen etwas vom Odersommer, das blasse, zerrinnende Licht, aus unscharf kontourierten Wolken rieselnd, weißlich umrandet…«

»Oy, Herr Heinz, was sind Sie heute lyrisch!«

»Ich spüre etwas Vertrautes in dieser Landschaft, etwas Uraltes. Mein Organismus erinnert sich!«

Christian mustert mich ernstlich, denn mir ist diese Beschreibung ernst.

»Die Menschen können eine Landschaft nicht so verändern, dass der Geist des Ortes weicht und ausfährt.«

»Auch nicht durch ausgedehnte bauliche Maßnahmen, Lagerhallen, Flugplätze, Zubringer?«

»Ich glaube nicht.«

»Dann bliebe Schlesien sich immer gleich?«

»Immer. Egal ob Glockenbecherleute, Silinger, Wenden, Franken oder Polen hier siedeln.«

»Wie werden Sie die Pfifferlinge zubereiten?« unterbricht Frau Bialy unseren Gedankenfaden. »Kochen, braten oder sauer einlegen?«

»Braten«,werfe ich flink ein. »Mit Kümmel und Zwiebeln.« Christian schießt ein erhärtendes »Ja.« hinzu und das Schicksal der Pilze ist besiegelt.

Man könnte sagen, Christians Lebensgeister hätten sich beim ersten Rundgang auf dem Breslauer Ring (Rynek) erhitzt und gesteigert. Als an einer der Häuserfronten eine deutsche Inschrift zu lesen ist, scheint er gerührt. Im Schlesier vollziehen sich leicht mystische Abfolgen, uns ergibt sich eine. Tatsachendenken wirkt entgegen: wo parkt man den Audi mit dem westdeutschen Kennzeichen? Einen Hinterhof gibt es nicht, er kann also nur am Ring stehen, unmittelbar vor dem Haus, genau unter dem Fenster unseres Zimmers, und wir schlafen bei geöffnetem Fenster, Christian mit dem leicht zerstörbaren Schlaf des Misstrauischen, der beim geringsten Einbruchsgeräusch sofort hellwach und auch tatbereit ist. Die Fensterflügel werden so angelehnt, dass sie mit einem Griff aufzuziehen sind, dann wird mit Stentorstimme der Ruf »rece precz od auta« in die Nacht gestoßen Beruhigt durch dieses Szenario, setzen wir uns an den Abendbrottisch und essen zum ersten Mal seit Jahren geschmorte Pfifferlinge. Danach Wurst- und Tomatenbrote und mitgebrachtes Bier, weil einheimisches nicht im Hause ist.

»Die Luft ist hier wirklich anders«, bemerkte Christian, während er aß, »vielleicht dünner, vielleicht auch klarer, man hat auch mehr Appetit, es ist, als hätte man lange nichts Ordentliches zu essen bekommen.«

Zum Nachtisch gab es rohe, gezuckerte Blaubeeren. Und beim Essen ergab es sich, dass Christian auf seine erste Fastenkur zu sprechen kam, die er im Frühjahr in Bad Brückenau absolviert hatte. Der Arzt, der seine eigene Klinik leitete, ein Dr. Wurster, – man beachte das Auseinanderfallen von Namen und Professio – hatte Christian vom Sinn des Fastens zu überzeugen gewusst, mehr noch, er hatte sich in die Aura eines glaubwürdigen Weltweisen zu kleiden vermocht. Seine Thesen wirkten, als milde Begleiter seiner Heilerfolge, wie magische Sprüche.

Erstes Lehrbeispiel. Aus vielzuvielen Säuglingen werden Trinklinge, weil sie zu große Löcher in den Schnullern der Milchflaschen vorfinden, zu viel Milch auf einmal einsaugen, dann fehlt die Vorverdauung im Mund, und im Magen des Kleinkindes entstehen Käseklumpen. Schaden!

Zweites Lehrbeispiel. Der Tod sitzt im Darm. Dort sammeln sich durch falsche Ernährungsweisen viel zu viele Schlacken. Ein verschlackter Darm ist wie ein verrußter Ofen, der nicht zieht.

Er muss gereinigt werden, und das geschieht durch die Fastenkur, durch das Darmbad und durch Bewegung.

Drittes Lehrbeispiel. Speikinder sind Gedeihkinder. Diejenigen, die es fertigbringen, die Nahrung abzuweisen, die ihnen nicht behagt, haben schon gewonnen.

Viertes Lehrbeispiel. Dickleibigkeit verändert die Statik. Vordermasse zieht die Wirbelsäule nach sich, zieht sie unbotmäßig nach vorn.

Aus diesen wenigen Sprüchen Wursters entstand schnell eine farbige Persönlichkeit vor unserem Auge. Hinzu kam die Schilderung vom Verlauf der Kur, die aber viel mehr dramatische als epische Elemente enthielt und uns die Zeit im Fluge vergehen ließ. Es war von der Rückvergiftung des Körpers die Rede, die schon nach einigen Tagen des Fastens einsetzt und bei der man erlebt, wie alle Gifte den Körper noch einmal mit Übelkeit belasten, ehe sie ganz ausgeschwemmt werden. Es war die Rede von Milchtagen mit Sauna, von Abreibungen des Oberkörpers mit Essigwasser, von Mädchen, die einem Zettel brachten, auf denen in Abkürzungen die Tagespläne enthalten waren und von Singestunden, bei denen die Frauen an Zahl und Begeisterung wohltuend überwogen. Schließlich war mir vorbehalten, etwas vom Schluss der Kur zu erzählen, nämlich von Christians Abfasten, das ich selber in der Klinik Wursters als speisender Gast miterlebt hatte: Nach langer heroischer Abstinenz wurde am Tisch des Patienten eine rosa Kerze angezündet, von der Schwester eine kleine Terrine mit Kartoffelsuppe auf den Tisch gestellt, und Dr. Wurster selbst ließ es sich nicht nehmen, heranzutreten, dem Ermatteten zwei Kellen voll Suppe in den Teller zu schöpfen und ihn mit den Worten »Entschlackt und gereinigt mit Allem neu vereinigt« zur Rückkehr in den Kreis der Essenden zu ermuntern.

»Oy, Herr Christian!« rief Frau Bialy erschöpft aus, »das hätte ich nicht ausgehalten.«

Jäh wurden wir die Wirklichkeit gewahr: wir waren hier in einem Land, in dem es Versorgungsmängel gab.

»Ich bitte darum, mich in Zukunft früher zu unterbrechen, wenn ich mich wieder begeistere. Ich rühme zuviel, und kritisiere zu wenig.«

»Aber ich hör Ihnen gerne zu, wenn Sie rühmen, Herr Christian. Wer weiß, ob Sie genauso gut kritisieren können.«

»Auch kritisieren will gelernt sein. Man verwechselt es zu leicht mit Lamentieren. Ich wenigstens.«

»Und ich komme leicht ins Nörgeln, was auch kein Kritisieren ist«, gestand ich.

»Wir wollen heute nicht nörgeln und nicht lamentieren, dazu wird in den nächsten Tagen noch genug Gelegenheit sein. Jetzt sind die Herren erst einmal willkommen in meinen bescheidenen Räumen... (oho! oho!). Und morgen werden wir versuchen, etwas Inhalt für meinen Kühlschrank zu finden, damit er nicht so gähnend leer ist, und dann werden wir eine Zeitung kaufen und werden sehen, was hier im Lande los ist, denn es ist bestimmt etwas los, und dann können wir, wenn Sie gerne möchten, wieder diskutieren. Dobra?«

»Dobra.«

»Und jetzt trinken wir noch ein Glas von dem schönen Weizenbier, das Sie dankenswerterweise mitgebracht haben. Ist das gut gesagt, dankenswerterweise?«

»Es ist ein Wort der Büromenschen.«

»No, ich bin ein Büromensch, ich arbeite in einem Rotkreuz-Lager, es ist schon fast ein Büro. Aber sagen Sie mir ein besseres Wort.«

»Gottseidank.«

»Also bitte. Gottseidank haben wir – hier das schöne Weizenbier. Jetzt habe ich auf deutsch bereits gedichtet. Ich werde es noch weit bringen.«

Wir stießen mit braunen polnischen Henkelkrügen an.

Die Stimmung stieg, und Frau Bialy sagte, man müsse Musik machen. Sie brachte einen jener transportablen Plattenspieler, wie sie in den sechziger Jahren hergestellt worden sind, und legte Swing-Platten auf. Sie tanzte zu dieser Musik, oder besser gesagt, machte rhythmische Bewegungen, die leicht in Tanz übergehen konnten, und forderte erst mich, dann Herrn Christian auf, sich anzuschließen, auch zu tanzen, und das bedeutete, mit ihr ein Tänzchen zu machen. Jedoch, wir zierten uns; das fremde Ambiente, die verdächtigen alten Schlager, die Assoziationen zum Ball der einsamen Herzen auslösten, die wippende, flotte Endfünfzigerin, die uns an Beschwingtheit in den Schatten stellte, alles hemmte uns, wir klebten an unseren Stühlen.

»Schade, dass Ewa nicht da ist«, sagte Frau Bialy. »Die würde Sie bestimmt in Schwung bringen!«

Um nicht ganz unhöflich zu sein, sang ich bei La Paloma mit und imitierte ein wenig die Stimme von Hans Albers. Das entzückte Frau Bialy, und versöhnte sie halbwegs.

Die Bettschwere, von der Christian sprach, wurde uns zugestanden, und wir waren vom weiteren Swing befreit.

Nachts um zwei rief Ewa aus Frankfurt an. Frau Bialy hatte in Erwartung des Kommenden das Telefon in dem großen Korridor plaziert, damit sie es in ihrem Zimmer hören konnte. Es stand an einer Stelle, wo es uns so wenig wie möglich behelligen sollte. Christian wachte dennoch auf. Das Telefon läutete jetzt jede Nacht um zwei. Um diese Zeit war Ewas Bardienst beendet, gleichzeitig ihr Nervenkostüm verschlissen und ihre Stimmung bei null. Sie trank ja nichts und erreichte damit eine illusionslose, vielleicht gar mutlose Nüchternheit und war außerstande, ohne ein aufmunterndes Wort ihrer Mutter nach Hause zu gehen. Manchmal erfolgte der Anruf auch von ihrem Zimmer aus, dann erfolgte er noch etwas später. Und keines dieser Telefonate war kürzer als eine halbe Stunde. Frau Bialy hatte im Korridor einen Stuhl aufgestellt, auf dem sie dann Platz nahm, und wenn wir zufällig etwas von diesen Unterhaltungen mitbekamen, fiel uns auf, dass Frau Bialys Stimme immer ungewöhnlich energisch und aufmunternd klang, nie klagend, wie es sonst häufig der Fall war. Hier wurde jemand, dessen Glauben an die Menschen erschöpft schien, innerlich wieder aufgerichtet und an gewisse Prinzipien erinnert, wohl auch an die eigenen Kräfte; vielleicht hat die Mutter der Tochter vor Augen gestellt, dass so eine Schule des Lebens nicht ewig dauert, dass Lehrjahre keine Herrenjahre sind – es hätte zum Ton ihrer Stimme gepasst. Was wir am Frühstückstisch dann von Frau Bialy über diese nächtlichen Anrufe erfuhren, hatte nichts mehr vom Klang der nächtlichen Dramatik. Es stellte sich nur soviel heraus, dass die Arbeit sehr anstrengend sei, Zoran sie aber immer gut behandle – etwas anderes würde sie sich auch nicht gefallen lassen –, und dass er offenbar sehr in sie verliebt sei, so dass über kurz oder lang mit einem Antrag zu rechnen sei. Ewa weiß nicht, was sie machen soll. Was meinen Sie?

Christian lehnte eine Stellungnahme ganz ab, ich murmelte, nichts übers Knie zu brechen wäre das beste.

»No, genau das sage ich ihr auch. Verliebt sein muss man selber, wenn es andere sind, hat man nichts davon.«

Damit war das Thema beigelegt. Nicht freilich für Ewa, die ihre verzweifelten Anfragen wie einen Ritus Nacht für Nacht wiederholte. Was tun, Mamu? Und nie konnte sie eine dauerhafte Antwort bekommen. Christian sprach sich bei unserem Stadtbummel etwas verwundert darüber aus, dass Ewa die Mutter jede Nacht aufwecke, ihr demnach (kann man das sagen?) wenig Rücksicht entgegenbringe. Es liegt also, wenn wir richtig beobachtet haben, eine starke Verwöhnungssituation vor? Ja, eine Verwöhnung, die durch Ewas Schönheit auch noch des Himmels Segen bekommen hat.

Christian stimmte mit einem erhärtenden »Ja!« zu.

Nun war es aber die Stadt, die uns in ihren Bann zog. Vormittags und nachmittags durchstreiften wir sie. Herausragend war der Besuch der Christofori-Kirche, der letzten Kirche in Breslau, in der deutsche Gottesdienste abgehalten werden. Christian hatte von ihr schon vor der Reise durch einen Schlesier erfahren und ging nun bei der Erkundung entschlossen vor: klopfte den Diakon heraus, einen Mann von Ende sechzig, der uns Kirche und Sakristei zeigte.

»Doch, es kommen noch Deutsche zum Gottesdienst, meist von außerhalb der Stadt, ein Häuflein, das von Jahr zu Jahr kleiner wird; Pfarrer ist keiner mehr da, die Gottesdienste halte ich selber ab. Predigten mache ich selber nicht, aber ich habe eine alte Predigtsammlung zu jedem Sonntag im Kirchenjahr, und wissen Sie, das Merkwürdige ist, die Predigten stimmen immer noch. Als wenn sich die Welt gar nicht veränderte. Es ist wunderbar, wie die Worte auf uns alte Häupter passen. Wenn da von der Gefangenschaft des Volkes Israel in Babylonien geschrieben steht, das ist wie für uns geschrieben, das verstehen auch die ganz Alten. Deutsche Gesangbücher haben wir auch noch, aber sie sind fast alle aus dem Leim gegangen, sehn Sie selber. »

Christian fragte den Diakon, ob er ihm aus Deutschland Gesangbücher schicken dürfe?

»Wie ist Ihr Name? Teuber? Ja, Herr Teuber, schön wär es schon, gebundene Gesangbücher zu bekommen, aber es dürften keine neuen Lieder mehr drin stehen. Es müssten die alten sein mit den alten Melodien, und in der alten Reihenfolge. Sonst finden die Leute ihre Lieder nicht mehr. Wenn wir »Lobe den Herren« singen, das haben die Leute mit einem Griff, da brauchen die gar nicht mehr groß zu blättern. Da haben sie einen goldenen Brokatfaden eingelegt bei dem Lied, das singen sie ja so gerne. Na, dann lass ich sie's halt singen.«

Wir sahen uns die Gesangbücher an. Es waren Ausgaben der alten schlesischen Landeskirche, solche würde es sicherlich nicht mehr geben. Aber eine neue Predigtsammlung versprachen wir dem Diakon Neubert zu schicken. Und darüber freute er sich sehr und wollte uns zum Kaffee in der Sakristei einladen. Aber Christian meinte, wir hätten die Zeit nicht, und wir brachen auf.

Jetzt versteht man ein wenig besser, warum in der Religion so viel darauf ankommt, dass die Details stimmen. Warum das Ritual möglichst immer das gleiche sein muss. Man fühlt sich unsicher, wenn etwas Abweichendes geschieht. Luthers Änderungen und noch mehr die seiner Anhänger, der Bilderstürmer, müssen für die älteren Gläubigen schrecklich gewesen sein. Schade, meinte Christian, dass ich hier in der Christoforikirche keinen Gottesdienst miterleben kann. Am Sonntag bin ich schon nicht mehr da. Aber du könntest hingehen. Mal sehen.

Am Dienstag begannen die Fahrten über Land. Christian wollte zunächst Neumarkt sehen, die Stadt seiner Kindheit. Er fand sie recht gut erhalten, parkte vor seinem ehemaligen Elternhaus, einem einstöckigen Siedlungshäuschen, schellte, ohne zu zaudern, die Bewohner heraus. Es waren ältere Leute, die gut Deutsch sprachen und uns gleich aufforderten, hereinzukommen. Sie zeigten uns die Räume, erzählten, wie sie in den Besitz des Hauses gekommen waren und was sie daran verändert hatten, wollten uns zum Mittagessen einladen, was wir aus Zeitmangel ausschlugen. Doch bat Christian darum, ihnen, sobald er daheim sein werde, ein kleines Paket schicken zu dürfen, was sie ihm mit großer Höflichkeit zugestanden. Auf die Frage, ob es in Neumarkt noch deutsche Einwohner gebe, sahen die alten Leute sich fragend an. Es wohne noch eine alte Frau in der Ulica Wroclawska, ergab sich dann nach und nach aus einem mühsamen Wortwechsel, aber ob die noch erzählen könne, wisse man nicht. Gut, das werde man herausfinden. Mit einer Entschlossenheit, die am Ort der Kindheit wohl Antäuskraft erreicht, steuerte Christian die Ulica Wroclawska an. Wir fanden das Haus, fanden eine junge Frau im Hofe sitzen, die ihre zwei Kinder hütete, bekamen die Auskunft, ja, die Pani Friebe wohne da in dem kleinen Anbau, aber sie sei krank.

Wir klopften an die Tür, mehrmals, erst leise, dann lauter, dann mit einer gewissen Dringlichkeit, die auch Schwerhörige erreichen sollte; nichts rührte sich. Wir schauten bei den Fenstern hinein und konnten, nachdem unsere Augen sich an das Halbdunkel drinnen gewöhnt hatten, ein hoch aufgewölbtes Federbett erkennen, in dem jemand lag, bewegungslos, und fast völlig vom Bettzeug bedeckt.

»Sie ist doch drin«, sagte Christian.

Er ging zur Haustür, fand sie unverschlossen, ging in den Hausflur, klinkte die Wohnungstür, öffnete sie einen Spalt breit und rief hinein: »Frau Friebe? Frau Friebe, hier sind zwei richtige Schlesier!«

Man hörte polnische Worte in dem Bette murmeln. Verlegen geworden zog Christian die Tür wieder zu. Wir blieben im Flur stehen und beratschlagten. Christian hatte der Mut verlassen, vor so viel Elend und Kümmerlichkeit muss jede Neugier verstummen.

Da öffnete sich die Tür, und die alte Frau, die sich eine gehäkelte Schondecke um ihr Nachthemd gehüllt hatte, schaute uns an.

»Sie sprechen Deutsch, niwahr?«

Wir nickten stumm und entsetzt über das desolate Aussehen der alten Frau. Wir hatten eine Sterbende vor uns.

»Ich hab ja vergessen, Deutsch zu sprechen«, fuhr die alte Frau fort. »Ist ja niemand mehr da. Bin doch die letzte.«

»Und die Polen kümmern sich nicht um Sie?«

»Was meenen Se?«

»Ob sich die Polen hier im Haus um Sie kümmern?«

»Nu, die bringen mir was zu essen mit. Einkaufen kann ich ja nimmer giehn. Nu, da kommen Se ock rein.«

»Nein, Frau Friebe, das geht nicht, Sie sind krank, Sie können jetzt keinen Besuch brauchen.«

»Naja ... wer weeß!« sagte sie und zuckte die Achseln.

»Legen Sie sich wieder hin, Frau Friebe.«

»Ich bin die letzte. Können ruhig reinkommen.«

Wir sind geflohen. Wir haben die alte, verwirrte Frau in ihrer verwilderten Wohnung allein gelassen. Hätten wir bleiben sollen? Hätten wir uns an ihr Bett setzen und sie erzählen lassen sollen, über ihre langsame Vereinsamung in ihrer Heimat, die allmählich zur Fremde wurde um sie herum? Hätten wir uns darum bemühen sollen, dass sie in ein Heim gebracht wird?

»Sie bekommt«, rief uns die junge Polin im Hof zu, als sie uns beratschlagen sah. »Sie bekommt, no.«

»Arzt, kommt auch ein Arzt? Doktor?«

»Doktor kommt immer.«

Benommen traten wir auf die Straße. Mir waren die Verse eines Eichendorff-Gedichts eingefallen, die ich nun etwas zögernd zusammensetzte.

Aus der Heimat hinter den Blitzen rot
da kommen die Wolken her,
aber Vater und Mutter sind lange tot,
es kennt mich dort keiner mehr.

Wir fuhren noch nach Walstatt und Leubus. Leubus, das große Barock-Kloster an der Oder, hat den stärkeren Eindruck auf uns gemacht. Von hier stammten ja die Eltern der Häusler-Zwillinge. Wir stiegen aus und schnürten um den weitläufigen, stark verfallenden Bau. Auf der Hinterseite mussten wir einen breiten Schilf- und Brennesselwald durchqueren, aus dessen schützendem Dickicht heraus uns aufgestörte Mücken überfielen. Mit unseren Taschentüchern wedelnd, brachen wir uns mühsam Bahn. Während Christian stärker als ich die Mücken abwehren musste, erzählte ich, seiner Aufmerksamkeit gar nicht ganz gewiss, was mir meine Tante über das Kloster berichtet hatte: in der Hitlerzeit sei hier eine Nervenheilanstalt untergebracht gewesen. Eine junge Frau aus Langenbielau, die aus Liebeskummer den Verstand verloren hatte, habe man dorthin gebracht, und sie sei nie wieder gesehen worden. Meine Tante glaubte, dass sie dort einem Euthanasie-Programm zum Opfer gefallen sei. Ich habe die Erzählung auf Band, rief ich durchs Schilf, sie hieß Hedwig Hoyer, und der Mann war Bierkutscher, das gabs noch in den dreißiger Jahren. Christian teilte mir aus der Entfernung mit, dass seine Blutgruppe den hiesigen Mücken zusage.

Als wir zum Hauptportal zurückkamen, luden polnische Arbeiter aus einem Lieferwagen Transparente aus. »Polak rade da«, stand auf einer der Tafeln (Der Pole schafft es).

Vielleicht waren die alten Losungen irgendwo in einer Fabrik ausgewechselt worden, eingetauscht gegen zeitgemäßere, zündendere. Vielleicht kamen diese hier jetzt ins Archiv? Und waren überhaupt Streiks im Gange in polnischen Städten? Hatte man sich nicht gegen die Erhöhung von Lebensmittelpreisen zur Wehr gesetzt? War vielleicht das Land bereits im Aufruhr? Wir beschlossen, schnell nach Breslau zurückzufahren.

Ja, es war Unruhe im Land. Die Verkehrsbetriebe in Warschau hatten den Streik ausgerufen. Man forderte jetzt mehr als nur die Rücknahme von Preiserhöhungen. Irgendwo hatte sich eine Konferenz für ein unabhängiges Polen gegründet. So etwas kann nicht gutgehen, sagte Frau Bialy, niemals gibt der Russe uns frei. Wenn sie sich nicht einigen, dann bekommen wir die Panzer wie in Prag und in Budapest. Sie wissen genau, dass wir Polen die Freiheit lieben. Und der Pilsudski hat die Russen einmal besiegt, das vergessen sie uns auch nicht.

An diesem Abend wurde in Bildbänden geblättert. Besonders der Band »1000 Jahre Polen« fand unsere Beachtung. Wir gingen früh zu Bett, weil am nächsten Tag eine Fahrt ins Glatzer Bergland stattfinden sollte. In dieser Nacht rief Ewa nicht an.

Frau Bialy berichtete zum Frühstück, sie habe vor Aufregung nicht schlafen können. Was mochte vorgefallen sein? Vielleicht haben sie sich gestritten, meinte Frau Bialy. Ewa lässt sich doch nichts gefallen. Oder sie ist schon abgereist. Vielleicht hat sie von den Streiks gehört und hat Angst bekommen, dass die Grenzen geschlossen werden.

Man muss nicht gleich das Schlimmste annehmen, versuchten wir zu beschwichtigen. Meistens finden solche Dinge eine ganz einfache Erklärung.

Vielleicht ist Ewa heute abend schon hier. Wer weiß! Ich wünsch Ihnen viel Spaß im Glatzer Bergland. Und wenn Sie mir ein Kilo Mehl mitbringen könnten, unterwegs finden Sie's vielleicht, Typ M, das gibt es hier in Wroclaw nicht. Das brauche ich aber, wenn ich Ihnen Pirogen machen soll.

Wir haben an diesem Tage das Mehl bekommen. Wir haben auch das Häuschen im Wölfelsgrund gefunden, in dem Christian als kleiner Junge manchmal in den Sommerferien gewohnt hat, bei einem Großvater und einer Tante. Und das ehemalige Dorfgasthaus haben wir entdeckt, auf dessen Stirnseite noch das Wort Gerichtskretscham zu lesen war. Und auf den Bergen thronend, weiß und unwirklich, die Wallfahrtskirche *Maria Schnee*. Und den Kessel von Bergen und Wäldern, der in unverfälschter Stille und Abgeschiedenheit blaute, dass uns wunderlich wurde. Das alles ist einmal österreichisch gewesen, räsonierten wir, und das Glatzer Bergland, alias Grafschaft Glatz, hat diese Spuren noch länger bewahrt als das Oderland, weil es geschützter lag, nach Süden und Osten und Westen geschützt durch seine Gebirge und nach Norden geschützt durch die Festung Glatz und die Feste Silberberg, zwei Bauwerke, die man heute noch besichtigen kann und in deren weitläufigen Gängen und Innenhöfen man sich leicht verirrt. Die Mauern tragen noch als Relief den preußischen Adler. Aber was durfte in eine so wehrhafte Enklave überhaupt hinein? Hatte der Geist der Aufklärung Zutritt? Durfte der Handel passieren, auf den Straßen zwischen Prag und Breslau? Es wurden früher so nette Schmugglergeschichten aus den schlesisch-böhmischen Bergen erzählt, darin spielen Grenzer eine Rolle, denen Baudenwirtinnen Blümchen an die Mütze stecken, die dann irgendeine Schmuggelware bedeuten, die in dieser Nacht geliefert werden soll. Aber der Grenzer weiß alles und fasst die Schmuggler. Frau Bialy war am Abend, als wir nach Breslau zurückkehrten, in guter Stimmung. Ewa hatte angerufen, und zwar erstmalig schon nachmittags, und hatte Erklärungen gegeben für ihr Schweigen in der Nacht zuvor. Zoran und ein anderer Jugoslawe hatten sich geschlagen, ein Gast der Bar und ehemaliger Freund Zorans offenbar, und es ließ sich auch nicht verbergen, dass Ewa der Grund der für die Tätlichkeiten war. Die Bar sei früher als sonst geschlossen worden, es sei Polizei da gewesen, jetzt würde wahrscheinlich ein paar Tage lang gar nicht aufgemacht und alles ungewiss.

»Wissen Sie, Herr Christian, sie wird dort nicht mehr lange bleiben, glaube ich. Sie hat gesehen, das ist ein Milieu, in dem sie nichts verloren hat, und ich will sie da auch gar nicht haben. Was sucht sie bloß in diesen Kreisen, Herr Heinz? Es gibt doch so nette Kreise, Sie haben nette Kreise, der Herr Christian hat nette Kreise, was muss sie sich bei den Lebemännern bewähren, was haben die überhaupt zu bieten?«

»Die haben die volleren Brieftaschen.«

»Oy, was sind wir so geschlagen.«

»Es wird sich alles, alles ründen.«

»Aber was ist das für ein Wort, das kenn ich nicht: ründen.«

»Abrunden. Von rund.«

»Das muss ich mir merken, es wird sich alles ründen. Das klingt so hoffentlich.«

»Hoffnungsvoll.«

»Was bin ich heute aber auch für ein schlechtes Wörterbuch.«

»Hoffentlich klingt aber auch gut. Und im übrigen ist Ihr Deutsch beachtlich.«

«Ist es vielleicht beachtenswert? Oder ist es achtunggebietend? Nein, nur beachtlich.«

Wir mussten lachen.

»Sehen Sie, Frau Bialy, Sie können mit der Sprache spielen, und wer das kann, der ist schon ...«

»Na? Was ist der? Der ist schon hoffnungslos beachtenswert.«

Es wurde nun noch eine Flasche entstöpselt und ein echter Sliwowitz (Zorans Geschenk) zur weiteren Entfaltung des Sprachwitzes eingeflößt, und es wurde auch wieder eine Schallplatte in Umlauf versetzt, auf der Marika Rökk sang: »Ich hab dich so gern, und denk nur an dich, was Budapest für Ungarn ist, das bist du für mich.« Wen Marika meinte, blieb unbekannt. Es genügte, dass überhaupt jemand gemeint war und dass der Glückspilz nicht namentlich genannt wurde, das schuf eine Stimmung des philanthropischen Internationalismus.

Trotz erhitzten Blutes eröffnete Christian nun Frau Bialy, dass bei der morgigen Fahrt ihre Mitwirkung sehr erwünscht sei.

»Wenn Sie mich brauchen, werde ich mitfahren. Worum geht es? Worum handelt sich es?«

»Es handelt sich um eine Geheimsache.«

»Was kann schöner sein, als eine Geheimsache.«

»Es handelt sich um die Kirche von Striegau. Dort soll in einem geheimen Versteck hinter dem Altar von einer bekannten Dame 1945 ein wertvolles Ölgemälde eingemauert worden sein. Oder mehrere. Sie wusste es selber nicht mehr. Aber es sind Gemälde eines bekannten Breslauer Malers und sie haben einen gewissen Wert. Die Dame hat mich beauftragt, einmal nachzuforschen, ob dort hinter dem Altar Ziegelmauern zu sehen sind, oder Reste davon. Oder ob jemand etwas weiß, der Küster oder der Pfarrer. Und nun wollten wir Sie bitten, dieses Gespräch mit den Leuten für uns zu führen.«

»No, sicher werd ich sprechen. Aber Sie werden keine Ölgemälde durch die Grenze bringen.«

»Nein, das ist uns auch klar. Aber die Dame wollte wenigstens wissen, was aus den Bildern geworden ist. Wenn ich ihr erzählen könnte, dass die Bilder im Pfarrhaus hängen oder sogar in der Sakristei, dann wäre sie schon beruhigt und wüsste, sie sind nicht zerstört. Und sollte doch einmal die Grenze für Antiquitäten durchlässig werden, dann würde sie versuchen, die Bilder zurückzukaufen.«

«No, fahren wir hin und spielen wir Detektiv.«

Im Pfarrhaus von Striegau haben wir keinen geistlichen Herrn vorgefunden, sondern nur eine resolute Pfarrsekretärin, bei der sich noch wenig christliche Geduld gebildet hatte. Vielleicht war sie erst kurz in kirchlichen Diensten. Unserem Anliegen, das von Frau Danuta mit unnachahmlicher Farbigkeit vorgetragen wurde (Christian sandte mir verschmitzte Augenblitze zu) und in einer ganzen Oktave von Stimmlagen, brachte sie wenig Anteilnahme entgegen, auch kaum Neugier. Sie ließ sich aber dazu überreden, uns in die Kirche zu führen, bis hinter den Hochaltar. Wir ließen die Blicke suchen wie Spürhunde, konnten aber beim besten Willen nichts entdecken, was wie ein gemauertes Versteck aussah. Ein offenes Versteck für Besen, Scheuerbürsten und Putzgerät sah man. Christian ging ein paarmal mit ausgestreckten Händen hin und her, als könne er fühlen, wo sich etwas verbarg, ein Wünschelrutengänger gleichsam, bei dem die Fingerspitzen ausschlagen. Die Küsterin sah ihn an, als sei er nicht ganz bei Sinnen. Der Pfarrer, bemerkte sie dann nach einiger Überwindung, sei erst drei Jahre hier, vor ihm sei ein alter Herr dagewesen, der habe die Pfarre allerdings lange innegehabt. Aber von Bildern habe sie nie etwas gehört. Was denn auf den Bildern dargestellt gewesen sei?

»Auf dem einen ein Stilleben mit Gartenstuhl, auf dem anderen ein Frauenakt auf einem roten Sofa«, übersetze Frau Danuta

»Jesus Maria, eine unbekleidete Frau! Das werden Sie nicht mehr finden! Wenn der alte Pfarrer das gefunden hat, der hat das bestimmt ...«

»… beschlagnahmt?«

»No, weggegeben.«

»Aber der alte Pfarrer ist ein junger Pfarrer gewesen, als er hierherkam.«

»Sie bringen hier Aufregung hin, aber hier war immer Ruhe.«

»Haben Sie denn auch bedacht, dass die Galerien voll sind mit Frauenakten.«

»No, sie sind voll, aber nicht die Pfarrhäuser.«

»Halten Sie's denn für möglich, dass der junge Pfarrer damals das Bild einer Galerie übergeben hat?«

»Ich bin keine Hellseherin, man kann es nicht wissen, aber 1948 – Sie wissen nicht, wie es da im Lande ausgesehen hat, alle waren arm, alle haben Tauschhandel betrieben.«

»Ja, dann hat er es vielleicht eingetauscht gegen Fleisch oder gegen Hamandeggs.«

»Nein, nein, nein, solche Gedanken kann man gar nicht haben. Warum ist das Bild so wichtig?«

»Die Frau, der es gehört hat, ist selber das Modell gewesen. Sie war eine sehr schöne Frau, und der Maler war recht berühmt, Professor in Wroclaw, und sie ist von diesem Maler sehr verehrt worden, und darum war das Bild wohl ein Glücksfall, so etwas entsteht eben nur ganz selten.

Die Küstersfrau, wenngleich nicht alt, bekam einen strengen und abweisenden Gesichtsausdruck. In diesem Hause und in dieser Kirche gebe es so etwas alles nicht. Davon habe man auch nie etwas gehört. Man könne ja morgen wiederkommen, dann sei der Pfarrer da, aber es sei nicht damit zu rechnen, dass er mehr wisse.

»Tausend Mark Belohnung hat die Dame ausgesetzt für den Fall, dass jemand die Bilder findet, oder eines davon. Der Akt allerdings ist ihr am wichtigsten.«

Die Frau murmelte etwas Geringschätziges und bewegte die Tür des Sekretariats hin und her, zum Zeichen, dass sie erwarte, dass man diese Tür nun benutze.

Draußen im Wagen haben wir erst einmal gelacht. Vor allem Frau Danuta, die uns gestand, dass sie einen immer behutsameren Wortschatz im Polnischen gewählt habe, als sie merkte, wie prüde die Küstersfrau war. Wir sahen, wie an einem Fenster des Pfarrhauses die Gardinen zugezogen wurden. Die geheime Mission war beendet.

Christian sagte, er werde nicht noch einmal herkommen.

»Aber vielleicht wirkt die Belohnungssumme erst so nach und nach.«

Frau Danuta schlug vor, ihre Telefonnummer zu hinterlassen. Sie ging noch einmal ins Haus zurück und gab dort einen beschriebenen Zettel ab. Dann fuhren wir Richtung Riesengebirge. Christian, der mehr zur Ungeduld als zum Ärger neigt, bekam bei dieser Fahrt auf Vorgebirgsstraßen doch einen Geschmack davon, welche Formen der Ärger, den er im allgemeinen zu kanalisieren und zu sublimieren versteht, in ihm noch annehmen könnte: er ließ eine fundierte Schelte gegen alle die

Schlesier los, die in den letzten Kriegstagen ihr Silber, ihre Aussteuerwäsche, ihre Gemäldesammlungen, vielleicht sogar ihre Bibliotheken eingemauert oder vergraben haben, sich in all den Jahren hinter den Tiraden revanchistischer Politiker versteckt hielten, stets der Vorstellung verfallen, Schlesien sei zurückzugewinnen, und die es nicht für nötig hielten, selber einmal in dieses Land zu fahren, seine Veränderungen zur Kenntnis zu nehmen und den Menschen dort zu sagen: Behaltet unser vergrabenes Silber, behaltet unsere Klaviere und Ausziehtische, und wenn ihr doch etwas abgeben wollt, dann kaufen wir es euch ab. Aber nicht Bilder einmauern und dann Emissäre schicken, die sich auch noch der Frivolität verdächtig machen müssen, das ist zuviel an Herrenmentalität. Christians Schlesierschelte belebte uns derart, dass wir vergaßen, irgendwo um Einhalt zu bitten und Kaffee zu trinken, plötzlich fanden wir uns in Agnetendorf, dem Wohnort Gerhart Hauptmanns. Nun stiegen wir allerdings aus. Der Wiesenstein, Hauptmanns Jugendstilhaus, das er sich schon im Alter von 39 Jahren gebaut hat (1901), war schnell gefunden. Wir fanden es leider für die Öffentlichkeit unzugänglich. Ein Kinderheim war darin untergebracht worden. Es gelang uns aber, bei einem der Fenster in das Innere des Hauses hineinzuspähen, drinnen dämmerte ein Teil der alten Einrichtung, die auf Fotos in Bildbänden festgehalten und der Leserschaft recht bekannt ist: die wie ein Gang durch die Stilgeschichte wirkende Halle mit Säulen, Maßwerk, Teppichen und Plastiken, in der der Dichter sich verschiedenen Kulturen gleichzeitig nah fühlte. Offenbar war von polnischen Kindern nichts zerstört und von den Verwaltern nichts überbaut worden, in einer merkwürdigen Mischung von Ehrerbietung und Gleichgültigkeit schienen die Polen diesem Haus sein Gesicht zu lassen, ohne es unter Denkmalschutz zu stellen. Wir ließen uns von Frau Danuta vor der Vorderfront des Wiesensteins fotografieren.

»Benehmen wir uns sehr touristisch?« wollte Christian von Frau Danuta wissen.

»Herr Christian, ich würde es in Galizien nicht besser machen!« antwortete sie.

»Sie gehen sehr verständnisvoll mit uns um«, erwiderte Christian.

»Das kann ich mir erlauben!«

Wir haben danach keine Fahrt zu Stätten der Erinnerung oder der Nachforschung mehr unternommen und Frau Danuta auch nicht mehr um ihre Dolmetscherdienste gebeten. Wir beschränkten uns auf Unbekanntes, zu dem keine Leitfäden der Nostalgie führten. Am Samstag der Breslauer Woche reiste Christian bereits ab. Es wurde jetzt noch stiller in der großen Wohnung, die Zwischenräume zwischen Menschen und Dingen schienen noch zu wachsen, die Luft des Odersommers, die sich über dem Fluss und den Wiesen bildete, war auch in den Wohnungen zu spüren, lockte aber hinaus.

Frau Danuta war am Samstag nicht daheim.

Sie war schon sehr früh am Morgen, vor sechs Uhr, aus dem Haus gegangen und hatte ihre Rückkehr für den späten Nachmittag angekündigt. Sie fuhr mit Herrn Kazimierzki in einem kleinen Lieferwagen voller Leder- und Pelzjacken nach Görlitz, um ihm dort als gewandte Verkäuferin beizustehen. Er war ein Kürschner und verstand sich besser darauf, Leder zu vernähen als Käufer anzulocken. In Frau Danuta hatte er die Ergänzung, ja die Vollendung seines Werks gefunden. Der Verkauf polnischer Lederjacken an DDR-Bürger auf dem Görlitzer Samstagsmarkt war stets gut, mitunter ausgezeichnet, Frau Danutas Mitwirkung steigerte seinen Durchschnittsumsatz um wenigstens 30 Prozent. Sie verstand es, den Görlitzern Vertrauen einzuflößen, ihr gutes Deutsch schien den skeptischen Grenzanrainern das Gefühl zu geben, dass jenseits der Neiße die Menschheit sich fortsetzte, nicht nur mit Handelsgeschick, sondern auch mit handwerklichem Können und vor allem mit Zuversicht. An diesem heißen Augusttag wurden mehr als zwanzig Lederjacken verkauft, mehr gefütterte als ungefütterte, berichtete Frau Danuta stolz am Abendbrottisch.

»Aber es ist eine weite Fahrt bis nach Görlitz.«

»No, es ist weit, aber es lohnt sich. Wollen Sie sich nicht auch einen Pelz zulegen, Herr Heinz? So günstig können Sie im Westen keinen bekommen!«

»Ich mag keine Pelze, Frau Bialy.«

»Ach so, am Rhein wird es ja nicht mehr richtig kalt. Aber eine schicke Lederjacke würde Ihnen gut stehen.«

»Würde Herr Kazimierski mir eine Lederjacke maßschneidern?«

»Aber immer.«

»Schön kurz, und mit Knöpfen, aus weichem Leder, das im Kino nicht knirscht?«

»Aber bestimmt wird sie nicht knirschen, wenn sich ein hübsches Fräulein an Ihre Schulter lehnt, Herr Heinz. Frauen mögen den Ledergeruch so gern, Herr Heinz.«

»Gut, dann machen Sie mir bitte einen Termin bei Herrn Kazimierski.«

»Herr Heinz, das ist ein prima Entschluss. Sie werden sich wie ein neuer Mensch fühlen in einem Lederblouson aus Boxcalf.«

»Es beginnt ein neuer Lebensabschnitt! Prost.«

»Prost, Herr Heinz! Oy.«

Am Sonntag bin ich auch mit Frau Danuta auf einem Oderschiff gefahren, aber nirgends haben sich am Flussufer jene weißen Anlegestellen gezeigt, hinter denen Ausflugslokale auf die Städter warteten. Das Schiff sollte eine Insel anlaufen, konnte aber wegen zu hohen Wasserstandes nicht anlegen. Es musste wenden. Abends wollten wir essen gehen, gerieten aber in Schwierigkeiten. Im Ratskeller blieb die Küche kalt, der Grund: Havarie. Die Fischbratküche am Ring hatte gerade Remont (Renovierung) und in der Vinarnia gibt es nie etwas zu essen. Wir fuhren mit dem Taxi zum Hotel Panorama, doch dort waren alle Essplätze für Hotelgäste reserviert. Wir nahmen die Hilfe zweier Deutscher in Anspruch, die uns als ihre Gäste einschleusten, dann aber nach kurzem Blick in die Speisekarte wieder gingen. Wir durften nun bleiben, bestellten ein Fleischgericht, das Frau Danuta, nachdem sie kurz daran gerochen hatte, als nicht mehr einwandfrei zurückgehen ließ. Der Kellner nahm das Essen mit einer Verbeugung zurück. Ich fand, dass er aussah wie eine Figur von Gogol, und fragte ihn, ob er Russe sei. Seine schwarzen Koteletten machten einen russischen Eindruck. Nein, er war aus Vilnius (Litauen).

»No, ich habe Ihnen eine schöne Führung durch unsere Gastronomie gemacht, Herr Heinz«, scherzte Frau Danuta. »Sie haben kennengelernt: eine Havarie, eine Remont, ein Lokal ohne Speisekarte, und ein sehr gutes Restaurant mit sehr schlechtem Fleisch. Was soll ich Ihnen jetzt noch zeigen?«

»Ich möchte behaupten, dass die polnischen Käseküchen immer noch das beste sind. Dort stehen die Leute Schlange und dort schmeckt jedes Gericht.«

»Ich kann Ihnen zu Hause noch Käsetaschen machen. Oder Blaubeertaschen. Denn Sie sind sicher noch hungrig. Wir haben ja nur Salat und Kartoffeln verzehrt.«

»Einverstanden.«

Wir tranken den Rotwein aus, den wir bestellt hatten, denn er war gut, und gingen beschwingt durch den lauen Augustabend zum Rynek zurück.

In dieser Nacht meldete Ewa aus Frankfurt einen Heiratsantrag. Nicht Zoran hatte ihn gemacht, sondern ein Gast. Er sei in der Modebranche tätig, aber vierzig Jahre alt!

Das Gespräch dauerte eine Stunde. Gab Frau Danuta einen Rat, wurde er von Ewa als unbrauchbar entlarvt, nahm sie ihren Rat zurück, verlangte Ewa einen neuen. Zuletzt legte die Mutter erschöpft auf.

»Warum gibt man so viele Ratschläge, wenn alle falsch sind! Immer führen einem die eigenen Kinder vor, dass man nichts vom Leben weiß. Warum ist das so?«

»Spiele der Erwachsenen«, sagte ich in Gedanken.

»In Polen gärt es«, sagte Frau Danuta am Kaffeetisch, »überall wird gestreikt, aber nicht bloß um Preise, jetzt fordern sie jeden Tag etwas mehr. Über hundert Betriebe nehmen schon teil, ein junger Werftarbeiter in Gdansk hat sich an die Spitze gesetzt, Lech Walesa. Oy, Herr Heinz, ist das gefährlich! Freie Gewerkschaften fordern die, wie kann das der Gierek genehmigen, dann setzen sie ihn in Moskau doch sofort ab!«

»Ein mutiges Volk, Frau Bialy, seien Sie stolz darauf!«

»Ja, stolz, und dann geht es wieder zwei Stock tiefer in den Keller, klagte sie. Wir kennen das doch. Wenn der Kopf raus kommt aus der Schachtel, wird drauf geschlagen.«

»Wenn sie maßvolle Forderungen stellen, geht es vielleicht diesmal gut. Wir haben 1980 und nicht mehr 1968.«

»Aber in Moskau sitzen immer noch dieselben Tyrannen.«

»Alte Männer, Frau Bialy, alte Männer.«

»Ja, eben, alte Männer. Die wollen nicht, dass sich irgendwas ändert.«

»Irgendwann kommen jüngere, Frau Bialy.«

»Ich kanns nicht glauben.«

»Alles fließt.«

»Essen Sie doch Ihr Ei. Ein kaltes weiches Ei schmeckt nicht mehr.«

»Gut, ausnahmsweise. Zur Feier des Tages.«

Ich fuhr an diesem Tag nach Leuthen. Am Rynek fand ich einen selbständigen Taxifahrer, der mir anbot, für zwanzig Mark den ganzen Nachmittag zu meiner Verfügung zu stehen. Ich mietete ihn, wenngleich mit schlechtem Gewissen, da er und sein Wagen ja nun in Breslau fehlten. Aber anders war nicht nach Leuthen zu kommen. Was ich in Leuthen wolle, fragte er nicht, und ich sagte es ihm nicht. Ich schämte mich ein wenig, dass ich ein Schlachtfeld besichtigen wollte, auf dem nicht einmal Polen, sondern Preußen gesiegt hatten, unter einem König, dessen Energie und Unnachgiebigkeit mir zwar Eindruck gemacht hatte, der mir aber psychisch durch seinen gnadenlosen Vater entstellt vorkam. Einer jener Menschen, die es der Welt zeigen wollen, und das ein halbes Leben lang, bis sie alles um sich her in Schutt und Asche verwandelt haben. Da ich mich nicht gut vorbereitet hatte, dauerte mein Leuthener Geschichtsspaziergang nur eine knappe Stunde. Der Taxifahrer hatte seinen Moskwitsch an der berühmten Friedhofsmauer geparkt, sich ins Gras gelegt und ein wenig gedöst. Er fragte mich auch auf der Rückfahrt nicht, was ich in Lutinya gesucht hatte. Er hatte sein Geld und schwieg.

In Lissa bat ich ihn noch einmal anzuhalten, ich wollte einen Blick auf das Schloss werfen, in dem Friedrich so gut wie ohne Eskorte österreichischen Offizieren entgegengetreten war und sie für gefangen erklärt hatte, wo doch vom Kräfteverhältnis her der umgekehrte Vorgang denkbar gewesen wäre.

Ich stellte mir eine lebhafte abendliche Tischgesellschaft vor. Friedrich, zu den tafelnden Österreichern: »Meine Herren, das Spiel ist aus. Nagen Sie Ihre Hühnerbeine noch ab, aber das Dessert muss diesmal ausfallen.«

Ein österreichischer General, geistesgegenwärtig, die Situation kaltblütig einschätzend: »Majestät geruhen sich zu irren, das Schloss ist von Panduren umstellt, wir finissieren die Mahlzeit. Majestät können aber mitessen.«

Aber so hat sich die Szene bekanntlich nicht abgespielt, denn Geistesgegenwart und Chuzpe waren hier auf Seiten des Preußen. Mir kam zum Bewusstsein, wie sehr sich meine Beschäftigung mit Geschichte darauf reduzierte, historische Orte aufzuspüren und mit Hilfe von Phantasie zu beleben. Natürlich habe ich nie versucht, Schlachten zu rekonstruieren wie mein Freund, der Rechtsanwalt Hinckel, der mir über das Geschehen von Leuthen, Waterloo, Hürtgenwald fundierte Vorträge mit Planskizzen halten kann.

Ich versuche eher, die Seelenlage Friedrichs zu rekonstruieren, die beklemmende Wahrnehmung einer aussichtslosen Situation, des Lärmens von Kanonen, des Getrappels tausender von Pferdehufen, des Geschreis der Kanoniere, des Wogens der Fahnen, und, als ein schwaches Rinnsal inmitten einer klammen, von Schrecken hartgeronnenen Brust, die Hoffnung auf Fortune, auf Ruhm, auf das unbegründete und unaussprechliche Wunder, das sein fast zerriebenes und aufgelöstes Ich mit einem Schlag wieder erhöht und in den Mittelpunkt der Welt rückt.

Ich mache Wallfahrten zu Seelenlagen, die mir fern und gottlob vorenthalten sind, Seelenlagen außerhalb eines geregelten, zivilisierten und von Geldscheinen geschmeidig gehaltenen Lebens mit einem alles abschleifenden Alltag, Seelenlagen, die reihenweise in die Geschichtsbücher und Alben eingeklebt sind wie blutige Souvenirs, denen die fühlende Brust heute nicht annähernd mehr ausgesetzt wird, es sei denn, der Zivilisationsmüde stürzt sich in kostspielige und umständlich organisierte Abenteuer wie Flussfahrten in menschenleere Gegenden oder Einsatz in Kriegsgebieten. Das Schlimmste, was mir auf einer Reise zustieß, war, dass man mir in einem Gedränge an einer Busstation in Kroatien mein Portemonnaie mit der Scheckkarte gestohlen hat und mich in ein Gefühl der Hilflosigkeit stieß, denn ich war unterwegs nach Hellas und musste nun umkehren, musste trampen an der dalmatinischen Küste. Nur ein recht geringes Maß an Ausgesetztsein wurde fühlbar, Ärger und Selbstvorwürfe überwogen sehr bald. Aber die kann ich auch erfahren, wenn ich zum Dienst gehe und meine Lesebrille zu Hause liegengelassen habe. Wer in einer kleinen Gruppe mit zwei Jeeps die Sahara durchquert, wie mein Vetter mit seiner Frau das tat, redet, wenn er berichtet, schon aus einer tieferen Schicht heraus, kann sich rühmen, existentielle Erfahrungen gemacht, sich selbst als einen Menschen der Frühzeit erlebt zu haben. Solchen Berichten, die mit einer aus dem Bauch kommenden Stimme vorgebracht werden, habe ich nichts Ebenbürtiges entgegenzusetzen und nehme meist Zuflucht zur einzig rettenden Bewunderung: Ich weiß nicht, ob ich mich dem freiwillig aussetzen würde.

»Wir wollten es einfach einmal wissen, wie wir dann reagieren«, antwortete die Frau meines Vetters, die Malerin ist und existentielle Erfahrungen braucht »und ich muss dir sagen, Heinz, es war ganz anders, als wir erwartet hatten. Ganz anders! Du würdest nicht glauben, wer du wirklich bist.«

»Ich weiß, dass ich relativ schwache Nerven habe und unter Stress sehr kopflos werden kann!«

»Du würdest dich wundern!«

»Inwiefern?«

»Weil du wahrscheinlich, nach einer Phase deiner, wie du es nennst, Kopflosigkeit, zu etwas ganz anderem kommen würdest, zu einer inneren Ruhe und Ausgeglichenheit, wie du sie nie gekannt hast. Möglicherweise«, setzte Ruth vorsichtig hinzu, »denn ich glaube nicht, dass du ein Typ bist, der endgültig durchdreht. Da hatten wir einen dabei. Aber der gab sich eben vorher furchtbar sicher und überheblich.«

Wir wissen es nicht, ehe die Situation uns erfasst. Und daher wissen wir auch nicht, was wir in Leuthen empfunden hätten oder in Dresden oder an anderen Stätten menschlicher Exzesse. Wir wurden verschont, wir sind weiße Jahrgänge, Albinos des Leids und der Verzweiflung. Und wir sind dankbar.

Am Abend war Frau Danuta heiterer als am Morgen und machte Speckkuchen. Gierek sprach im Fernsehen, der PVAP-Chef, und versprach einige Zugeständnisse, warnte aber vor Maßlosigkeit.

»Hoffentlich verlangen sie nicht zuviel«, rief Frau Danuta, »das ist bisher immer schief gegangen.«

»Maßvolle Rebellen gibt es nicht«, gab ich mich wissend.

»Oy!«

Wir aßen schweigend, langsam und wenig.

Dann war der Tag da, an dem meine Polenrundfahrt beginnen sollte. Es war keine Fahrt ins Blaue, so etwas hätte ich im Jahre 1980 nicht gewagt nach meinen schlechten Erfahrungen bei der Hotelsuche. Nein, ich hatte zuvor durch das polnische Reisebüro POLORBIS Reservierungen für meine Reiseroute machen lassen, Kolberg, Danzig, Lötzen in Masuren, Warschau, und Krakau standen auf dem Plan. Ich brauchte nur noch die Eisenbahn zu besteigen und das Tagesziel zu erreichen. Was manchmal auch keine Kleinigkeit war, denn so schnelle Züge wie in Frankreich gab es in Polen nicht, die wenigsten Strecken waren elektrifiziert, da und dort fuhr man noch mit Rauchschleppe und offenen Wagentüren durchs Land.

Frau Danuta versuchte, aus dem letzten Frühstück in ihrer Wohnung eine »Henkersmahlzeit« zu machen. Sie liebte dieses Wort und verwendete es öfter. Da mich aber morgens jeglicher Appetit verlassen hat (um abends mit großer Macht wiederzukehren), wurde nur ein müdes Löffeln im Haferbrei daraus, dafür aber Kaffee, viel und starker Kaffee.

»Oh weh, nun sind sie alle fort«, zitierte Frau Danuta zu meiner Überraschung aus dem Gedicht über die Kölner Heinzelmännchen. »Wie werde ich mir vorkommen, wo ich so nette Zimmerherrn hatte?«

»Der Mann muss hinaus ins feindliche Leben«, entgegnete ich etwas unpassend und auch zu gewichtig, denn mit Schiller auf Kopisch zu antworten, ist nicht fair, die Beschwingtheit der Epigonen passt besser in die flaumenleichte Zeit der Frühe, als das glitzernde Erz der Klassiker.

»Wenn wir uns wiedersehen«, versprach ich, »werde ich Ihnen eine Sammlung deutscher Gedichte schenken. Lebensborn nennen sie so etwas meistens.«

»Was ist Born?«

»Brunnen. Also ein Lebensbrunnen, mit ewig frischem Lebenswasser.«

»No, bitte, machen Sie das, dann habe ich immer meine Erfrischung zur Hand. Aber ich mag am liebsten etwas Humorvolles.«

»Ich kann Ihnen auch das Hausbuch der Heiterkeit besorgen«, fiel mir ein. »Deutschlands Heiterkeit passt in einen einzigen Band.«

«Herr Heinz, die Heiterkeit ist bei anderen Völkern auch knapp.«

Frau Danuta brachte mich nicht zum Bahnhof, denn sie musste in ihrem Rotkreuzlager arbeiten, sie winkte mir aber in der Etagentür ein wenig nach, und sogar das Winken geschah mit Humor. So etwas, dachte ich auf der Treppe, ist in Deutschland gar nicht so leicht zu finden. Ein elegischer Humor, der eine Beziehung durchdringt wie feinster Goldlackstaub und ihr alles Verbissene und Willentliche nimmt. Fast bis Posen kreisten meine Gedanken um die Breslauer Tage, dann erst nahm mich die Eigenart der neuen Landschaft gefangen. Und der Anblick alter Telegrafenmasten mit weißen Isolatorenköpfen aus Porzellan, die mir als Bestandteil sehr früher Kindheitsreisen wieder in die Erinnerung gelangten und das Gefühl der Zeitreise noch einmal erneuerten. Die vielen Störche in den pommerschen Wiesen erweckten ein Gefühl der Zuversicht. Wo sich Maikäfer und Störche noch so wohlfühlen, kann dort die Welt denn schon so sehr aus dem Gleichgewicht sein, wie man gelegentlich in den Umwelt-Nachrichten liest?

In Kolberg, polnisch Kolobrzeg, fand ich zunächst nichts Anheimelndes oder ins Vertrauen Ziehendes. Das Vier-Sterne-Hotel SOLNY, in dem mich das POLORBIS wie alle Devisenbringer untergebracht hatte, löste zunächst nur Entsetzen bei mir aus. Es lag, für Bahnreisende ohne Taxi unerreichbar, weit ab vom Meer und vom Bahnhof. Die Zimmer gleichen sich wie in all diesen Kettenhotels zum Verwechseln, die Einrichtung wirkt aseptisch und antiatmosphärisch. Zwar sind Nasszellen vorhanden (bei 75 Mark pro Nacht nicht erstaunlich), aber sie sind mit einem Luftschacht verbunden, der als akustischer Leiter wirkt und Lärm aus ganz entlegenen Bereichen des Hotels heranführt und noch verstärkt, und das bis tief in die Nacht. Dem Schachtanrainer ist man gnadenlos ausgeliefert, macht der spät noch Musik oder schnarcht sonor, hat man das Nachsehen. Und so etwas haben die Finnen gebaut, führend im Hotelbau. Beim Frühstück langes Warten, Verwirrung, Unklarheit, kein Kaffee, kaltes Rührei. Hierher reicht das finnische Know-how nicht mehr. Sozialistisches Management – darüber will ich mich nicht mehr aufregen, habe ich mir vorgenommen. Man muss sich ja nicht länger als unbedingt nötig im Hotel aufhalten. Aber Stadt und Strand bieten auch nichts mehr. Die Stadt ist in den Kämpfen des Jahres 45 nahezu ausradiert worden, nur ein Stück vom Dom steht da und eine kleine halbe Straßenzeile, aber dieser Rest wirkt so unwirklich in der gesichtslosen neuen Umgebung, als sei er für Filmaufnahmen schnell aufgebaut worden, eine Filmstraße. Am Strand nichts mehr von den alten Promenaden und Cafés, die meine Großeltern so anziehend gefunden haben, dass sie Jahr für Jahr hier ihren Badeurlaub verbrachten. Ich hatte ein Foto bei mir, das sie eingepfercht zwischen vielleicht dreißig Gästen, vor dem Café JESTER zeigt, stolz und standesbewusst dreinschauend, der Großvater mit legerer Chaffeursmütze, Plastron und dunklem Schnäuzer, die Großmutter mit doppelstöckigem dunklen Strohhut. Einige der Männer auf dem Foto tragen Strohhüte (Kreissägen), ein einziger eine Melone (plus Monokel), der Gigolo des Tages. Neben ihm, auf einer Spiegelglasfläche, steht zu lesen : Eisgetränke – Gefrorenes – Weine. Das Foto muss kurz vor dem Ersten Weltkrieg aufgenommen sein, in den letzten Jahren des wilhelminischen Reiches. Wenige nur lächeln.

Aber mit Kolobrzeg hat es noch eine andere Bewandtnis. Da war dieser Brief von Krystina Zygmunt, den ich in meiner Brieftasche hatte. Ein halbes Jahr war der Brief alt. Und er war zufälligerweise gerade in der Zeit gekommen, als ich die polnische Reise plante. Mit Krystina Zygmunt hatte ich einmal Ende der sechziger Jahre einen Briefwechsel geführt. Die Adresse stammte aus der polnischen Zeitschrift RADAR, die damals bei uns auch in deutscher Sprache erschien. Man erfuhr darin viel über Polen und es standen Adressen darin. Wer mit Polen Kontakte suchte, konnte sich an eine dieser Adressen wenden. Es wurden einige Briefe auf russisch ausgetauscht, in denen ich noch Kochen als eines meiner Hobbies genannt hatte. Als ich diese Briefe schrieb, stellte ich mir eine dunkelhaarige, leidenschaftliche Frau vor, aber was sie mir antwortete, ließ diese Phantasien kläglich einschrumpfen. Die Korrespondenz versiegte.

Nun plötzlich, Anfang 1980, fragte Krystina an, ob ein Kontakt wieder oder noch gewünscht werde, und ich hatte »ja« geschrieben. Um in Kolobrzeg eine »Menschenseele« zu haben, mit der man ein paar Worte wechseln konnte.

Abends, nach dem Dienst, kam Krystina ins Hotelfoyer, ließ mich heraustelefonieren. Da stand eine verhärmte, abgearbeitete junge Frau von Ende dreißig, in einem ärmlichen Kostüm, mit einer billigen Handtasche. So sehen geschiedene Frauen aus, ging es mir durch den Kopf. Aber in ihrem Wesen lag die Entschlossenheit, unser Treffen zu nutzen. Ich spürte sofort das Unmögliche dieser Begegnung, vom ersten Händedruck an ging es darum, sich zu befreien. Das Hotelpersonal behandelte und betrachtete Krystina mit Distanz, man sah ihr das Uneinträgliche ihrer Stellung an, und dass sie nie Gast des SOLNY sein würde. Sie blieb aber trotz allem bei ihrer Entschiedenheit, bestand darauf, dass ich mich fertigmachte zum Ausgehen. Ich bat um fünf Minuten. Sie wagte es nicht einmal, sich in dieser Zeit in die Sessel des Foyers zu setzen. Zielstrebig führte sie mich zu einem riesigen Wohnblock in verwahrloster Umgebung. Ihre Wohnung im fünften Stock war klein aber adrett. Sie setzte mir Herbata vor. Wir radebrechten in der Sprache unserer Korrespondenz, russisch, und jeder schien genau die Wörter zu kennen, die dem anderen fehlten. So kam ein Minimum an Verständigung zustande.

Krystina rief eine Freundin an, die deutsch sprach, und es dauerte nicht lange, bis Anna zur Stelle war. Anna war hübscher, jünger und sprachgewandter als Krystina, und sofort war eine lebhafte Konversation im Gange. An einem besonders lebhaften Punkt unterbrach die Konversation, die beiden Mädchen führten eine Besprechung auf Polnisch. Das Ergebnis: Man hatte beschlossen, ins SKANPOL tanzen zu gehen. Die Art, wie man es mir beibrachte, war schonend, aber bestimmt, Ablehnung nicht zulässig. Nun wurde noch Zbygniew angerufen, Annas Freund. Er erfuhr, dass er ausgehen werde, weniger schonend, aber ebenso bestimmt. Anna verschwand nun wieder um sich feinzumachen, und eine Stunde später brachen wir auf. Das SKANPOL musste eine Monopolstellung als Tanzpalast innehaben, so stark war es belagert. Der Einlass erfolgte, wenn ich mich recht erinnere, durch eine große Gittertür, die immer auf und zugeschoben wurde, und jedesmal wurde nur eine kleine Gruppe eingelassen, eine größere Menge blieb drängelnd und argumentierend zurück. Uns gelang es vergleichsweise schnell, eingelassen zu werden, dabei mag Zbygniews Hinweis auf mich als Devisenträger eine Rolle gespielt haben. Wer eingelassen war, wurde ausgelassen, davon nährte sich die rauschhafte Stimmung im Saal. Hier schien der Ort zu sein, wo man alle Arten von Frust aus den Kleidern schütteln konnte. Die Band spielte westliche Tanzmusik, stark mit Hot-Elementen durchsetzt, wenig Rock. Ich tanzte zwei- oder dreimal mit Krystina, weil das erwartet wurde, ein- oder zweimal mit Anna, weil sie es verlangte. Auch beim Tanzen war Anna die Geschmeidigere, warum, dachte ich, konnten die Rollen nicht vertauscht werden. Anna frei und entschlossen, und Krystina an einen Freund gebunden?

Wir hatten Wein bestellt, und Zbigniew war am schnellsten davon beflügelt. Er erzählte, dass er einmal zur See gefahren war. Er hatte die Reeperbahn in Hamburg gesehen und den Lido von Venedig, Cadiz und Le Havre, und überall hatte es herrliche Getränke gegeben. Ob diese Städte denn auch schön wären, schaltete sich Anna ein. Ja, sehr schön, wir sollten alle zusammen hinfahren. Etwas weit für uns, meinte Krystina. Nun gut, dann können wir nach Lodz fahren, da kenne ich mich besonders gut aus.

»Hast du Zeit?« wandte er sich an mich. »Dann machen wir eine Fahrt nach Lodz. Mit meinem Wagen.«

»Wäre schön, aber ich habe alles schon gebucht.«

»Das ist schlecht. Lodz muss man kennen, da kenne ich jede Bar.« Er kaufte bei einem der Kellner eine Stange zollfreie Zigaretten (Lucky Strike), legte sie vor sich auf den Tisch, und fragte mich, ob ich nicht auch eine Stange kaufen wollte, es gebe nur eine Stange pro Person. Er wollte sie mir abkaufen. Ich kaufte eine Stange und legte sie ihm auf den Tisch. Als Präsent.

Er war so guter Laune, dass er ein paar Runden tanzte, eine davon mit Krystina, eine mit Anna, eine mit einer Fremden von einem Nachbartisch. Während seine Stimmung immer besser wurde, flaute die meine ab und ich verlor die Lust am Tanzen. Der Wein schmeckte mir nicht, und ich hatte zu trinken aufgehört, wurde einsilbig. Zbygniew merkte den Umschwung und schlug vor, noch woanders hinzugehen. Wir brachen auf, holten die Mäntel an der Garderobe und wollten den Tanzpalast verlassen. Plötzlich fehlte Zbygniew. Es vergingen fünf, es vergingen zehn Minuten – er tauchte nicht auf. Anna erklärte, es habe keinen Sinn, auf ihn zu warten. Wenn er Wein trinkt, weiß man nicht, was er machen wird, er kann die ganze Nacht verschwinden.

Ich brachte nun allein die Mädchen in Krystinas Wohnung. Dort saßen wir noch eine halbe Stunde bei Schwarztee und immer schaler werdendem Redestoff.

»Ich muss jetzt gehen«, sagte ich plötzlich, mitten in ein unüberbrückbar wirkendes Schweigen hinein. Ich fühlte das Bedürfnis, dieses Muss näher zu erklären, nicht als ein termingebundenes, auf meiner inneren Uhr beruhendes, sondern als ein psychologisch-sittliches MUSS: gehen muss man, wenn eine Situation rettungslos verfahren oder wenn sie unverständlich geworden ist und niemand einen Klärungsversuch macht. Alle gehen in solchen Situationen. Klar war wohl für Krystina geworden, dass ich nicht in ihre Pläne passte und keine größere Nähe mehr entstehen würde. Ein ausdrucksloses Abschiednehmen erfolgte, bei dem nicht gefragt wurde, was denn nun morgen sei. Ich ging ohne ermunternde Worte, ich fühlte mich schuldig und ein wenig ehrlos. Aber ich war erleichtert, als ich die schmale blaue Metalltür der riesigen Wohnmaschine hinter mir zuzog (sie ließ sich nicht schließen). Es regnete leise, und ich schwor mir auf dem Weg zum Hotel, nichts mehr zu tun, was falsche Erwartungen erweckte und auch keine falschen Erwartungen mehr in mir zuzulassen.

In dieser Nacht kam mir das unfreundliche Solny wie eine Schutzburg vor.

Am nächsten Abend rief man mich in der Rezeption ans Telefon. Das muss ein Irrtum sein, dachte ich, wer soll mich in Kolberg anrufen. Oder ist es Krystina, die den gestrigen Abend verarbeitet hat und nun mit neuer Energie versucht, aus unserem Kontakt eine Beziehung ...?

Aber es war eine Männerstimme in der Muschel. Jemand vom POLORBIS in Warschau.

»Pan Kindler, Sie wollen morgen nach Gdansk reisen«, sagte die Stimme.

»Ja, dort habe ich ein Zimmer gebucht.«

»Sie können nicht nach Gdansk fahren!«

»Wieso nicht?«

»Gdansk ist für alle Touristen gesperrt!«

Mir fielen die landesweiten Streiks ein und die Werften in Danzig.

»Das ist sehr schade. Was soll ich jetzt machen?«

»Sie können sich eine andere Stadt aussuchen, wir werden Sie dort kostenlos unterbringen.«

»Hm.«

»Wo wollen Sie hin?«

»Ich würde dann gerne nach Thorn fahren.«

»Das ist in Ordnung. Sie können dort ins Hotel ALUNION gehen.«

»So ohne weiteres?«

»Sie brauchen nur Ihre Papiere vorzulegen, wir regeln alles andere für Sie.«

»Ja, danke. Schade.«

»Tut uns leid.«

»Und man kann gar nicht hineinkommen nach Gdansk?«

«Bis auf weiteres ist es nicht möglich. Alles Gute. Dzien dobre.«

Ausgerechnet Danzig muss ausfallen, auf diese Stadt war ich so gespannt. Blechtrommel undsoweiter. Sehr ärgerlich. Wie kann man eine Stadt sperren. Es müssen doch Züge hineingehen. Vielleicht fahre ich schwarz hinein, nur den Tag über. Das wäre ein bisschen abenteuerlich. Hätte den nötigen Schuss Illegalität, den ich noch brauche.

Ich sah mir die Karte von Polen an. Von Thorn aus war es zu weit für eine Tagesfahrt nach Danzig. Aber von Dirschau aus oder von Stolp hätte man sein Glück versuchen können. Ob man dabei verhaftet worden wäre?

Die Leute an der Rezeption lächelten hintergründig, als ich Danzig zur Sprache brachte. Man kommt hinein in die Stadt, meinte jemand ausdrucksvoll. In jedem Fall kommt man hinein, bestätigte jemand anderes. Natürlich kommt man in eine Stadt hinein, sagte ich, heutzutage gibt es ja keine Mauern mehr.

Da nickte der Mann und die anderen lächelten noch hintergründiger.

»Ich werde sehen, wie ich morgen in Form bin«, sagte ich, ehe ich meinen Schlüssel nahm.

Da lachten sie zum ersten Mal. Aber ich bin nicht nach Danzig gefahren. Ich fuhr nach Thorn, das ich mir als Ersatz ausgesucht hatte. Aber obwohl ich viel alte Bausubstanz vorfand und sogar eine alte Ordensburg, kam ich mir betrogen vor. Wenn einen etwas entschädigen konnte, war es die Weichsel, die hier schon eine Breite hat, wie sie kein deutscher Fluss irgendwo erreicht. Und wie sie fließt, so ungezügelt, ungestillt … Doch, die Weichsel lässt vergessen. Und auch Masuren. Land verschwiegener Seen, stummer Wälder. Unbesungen, glaubt man, weil einem keine Strophen Eichendorffschen Zuhauseseins einfallen.

Das Städtchen Lötzen, auf einer dünnen Landbrücke zwischen zwei Seen gelegen, hatte fast alles, was Masuren ausmacht. Und das Hotel WODNIK schien nicht von Finnen gebaut. Es hatte überschaubare Ausmaße und eine bescheidenere Ausstattung, hier schien es geruhsamer zuzugehen. Hier bedienten keine arroganten Städterinnen, sondern ländliche Frauen, die dem Gast Wohlwollen entgegenbrachten, ihn wirklich bewirteten. Es gab schmackhafte Suppen zur Auswahl, die Namen wie Zurek, Kapuszniak trugen, es gab Pfannkuchen (Naleszniki), und es gab grünen Aal. Und die Stadt, die ich erwanderte, beruhigte mit ihren sanften Konturen und sachten Farben, und nirgends ein hartes Licht, so dass ich wieder mit meiner Kamera aufzuzeichnen begann, was ich fand. Auch ein Wochenmarkt war dabei, zu dem Bauern mit ihren Pferdewagen kamen, um dort Gemüse, Geflügel und Jungtiere anzubieten, und eine dämmernde alte Chaussee, wo sich eine Sandschicht über die alten Pflastersteine gelegt hatte.

Einmal sprach mich in einer Seitenstraße eine Deutsche an, Frieda Biernath hieß sie, war 62, lebte allein in drei kleinen Zimmern, die sie mir unbedingt zeigen wollte, denn diese Zimmer könnten doch deutsche Gäste bewohnen, für 10 Mark pro Nacht. Sie sprach das unverfälschteste Ostpreußisch. An einem der drei Tage, die für Masuren reserviert waren, bin ich nach Rastenburg gefahren (Ketrzyn), aber nicht, um die Trümmer der Wolfsschanze zu sehen, sondern um die alte Adlerapotheke zu finden, die Arno Holz so schwärmerisch als sein Geburtshaus preist. Gegenüber der Stadtwache lag sie, mit dem schwarzeisernen altmodischen Schutzschindeldach, nah der Georgenkirche und dem Marktplatz, alles barock beschrieben, mit Worten geradezu eingehüllt, mit Worten geradezu aufgefüllt, mit Worten üppigst, wollüstigst, ehrerbietigest kredenzt, beglänzt und verewigt, dennoch schlechterdings vergessen und von niemandem mehr in Augenschein genommen, wie überhaupt der Phantasus mit seinen über die Jahre immer üppiger aber auch deutlicher werdenden Fassungen ein vergessenes Buch ist und im Buchhandel nicht mehr zu finden. Wie ekstatisch erhoben ich mich daher fühlte, als ich in einem Frankfurter Antiquariat die drei prächtigen Bände der ersten Gesamtausgabe von 1925 liegen sah, und gar zu einem Preis von 38 Mark, versehen mit dem Stempel »Dr. Multhaupt, Oberstarzt«, das versteht nur ein Bücherwurm.

Unvergessbare Sommersüße
Rote Dächer!
Aus den Schornsteinen
hier und da
Rauch
oben, hoch, in sonniger Luft,
ab und zu
Tauben!

Es ist Nachmittag!
Aus Mohdrickers Garten her
gackert eine Henne,
die ganze Stadt … riecht nach Kaffee.
Dass mir dies alles noch so lebendig geblieben ist!
Ich bin ein kleiner, achtjähriger Junge,
liege
das Kinn in beide Fäuste
platt auf dem Bauch
und
gucke durch die Bodenluke.

Unter mir, steil
der Hof,
hinter mir, weggeworfen,
ein Buch.
Franz Hoffmann … Die Sklavenjäger …
Wie still das ist!
Ein halbes Leben, ein ganzes Menschenalter
verrann!

Mehr noch, Herr Holz, mehrere Menschenalter sind verronnen. Alles ist anders geworden. Sie waren in den zwanziger Jahren, als Sie dies niederschrieben, schon ein Mann Anfang sechzig, ich werde es in fünf Jahren auch sein und werde dann Rückblick halten und mir selber unvergängliche Erinnerungsbilder zurückrufen, wenn auch nicht so liebevoll im Detail. Aber der Sinn für Ihr und mein Vergangenes und für das Vergangene anderer wird immer mehr schwinden, man wird nicht mehr danach fragen, wie still es in unseren Gärten gewesen ist und ob dort Hühner scharrten oder, wie in meinem Fall, ein Türkentaubenpärchen eine gurrende Unterhaltung führte, während in der Ferne die Stadtbusse zu hören sind, die in Stoßzeiten alle acht Minuten vorbeiröhren, oder junge Männer in offenen Wagen, mit einer ganz neuen Art von Rockmusik, die sich wie ein rhythmisches Schafblöken anhört und die sie sich mit einer gewissen Verbissenheit einverleiben, das heißt in die Gehörgänge befördern, den Tiefen des Ohrs oktroyieren. Man verirrt sich nicht in die eigene Vergangenheit, noch weniger in fremde, man verlangt Gegenwart zu erfahren, heftig, rauh, pur. Dabei vergisst man, dass die Verdrängung der Stille im Jahre 80 noch lange nicht so weit vorgeschritten war wie heute, es gab den Walkman noch nicht, in Restaurants hingen keine Lautsprecher, die die Gäste mit Kulissen umsäuselten, die Gespräche der Menschen an den Tischen waren noch das beherrschende Geräusch, die Fußgängerampeln gaben noch keine Töne von sich. In England ist die Flut elektronischer Geräusche noch massiver, dort bricht Geheul aus, wenn ein Bus rückwärts einparkt oder wenn Wagentüren sich schließen. Akustische Signale überall, wo irgendetwas geschieht, das mit Aufmerksamkeit begleitet werden soll.

Wie still das ist, schrieb Arno Holz 1925 und meinte 1871.

Wie still das war! Die Welt ist Klang, schreibt Joachim Behrendt. Aber sie ist Lärm vor allem anderen. Und wie es uns bekommt, wissen wir nicht. Die Mädchen in der Stadtbibliothek, die den ganzen Tag lang den Scanner über Strichcodes in Büchern führen, bis es fiept – ob sie noch in Bildern träumen? Oder ganz in Piep-Tönen?

Wir werden zur Vergangenheit Zuflucht nehmen auch, weil in ihr Schätze an Stille gespeichert sind, und werden versuchen, sie wiederzubeleben. Und uns an ihr zu nähren. Polen ist 1980 kein stilles Land gewesen. Auch die Boote auf den masurischen Seen waren beschallt, man fand auf ihnen kein stilles Plätzchen. Wer das wollte, der musste sich ein Ruderboot oder in Ermangelung dessen, ein Tretboot mieten, aber da waren nur wenige einsatzfähig. Und es dauerte 20 Minuten, bis jemand zu Wasser kam. Viele Deutsche haben auf einem Trailer ihr eigenes Boot mitgebracht, denn sie sind hier, um zu fischen. Sie wandern nicht zur Kormoraninsel, allenfalls paddeln sie von See zu See.

Abends wanderte ich manchmal an der Bahntrasse und sah den Dampfzügen zu, die durch die Heide fuhren. Das Wechseln von schwarzem zu weißem Rauch schien mir bedeutsam, weißer Rauch bedeutete Freiheit, schwarzer Rauch ungeklärte

Verhältnisse. Fast wie beim Konklave. Ist nicht der polnische Papst 1978 gewählt worden? Zur Zeit des großen polnischen Freiheitsdranges? Wer löste was aus, der weiße Rauch von Rom die Streiks in Danzig und Stettin, oder umgekehrt? Ursachen oder Regelkreise? Geschehen strukturverwandte Dinge gleichzeitig, wie reifende Früchte zu ihrer Zeit vom Baum fallen?

Lötzen, polnisch Gyzicko, war der letzte von den Orten, die einmal deutsch gewesen waren. Jetzt fuhr ich in ein Gebiet, das immer polnisch gewesen war, das man selbst in den beiden polnischen Teilungen, bei denen Russland, Preußen und Österreich das Land unter sich aufteilten wie einen erjagten Braten (auch Friedrich war an der ersten der beiden Teilungen beteiligt), den Polen gelassen hatte als ihr Ureigenstes, Unveräußerlichtes. Irgendwo mussten sie ja schließlich auch unter sich sein, ein Volk bleibt ein Volk. Sie hatten auch geopolitisch bessere Tage gesehen, unter Boleslaw Chrobry und in der Zeit der Rzespospolita, unter dem unvergessenen Sobieski, aller Kabinettgeographie zum Trotz: Warschau und Krakau waren nicht antastbar. Es gab da ein Wielkopolska und ein Malopolska, Warschau wiederum lag in der Landschaft Mazowsze und ist erst relativ spät bedeutsam geworden. Aber auch Warschau trägt Wunden von deutscher Hand. Der Trümmerpfad, der sich durch Europa zieht, tritt auch dort zutage. Zwar hat man die Ruinen des Warschauer Ghettos nicht als Mahnmal stehen lassen, aber ihr völliges Fehlen verwirrt noch mehr, so wie der Wiederaufbau der Krakowskie und der Nowy Swiat Przedmescie erstaunt. Man will nicht glauben, dass das Ghetto, von dem man so viele Fotos des Jammers gesehen hat und das so erbittert umkämpft war, einfach überbaut wurde, planiert, saniert, vergessen gemacht. Man will nicht verstehen, dass Stadtplaner sich so skrupellos von einem Teil ihrer Geschichte trennen, fast als seien sie erleichtert, ihn los zu sein. Man sucht und sucht und befragt Passanten, wo denn etwa das Ghetto gewesen sei und erntet verärgertes Kopfschütteln. Ein älterer Mann gibt eine lustlose Auskunft, ungefähr da und da, man wisse es nicht mehr genau. Gesichtslose Neubauten und Grünflächen überall da, wo Hunderttausende sich auf engstem Raum drängten. Keine Gedenkstätte, keine Häuserzeile. Aber das weiß man doch, dass alle Städte ihre Armenviertel wegsanieren und nur die Prachtstraßen wiedererstehen lassen, sofern sie Adelpalais, Schlösser und Patrizierhäuser enthalten, oder wenigstens altdeutsches Fachwerk, das Touristen anlockt. Wer würde ein Arbeiterviertel wiederaufbauen, und wenn es aus dem 19. Jahrhundert stammte, oder überhaupt etwas Abbruchreifes, wer restauriert schon Ruinen, wenn die Unterdrückten in ihnen gehaust haben? Ich habe mich mehr und mehr meinem Staunen über die Warschauer Altstadt überlassen, weil mein Unmut über das Fehlen des Ghettos zu nichts führte, und habe die Restaurationskunst der Polen bewundert, mit der sie nicht nur ein paar Prunkstücke, sondern einen ganzen Stadtteil wieder aufgestellt haben, dass man glaubt, hinter den Fassaden vollziehe sich noch das alte, allerdings privilegierte Leben. Aber es ist nicht mehr das alte Leben. Das alte Leben ging zu Ende, als mit den russischen Befreiern der Sozialismus kam. Da begann das Sterben des Bürgertums und damit des Individualismus.

Und wenn auch die Privilegien wieder erstanden sind, es ist nicht das gleiche Leben. Eine Gesellschaft, die nur aus Bevorzugten und Benachteiligten besteht, höhlt im Mark aus.

Auf einem abendlichen Streifzug habe ich, irgendwo in Warschau, eine Volksküche entdeckt, wo für ein paar Pfennige ein ärmliches, aber doch schmackhaftes Essen ausgegeben wurde. In diese Volksküche bin ich mehrmals essen gegangen. Ich habe dort Menschen gesehen, die wie Vogelfreie aussahen, sie waren so verarmt, dass sie durch nichts mehr zu gefährden waren, auch vor Ideologien, Parteien und Staatssicherheiten hatten sie keine Angst mehr. Sie verkörperten das gesellschaftliche Nichts, und ich setzte mich gern an ihre Tische, wenn sie mich auch scheel beäugten, denn für sie war ich ein Artfremder. Ich konnte ihnen doch nicht sagen, dass mich ihre Verlorenheit anzog.

Krakau ist noch polnischer als Warschau. Und individueller. Taxen freilich sah man am dortigen Bahnhof keine, nur eine Warteschlange, die an Länge alles bisher Gesehene übertraf. Etwa alle drei Minuten fuhr ein Taxi vor und nahm zwei oder drei Wartende auf. Dann wieder lange nichts. Manchmal fuhr ein Taxi vorbei, ohne anzuhalten. Vielleicht streikten sie? Ich sah, dass es aussichtslos war, auf diese Weise in mein Hotel zu kommen. Plötzlich trat ein Unbekannter aus der Menge und raunte zu mir:

»Wo möchten Sie hinfahren?«

»Ins HOLIDAY INN.«

»Zwanzig Mark.«

Ich fühlte mich geneppt und lehnte das Angebot ärgerlich ab. Ich glaubte, weiter drin in der Stadt würde ich leicht ein Taxi finden und dann mit ihm zum Bahnhof herfahren. Ich verstaute erst einmal mein Gepäck in einem Schließfach und ging in die Altstadt. Selten bin ich durch eine so finstere Stadt gegangen, nur da und dort gloste eine Straßenlaterne, es war, als sei der Strom abgeschaltet worden, als spare man Energie. Aber um so deutlicher trat die Nachtsilhouette Krakaus hervor, düster wie eine Burg ragten die Tuchhallen am Rynek auf, rings um den Platz da und dort erleuchtete Fenster, Gesang und Geschrei aus Bierhallen, es klang, als bereiteten dort Studenten eine Freiheitsbewegung vor, als tränken sie sich Mut an und würden bald mit Fahnen und geschwenkten Mützen auf den Platz herausstürmen. Aber der Rynek war leer, weit und breit kein Taxi zu sehen, kaum ein Mensch. Ernüchtert machte ich mich auf den Rückweg zum Bahnhof. Jetzt musste ich den Fahrer wiederfinden, der mich meiner Währung wegen bevorzugte. Zu meinem Erstaunen stand er noch am Bahnhof, die Hände in den Taschen. Ich bat ihn resigniert um seine Dienste. Er lächelte wissend, sagte, sein Wagen sei in einer Seitenstraße geparkt, bis dorthin müssten wir das Gepäck tragen. Der Miliz wegen! Sie will ihn nämlich hindern an seinen Geschäften.

Unterwegs begegnen uns ausgelassene junge Polen. Luft des Vormärz! Goethe war 1790 hier, auch damals lebte das Volk in der Knechtschaft, aber die französische Revolution war schon ausgebrochen, und in Polen arbeitete man an einer neuen Verfassung. Im Lande gärt es gewaltig, gibt der Fahrer zu, die Regierung hat die freien Gewerkschaften abgelehnt, aber das Streikrecht haben sie gewährt und die Zensur eingeschränkt, sind das keine Lichtblicke?

»Bitte schön, das HOLIDAY INN.«

»Was, wir sind schon da?«

»Tak.«

»Die Nacht hat acht Stunden, dann kommt schon der Tag …«

In Krakau ist mir beim Blick auf die Berge Galiziens auf einmal die Nähe Österreichs aufgegangen, ich habe mir die Landkarte angesehen und festgestellt, dass Wien von hier aus näher ist als jede andere westliche Stadt, und ich habe plötzlich ein Verlangen nach Wien bekommen, nach dem pannonischen Himmel und nach den Weinviertler Weinschenken und den Heurigenbüffets und nach Hans und Viktoria in der Stumpergasse, und ich habe herausgefunden, dass es einen Nachtzug nach Wien gibt, dass ich aber ein Durchreisevisum für die Tschechoslowakei brauche, und das bekomme ich beim Konsulat in Kattowitz. Dort ist aber nur bis zwölf Uhr Mittag geöffnet.

Ich fuhr mit dem Frühzug nach Kattowitz, eilte zu dem besagten Konsulat, war auch gegen zehn schon dort, erfuhr aber, dass ich – natürlich – zwei Passbilder benötige. Die müsse ich bis zwölf Uhr beibringen, danach sei niemand mehr im Büro. Woher nimmt man Passbilder? In Kattowitz,wird mir mitgeteilt, gibt es unseres Wissens nur einen Fotografen, der hat sein Atelier in der Ul. Wiebiorska. Ich haste im Laufschritt durch Kattowitz, den Stadtplan in der Hand, die Ulica Wiebiorska rot angekreuzt. Einmal reisst mir der Gegenwind den Plan aus der Hand, wirbelt ihn über die Fahrbahn. Ich gerate in Wut, beginne, nervös vor mich hinzumoderieren. »Er läuft im Zickzack über die Straße um den Windböen zu entgehen, schafft es nicht, der Wind ist listiger, tückischer.« Ich stelle fest, dass ich mich der Ulica von der falschen Seite aus genähert, die Karte ungenau studiert habe. Passanten werden aufmerksam. Da stehe ich auf einmal vor dem Atelier. Stürme ins Haus, die Treppe hinauf. Oh, es handelt sich um ein Atelier der guten alten Art, mit bequemen Klubsesseln, Palmentöpfen und Tüllgardinen. Ja, man fotografiert rege, soeben arrangiert man Kinder mit Stofftieren um einen bebrillten Vater, Typ Franz Schubert. Ja, man nimmt auch Passfotos in Auftrag, aber die Lieferzeit beträgt 24 Stunden. Nein, schneller liefert man nie. (Ich will doch nach Wien, zu den Heurigenbüffets, ins Abendland!) Andere Möglichkeiten gibt es nicht.

Ausgenommen – einen Fotoautomaten. In der Ulica Marszalkowa. Vielen Dank. Alles Gute. Do widzenia.

Ich spurte zum Automaten, es sind nur zwei, dreihundert Meter. Der Automat sieht kaltgestellt aus. Ihm ist ein Schild umgehängt: Havarie!

Außer Betrieb!

(Auch hier ist Abendland! Woytila!)

Niemand weiß etwas von einem zweiten Fotoautomaten in der Stadt Kattowitz. Es gibt nur diesen einen. Die Stadt hat einen hochmodernen Bahnhof (21. Jahrhundert), breite Prachtstraßen, riesige Kaufhäuser. Aber nur einen Fotoautomaten. Angebot und Nachfrage regieren nicht in dieser Stadt. Hier wird die Zukunft vorbereitet. Da hindert die Gegenwart doch nur. Die Menschen nehmen, was sie bekommen, und lehnen sich nicht auf.

(Und das Praterrad? Die Donaulände? Die Gössersche Bierklinik?) Das Verlangen nach Wien muss abgetötet werden. Ich werde den Nachtzug nicht besteigen können. Es sei denn, in ein, zwei Tagen. Aber ich habe kein Zimmer mehr, und erfahrungsgemäß bekommt man keines.

Mich überkommt eine plötzliche Müdigkeit. Reiseunlust. Apathie. Ich setze mich in ein Café, dem man die deutsche Vergangenheit ansieht, und warte auf einen Impuls, aus dem vielleicht ein Entschluss erwächst. Das Café konserviert die Atmosphäre der Zeit vor dem ersten Weltkrieg in nahezu musealer Treue. Nur die Menschen passen nicht recht da hinein, sie ermangeln so sehr der Muße. Hier erlischt mein Freiheitsdurst ganz langsam, und ich werde wieder solidarisch mit den Kampfesmüden, den Skeptischen, den Angepassten. Ich fühle mich jetzt zum ersten Mal mitgefangen. Ich kann dieses Land, diese Verhältnisse nicht verlassen. Ich werde nicht am nächsten Morgen in Mariahilf frühstücken. Ich werde nach Breslau zurückfahren und Frau Danuta überraschen, die mich sicher nicht mehr erwartet. Sie wird dort in der halb abgedunkelten Küche hantieren und Radio hören, die Freiheitsfanale ringsum im Lande werden nahezu erloschen sein, die Regierung wird die mutigen Tribunen gezügelt, bandagiert und geknebelt haben, um nicht auf das Volk schießen zu müssen, das richtige Mehl wird immer noch aus einem Vorort Breslaus beschafft werden müssen, wird aber wieder Nebensache geworden sein. Die Anrufe Ewas aus Frankfurt werden erst unregelmäßiger, dann selten geworden sein, bis sie eines Tages erleichtert mitteilt, sie habe in einem Anfall von Freiheitsdrang die Bar verwüstet und ihre jugoslawischen Arbeitgeber angeschrien: ihr versucht aus mir einen Nachtfalter zu machen, der am Tage schläfrig und daher immer gefügig ist, aber jetzt habe ich es satt, jetzt schmeiße ich den Krempel hin und gehe zurück nach Polen, denn dort ist etwas im Gange, von dem ihr allenfalls in Tagträumen eine Ahnung habt. Vielleicht hätten dann einige der Gäste applaudiert und ein junger Makler gerufen: »Solang's noch solche Frauen gibt, ist Polen nicht verloren.« Und dann sollte eigentlich eine Platte aufgelegt werden oder eine Kassette, auf der Marek und Vacek auf zwei Flügeln improvisieren, noch effektiver wäre gewesen, wenn zwei oder drei Bargäste die polnische Nationalhymne intonierten oder ein anderes Freiheitslied aus der Zeit der Rosbiory, und wenn es ein Klavier gäbe, müsste vielleicht einer der Gäste Paderewski spielen, und Ewa müsste noch in der gleichen Nacht überstürzt abreisen oder wenigstens am nächsten Tag, und alle Bitten und Drohungen verpufften, da es ja keine Arbeitsgenehmigung gab und da eine Verehrungsschranke sie hinderte, die Aufmüpfige einfach zu erniedrigen und einzuschüchtern. Und während ich von Osten, von Kattowitz aus auf Breslau zufahre, besteigt Ewa einen Nachtzug in Frankfurt und fährt auf Wroclaw von Westen aus zu. Sie ist vom Westen, den sie von seinen Kavernen und Höhlungen aus kennengelernt hat, fürs erste kuriert, jedoch auch ohne ernstliches Heimweh, schon hat sie begonnen, zu einem jener vielen Wanderer zwischen den Systemen zu werden, deren Gänge und Gräben den eisernen Vorhang immer mehr durchziehen, bis er schließlich porös wird und zu korrodieren beginnt.

Aber es gibt dann noch ein Erwachen aus dem Eisenbahnhalbschlaf mit seinen korrodierenden Halbträumen, und man ist wieder in Wroclaw, und es sieht immer noch nicht moderner und erholter aus, sondern fast öder und im Stich gelassener als vorher. Man schleppt sich durch die bekannten Straßen zum Rynek und läutet bei Bialy an der Tür, und sie ist wirklich daheim und will vor Staunen fast nicht glauben, man sei's. Sie lässt einen natürlich gern ein und begibt sich auch gleich in die Küche, um Quark– oder Blaubeertaschen zu bereiten, aber man kann sich im Rahmen der Küchentür postieren, den Rücken gegen den Pfosten gelehnt, um Wirbelschmerzen etwas auszubügeln, und man erfährt, ja, es hat sich etwas geändert, es gibt keine nächtlichen Anrufe Ewas mehr, und niemand weiß, warum. Wenn Frau Danuta in Frankfurt anruft, redet da jemand auf Serbokroatisch, das versteht sie nur schlecht, und er sagt auch nur, es gebe im Moment keine Verständigung oder so etwas Dummes, und nun sei sie doch in Sorge und habe das auch einigen Bekannten erzählt, und nun machten sich zwei Freunde Ewas, Marek und Woicech, auf den Weg nach Frankfurt, um sie dort abzuholen, wofür sie aber erst eine Reisegenehmigung brauchen.

»Sie zu befreien«, romantisiere ich die Geschichte.

»No, es ist wirklich beinahe so.«

»Wie in alten Rittergeschichten. In einer Artussage. Die Ritter der Tafelrunde.«

»Oy, Herr Heinz, wie Sie das wieder schön sagen.«

»Es gibt so viele Drachensagen, wo das schöne Fräulein von einem Lindwurm bewacht und nicht mehr herausgegeben wird. Aber der Lindwurm scheint mir für das Kapital zu stehen. Und das entführte Ritterfräulein ist eine Geisel, die Geld einbringt. Oder ein Produktionsmittel. Und je schöner sie ist, desto weniger lässt man sie wieder frei. Und dann müssen Gawan und Iwein aufbrechen und sie befreien. Auch Richard Wagner sah das Verhängnis im Gold. Also imKapitalismus.«

»Aber ein bisschen Gold wollte man doch nicht gerne von sich weisen.«

»Gut, ein paar Gramm seien zugestanden, wenn sie am Körper getragen werden. Was man mit sich tragen kann.«

»Einen Goldbarren könnte ich schleppen.«

»Wie schön wäre es, wenn es kein Gold gäbe, und kein Silber und keine Diamanten. Überhaupt nichts Wertvolles.«

»Dann gäbe es aber immer noch den Dollar und die Mark.«

»Das ist wahr.«

»Etwas wird immer sein, was der Mensch haben möchte. Aber Sie habens gut, Sie sind zufrieden, wenn Sie Pirogen zum Abendbrot haben können. Ja?«

»Restlos zufrieden.«

»Und dann wollen Sie auch kein Ritterfräulein mehr!«

»Oh!«

»Aha. Er sagt wenigstens noch oh.«

»Man vergisst immer etwas.«

»Aha.«

Heute sind die beiden Panis im Westen. Gar nicht ganz freiwillig, aber auch nicht durch meine Vermittlung. Mein Einfluss auf ihre Geschicke ist nach dem Jahre 80 schlagartig erloschen, und ich gehöre heute genauso in ihr Episoden–Album wie sie in meines. Frau Danuta hat im Frühling 81 eine Freundin ins Rheinland begleitet, die dort auch etwas westliches Geld verdienen wollte – Frau Danutas Beispiel hatte ansteckend gewirkt –, dabei ist man auf einen deutschen Männer-Kegelverein getroffen und da ist es passiert: Frau Danuta hat einen Heiratsantrag bekommen.

Schon 1982 ist sie für ganz zu dem etwas jüngeren Herrn Rudolf gezogen, einem Maschinenmeister im Bergischen Land. Und nun ist sie Deutsche. Ewa hat ihren Marek geheiratet und ist lange am Rynek in Breslau wohnen geblieben, aber im Jahre 89 hat Frau Danuta durch eine Anzeige in der Zeitung einen Job für Marek gefunden, und dann ist die Zuzugsgenehmigung beantragt worden, und da es Unterlagen gab, die bewiesen, dass Frau Bialy einen deutschsprachigen oder deutschstämmigen oder wenigstens doch einen deutschnamigen Vater hatte, haben die Behörden den Zuzug von Ewa und Marek bewilligen können, und nun wohnen alle im Bergischen Land, und einen kleinen Jacek gibt es inzwischen auch, der natürlich zweisprachig aufwächst und seltener dem Vater, öfter der Mutter Ungenauigkeiten im Deutschen ankreidet; nur der Großmutter kann er nichts anhaben, sie handhabt das Deutsche zu gut und zu spielerisch; aber sie hat einen leichten polnischen Akzent und den tastet Jacek nicht an.

Polen besucht man im Sommerurlaub, dann führt man zu Mareks Eltern nach Wroclaw oder an die pommersche Küste, gar nicht weit weg von Kolobrzeg (Kolberg), und wohnt dort in einer kleinen Pension, und vielleicht trifft es sich einmal, dass ich auch in einen dieser Ostseebadeorte fahre. Aber im Grunde habe ich keine Geduld für Badeurlaube, und an der Ostsee fehlt mir auch Ebbe und Flut, und ich zweifle ein wenig an der Güte des polnischen Ostseewassers. Zlotys gibt man heute in Millionenbeträgen aus; ich möchte die Währungsreform abwarten und die Wirtschaftsreform, und dann werde ich endlich nach Danzig kommen, in das man mich 1980 nicht hineingelassen hat, und auch Czenstochau werde ich mir ansehen und Lodz, dessen Name Kahn bedeutet, und eines der unseligen polnischen Konzentrationslager, und zuletzt werde ich in den Süden fahren, ins Biescady-Gebirge und an den romantischen Dunajec, wenn die Zeit reicht und die Schmerzen in der rechten Schulter nachgelassen haben. Mag sein, dass man dann auch Mut bekommt, einmal über die Grenze nach Galizien zu schauen, das dann in der Ukraine liegen wird. Es wird gewiss erregend sein, zu beobachten, wie die Völker ihre neugewonnene Freiheit gebrauchen, nachdem man gesehen hat, wie wenig sie sich in der Knechtschaft haben blenden lassen. Damals waren Spreu und Weizen klarer getrennt als heute, die Freiheit hat alle viel unsicherer gemacht, weil sie die Maßstäbe davongeweht hat. Ob es die Anarchie ist, vor der man sich heute in den Westen retten will?

Erfurter Geschichte

Viele Amerikaner glauben, das Herz Deutschlands schlage laut in Rothenburg ob der Tauber, und noch ganz gut hörbar in Heidelberg, konzentriert man sich auf diese Orte, hat man seinem Deutschlandbild genügend lebende Nahrung geliefert, sich gleichsam einen Deutschland-Extrakt einverleibt, und mit diesem Extrakt im Leibe ziehen sie glücklich weiter an andere europäische Orte wie Carcassonne, Toledo und Florenz. Kaffee-Extrakt und Corned Beef haben sie auch vor uns gehabt, dazu Brausepulver, Cool Aid. Und wenn solche Reisende einen Hinweis erhalten, sich auch das andere Deutschland anzusehen, die German Democratic Republic, dann werden sie sicher nach Weimar gehen, denn dieser Ort ist sowohl östlich als auch alt deutsch und in dieser Verquickung noch erträglich, eine Stadt, die nur östlich wäre, erschiene ihnen zu desolat, und Goethe allein – das reicht auch nicht, da gab es schon Frankfurt mit dem Goethehaus. Man kann den Amerikaner, der den Extrakt Europas mitnehmen will, gut verstehen, denn die Welt ist noch groß und bietet ›enough to see for a lifetime‹. Also empfiehlt sich Konzentration. Und man kann auch verstehen, wie dieser Weltreisende aus Mobile, Alabama, der im College gehört hat, Weimar sei das Zentrum der deutschen Klassik, der heiligsten deutschen Dichter Goethe und Schiller, ohne die geringsten Gewissenskämpfe ausschließlich Weimar aufsucht und dort im HOTEL ELEFANT Logis nimmt, wo ja auch, wie er früher oder später erfährt, Charlotte abgestiegen ist, Goethes Jugendliebe. Später auch Größen des Nazireiches wie Göring, und ein Film der defa ist dort gedreht worden. Und wie all diese Touristen habe auch ich meinen ersten Besuch der DDR in Weimar begonnen und habe im HOTEL ELEFANT gewohnt, das im Jahre 1978 mit 65 Mark mir zwar teuer erschien, dafür aber das historische Gefühl bot, dem ich immer aufgeschlossen war. Den Film »Lotte in Weimar« würde der Extrakt-Reisende aus Mobile, Alabama, kaum verstehen, und noch weniger das ihm zugrundeliegende Buch, er würde beides resümierend zusammenfassen zu dem Extrakt: »the old poet doesn't care mucht for his old love stories and the old girl can't believe it« oder etwas in der Art, der Rest sei ballastreiche Eloquenz von seiten des reichen und angesehenen Dichters, dem das Ganze peinlich ist. (lt bothers him quite a bit) Hier trennen sich die Wege des Amerikaners und der meine, denn ich schwelge in der Detailfreude des Films und noch mehr des Buches und würde am liebsten noch beiderseitige Tagebücher zu der Begegnung lesen, wenn es sie gäbe, aber Charlotte Buff, verwitwete Kestner, war kaum die Person, die sich Einblicke in ihr Seelenleben genehmigt hätte, sie war schon immer die mehr praktische Natur. In Weimar immerhin begann alles. Begann das wenige, was mich in den kommenden Jahren mit dem abgetrennten, umzäunten und künstlich entfremdeten anderen Deutschland verbinden sollte – aber hier zählen schon die dünnsten Spinnwebfäden, an denen erstaunlich viel hängen bleibt. Wie immer vor Ostblockreisen wurde ich, als Regierungsangestellter, vor den Sicherheitsexperten des Hauses zitiert, der auch nicht viel anderes tun konnte, als mich darauf aufmerksam zu machen, dass die DDR an Bundesbediensteten sicherlich ein gewisses Interesse habe, auch wenn sie keine Geheimnisträger seien. Zumindest solle ich davon ausgehen, dass über mich in Ostberlin eine Akte geführt werde, in der nicht nur meine Tätigkeit, sondern auch meine diversen Kontakte und möglicherweise auch Charaktereigenschaften, um nicht zu sagen, Charaktermängel verzeichnet sein dürften.

»Tritt man also in irgendeiner Weise, auch in der diskretesten, an Sie heran, seien Sie auf der Hut, lassen Sie sich in nichts ein und machen Sie uns sobald als möglich Mitteilung.«

»Selbstverständlich, Herr Wiegeband.«

Warum sagen alle Verwaltungsmenschen so gerne »sobald als möglich«? Muss es nicht »sobald wie möglich« heißen? Das falsche Wort hat eine dramatischere Note, und die ist erwünscht. Agentenanwerbung, das war es doch, wovon man nicht sprach, was aber latent gemeint war?

Was sollten sie mit mir anfangen? Wenn die Akte in Ostberlin über mich etwas taugt, dann enthält sie auch den Vermerk »fliegt nicht«, Schlussfolgerung: leidet vermutlich an Akrophobie. Am Rande, von der Hand eines Sicherheitsoffiziers, die handgeschriebene Notiz: ungeeignet.

Ungeeignet, Herr Wiegeband. Das hätte ich Ihnen von vornherein sagen können. Unter Zeitdruck, Erwartungsdruck – fahrige Reaktionen, nachlassende Leistungsbereitschaft. In jeder Kontrollschleuse, bei jedem Grenzübergang – zunehmende Selbsterforschung, gelegentlich sogar mit Schuldgefühlen verbunden.

Unbrauchbar.

In Hagen steigt ein Mann von Mitte sechzig ein und setzt sich auf den Fensterplatz mir gegenüber. Ein Mann mit westlichen Einkaufstüten, offenbar ein DDR-Rentner, den die Verwandten hier nachhaltig verproviantiert haben. Schon bei der Fahrt durch die Soester Börde erhalte ich von ihm erste Informationen über sich. Er ist aus Weimar. Ich gestehe, dass ich dort auch aussteige. Statt Überraschung zeigt er ein weises Lächeln. Sieht man es mir an, dass ich nach Weimar will? Sehe ich bildungshungrig aus? Oder wie ein Goetheaner? Anthroposoph?

Ob es meine erste Reise nach Weimar sei. In dem Falle hätte ich etwas sehr Schönes vor mir. Die erste Reise in die DDR überhaupt? Ein guter Einstieg.

»Und warum gerade Weimar? Darf ich raten? Die Hauptstadt des Humanismus. Europäisches Format in der kleinen Residenz. Das Genie als Hofschreiber. Und sicherlich auch wegen des Ettersbergs. Hier fühlt der Mensch sich frei, hat Goethe einmal geschrieben. Geseufzt eigentlich. Und genau dort der Einbruch der größten Nazibarbarei – Buchenwald. Ein wahrer Kontrast. Sie werden ihn sehen. Wenn Sie wollen, werde ich Ihnen Weimar zeigen. Ich kenne es gut, ich lebe seit vierzig Jahren dort. Bin selbst dort zum Humanisten geworden.«

Er lächelte wieder sein seltsames Lächeln, und auch diesmal war schwer auszumachen, was es bedeutete. Vielleicht lächelte er über die Kühnheit, sich selbst einen Humanisten zu nennen in einer Stadt, wo die Erzväter des deutschen Humanismus, des zweiten, wohnten und wirkten. Vielleicht lächelte er aber auch über das, was er mir noch verschwieg, und das er mir erst später erzählte, als wir uns schon Bebra näherten: dass er Kommunist war. Nun konnte ich es mir selbst zusammenbauen.

An der Grenze werden Pässe, Fahrkarten und wohl auch Gesichter kontrolliert. Da sitzen zwei aus verschiedenen Systemen und fahren beide nach Weimar – nachdenkenswert! Sonderbar! Wäre nur der echte Weimaraner etwas jünger, man hätte einen Fall unerwünschter Kontaktnahme. Aber Mittsechziger zählen nicht mehr – politisch … Man gibt ihnen ihre Pässe mit einer Handbewegung zurück, die Gleichgültigkeit ausdrückt:

was ist an dir Graubart schon gelegen? Was schaust du so erwartungsvoll dem Kontrolleur ins Gesicht, als stünde dort was in Hieroglyphenschrift zu lesen! Verzehr deine Apfelsinen und halt dich still. Das Land hinter dem Vorhang ist noch mit den Losungen zum 1. Mai geschmückt, einen Tag liegen die Maifeiern erst zurück. Nichtssagende Slogans, die aber jedes Jahr durch andere, ebenso nichtssagende, ausgetauscht werden.

»Gruß und Dank den Werktätigen unserer Republik, den Erbauern des Sozialismus.« In roten Lettern!

Die Städte, wie ich sie von der Durchfahrt nach Polen schon kenne, verwitternd, grau und braun. »Nach frischer Farb mein Herz verlangt«, pfeife ich vor mich hin. Der Vers mag aus einem Wanderlied stammen. Aber in den graubraunen verwitternden Städten wirken die Menschen, die man vom Zug aus sieht, wie sie sich an einer Schranke drängen und auf die Öffnung warten, auffallend leidenschaftlich, ungewöhnlich wach. Das sind keine Erstarrten und Eingeschläferten, diese Gesichter sind hochfrequente Sender von Trauer und Sehnsucht, man fühlt sich als Empfänger beschämt und leicht erregt. Die Schranke hebt sich, aber die Gesichter verändern ihren Ausdruck nicht, werden nicht froh! Fast möchte man winken, ihnen etwas zuwerfen, sie vertrösten. Aber man hat ja keine Gewissheit, dass etwas sich verändern wird.

Zwischen dem Weimaraner und mir gibt es eine längere Schweigepause, die mit Essen und Trinken ausgefüllt ist. Eisenach zieht am Fenster vorbei, die Wartburg sieht recht unscheinbar aus. Dann kommt der Hörselberg, auf den mich der Mann aufmerksam macht.

»Ja ja,« nickt er bekräftigend, »hier ist Wagners Venusberg zu suchen.«

»Dann hatte es also Tannhäuser gar nicht weit von der Wartburg bis zum Venusberg!«

»Nein, er konnte das alles zu Fuß machen. Der Venusberg ist im Leben immer relativ nah. Rom ist weiter weg, wo man dann die Pilgerfahrt hinmachen muss.«

Ich war erstaunt, dergleichen Angaben aus seinem Munde zu hören. Obgleich das, was er mir zu Weimar gesagt hatte, mich ja schon in Erstaunen versetzt hatte. Nun ist Goethe wenigstens ein Humanist, aber Wagner?

Es ist höchst unwahrscheinlich, dass solche Bemerkungen aus dem Munde eines Agentenwerbers kommen sollten. Oder hat man ein solches Reservoir freier Mitarbeiter, dass man für jeden Anzuwerbenden den passenden Fänger aussuchen kann? Dem Bildungsbeflissenen einen Goethe-Kenner, dem Messebesucher einen Handelskundigen, und dem Firmenvertreter einen fertigen Diplom-Ingenieur?

Mein Gegenüber schien sich keinen Augenblick darüber zu wundern, dass wir beide nach Weimar fuhren. Manchmal wollte mir sein aufdämmerndes Lächeln wissend erscheinen, dann wieder belehrte mich eine innere Stimme, es könne auch senil sein. Präsenil. Manche Menschen lächeln nie, andere bei der geringsten Veränderung im Organismus. Es bedarf einer Wissenschaft, um sich hier auszukennen. Ich habe es nicht nötig, das Lächeln des Mannes zu deuten, der mir fünf Stunden lang gegenübersitzt und mir in der ganzen Zeit keinen einzigen forschenden Blick widmet. Er schaut sein Gegenüber nur an, wenn er spricht. So ein Mensch muss unverdächtig genannt werden.

Wir fahren jetzt durch die Vororte von Erfurt, Schrebergärten, und der Weimaraner macht ein paar Anmerkungen zur Geschichte dieser Stadt: Indigoherstellung, Gemüseanbau, eine der ersten deutschen Universitäten, Luthers Mönchszeit. Ich gebe beflissen zu verstehen, dass ich mir diese Stadt bei Gelegenheit ansehen werde. Und füge schnell hinzu, um zu verhindern, dass er mir anbietet, mich auch hierhin zu begleiten: nächstes Jahr. Aber das ist gelogen: ich habe fest vor, von Weimar aus einen Tagesausflug hierher zu machen. Ohne ihn.

Kurz vor Weimar nennt er mir seinen Namen. Andreas Golck heißt er. Wohnhaft Fasanenweg 5. Ich brauche mir aber nichts gleich einzuprägen, denn morgen vormittag werde er im Hotel sein und mich abholen. Mir den Park an der Ilm zu zeigen, das lasse er sich nicht nehmen.

Herr Golck wird in Weimar von seiner Frau abgeholt, einer stattlichen Endvierzigerin. Ihr verrät er nichts von unserer Bekanntschaft, was mich wieder nachdenklicher stimmt. Nun gut, man wird sehen. Er wird seine Karten aufdecken, früher oder später.

Das HOTEL ELEFANT war das erste Statushotel, in dem ich wohnte. Im Westen habe ich immer bescheidene Gasthöfe aufgesucht, lässt man einmal den ANKER in Bayreuth außer Acht. Mitunter sogar bäuerlich simpel, denen ein ganz eigener Charme innewohnte.

Auch Dörte hatte ihren Spaß an schlichteren Unterkünften, und der Gang über den Kokosläufer zum Etagenklo war immer ein kleines Abenteuer, bei dem man sich apachenhaft anschlich, um keinem anderen Schlafgast im Morgenmantel zu begegnen. Im ELEFANT hatte man, wie Charlotte Kestner und spätere Prominente nach ihr, sein abgeschlossenes Reich. Mit dem Blick auf den Weimarer Zwiebelmarkt, auf dem einige Gemüsestände aufgebaut waren, das Angebot war aber schon gegen zehn Uhr, als ich hinausschaute, so lächerlich gering und auch so kleinwüchsig (Zwergwirsing), dass man in ein kurzes heiseres Lachen ausbrach.

Der Fürst schaut hernieder auf das sich abmühende, arme Volk. Goethe bei den Teppichwirkern von Apolda, über deren Armut er fast nicht weiterkam mit der Iphigenie. Aber was weiß ich schon von Goethe? Ich habe zwar eine Seminararbeit geschrieben über Wilhelm Meister, habe meinen *Faust* gelesen und auch noch die Wahlverwandtschaften, aber bei der Iphigenie wurden die Pausen immer größer – immer wieder wurde das Reclamheftchen aufgeschlagen weggelegt und blieb tagelang liegen, wo es lag, von anderen Büchern überdeckt und überwuchert, bekam gelbe Seiten während meiner Reise durch fesselnde Bücher. In Weimar hat mich die Reisekalesche und das Arbeitszimmer des Olympischen mehr interessiert als eine seiner Schriften. Auch die Spuren der kleinen Christiane Vulpius, die er nach langem erniedrigendem Geskrupel in seinem Hause aufnahm, mehr als Dienstbotin denn als Frau, überhaupt immer in ehrsüchtigem Abstand von Frauen, die ihm wohl die geistige Sphäre zu beschädigen schienen.

Herr Golck, der Kommunist und Humanist, der mich um zehn Uhr in der Hotelhalle abholte, hatte keinerlei Vorbehalte gegenüber dem Geheimen Rat. Er zeigte mir Goethes Gartenhaus im Park an der Ilm und machte auf die Schafherde aufmerksam, die das Tälchen grasend durchzog – solche mag es schon zu Seinen Zeiten gegeben haben und Er hat gewiss Gespräche mit dem Schäfer geführt, denn er lehnte es nie ab, mit Werktätigen Worte zu wechseln und ihre Lebensumstände zu erkunden. Auch die Bescheidenheit der Einrichtung im Gartenhaus zeige, dass er zur Bourgeoisie eigentlich ein gebrochenes Verhältnis hatte.

»War er also ein heimlicher Kleinbürger?«

»Nein, er war ein Großbürger, dem der Ausstieg aus seiner Klasse nur geistig gelang.«

»Hat er nicht auch großbürgerlich gedichtet?«

»Nein, antibürgerlich. Manchmal sogar proletarisch. Denken Sie an Ganymed und andere Jugendgedichte. Er war ein echter Rebell. Ein Stürmer und Dränger. Und vor allen Dingen ein Weltbürger. Ein echter Vorläufer des Internationalismus. Und ein Pazifist. »

»Der Kommunismus muss etwas mit ihm anfangen können, nicht wahr?«

»Wie meinen Sie das?«

»Nun ich meine, man hat dieses Weimar geerbt, und nun entsteht die Frage, was macht man damit. Stellt man es einfach kommentarlos zur Schau, wie einen alten Hinckelstein, oder sagt man, das liegt auf unserer Linie, das ist geistiges Erbe, ist im Grunde schon unser Vorläufer, hat uns vielleicht sogar beeinflusst.«

Herr Golck lächelte wieder hintersinnig.

»Wir werden uns in Buchenwald wieder sprechen. Wann könnten wir dorthin fahren?«

»Übermorgen. Morgen fahre ich nach Erfurt.«

»Ach, wollen Sie es sich doch jetzt schon ansehen!«

»Ich habe es mir überlegt. Es ist so nahe, es wäre dumm, es nicht zu sehen.«

»Recht so. Sehen Sie sich unser reiches Thüringerland an. Es gibt ja so viele Dinge zu sehen auf unserer … jetzt hätt ich bald gesagt – großen Erde.«

Wir trennten uns vor einem gelb gestrichenen Tempelchen irgendwo im Park, und ich war wieder unbeaufsichtigt. Ich sah mir Stadtteile an, in denen von Goethe und Schiller keine Spur mehr zu entdecken war, Arbeitersiedlungen, das ehemalige Bauhaus, Neubaugebiet. Abends aß ich in einem Restaurant, das GASTMAHL DES MEERES hieß und auf Fischgerichte spezialisiert war, das aber schon um acht Uhr schloss und nach halb acht keine Bestellungen mehr entgegennahm. Von acht Uhr an irrte ich ein wenig planlos durch die Straßen, eine Bierkneipe wollte sich nicht finden. Ich ging ins Hotel, trank dort ein Bier und kramte die Goethe-Biographie aus. Wovon lebte übrigens Schiller in Weimar? War er Pendler? Er dozierte doch in Jena? Die Fragen drangen plötzlich aus allen Ritzen der Tapeten. Und dann, wie ein Kobold, stand die Frage im Raum: Wie haben sie das eigentlich ausgehalten, dieses Hofleben?

Auch in der Vorzeigestadt Erfurt sind nur bestimmte Straßenzüge restauriert, der Anger beispielsweise und einige Partien am Domplatz, die Krämerbrücke nur unzureichend, dazwischen dehnen sich die bekannten verfallenden Gassen mit Läden, die einem anderen Zeitalter zu entstammen scheinen, Schaufenstern, in denen sich ein, zwei unverkäufliche Gegenstände verirrt haben, ein geflochtener Kinderwagen oder eine Zinkwanne aus alten Beständen. Ich hatte meine Kamera mitgenommen und versuchte, einige dieser Kuriositäten ins Bild zu bekommen, aber was das Auge erschreckt, wirkt im Bildausschnitt poetisch und viel liebenswürdiger, als in seiner Umgebung. Ich photographierte auch zwei Restaurateure bei der Arbeit, sie gaben der Fassade einer Gaststätte frische Farben, eine Stuckrippe wurde mit einem dunklen Grün bemalt, das hier wie eine Rarität wirkte, zwei Puttenköpfe bekamen Goldhaar, Menschen sammelten sich immer wieder vor diesem Portal, als würde hier eine Ware verteilt, von der man bisher nur den Namen gehört hatte. Ebenso erstrahlte das Haus an der Stiege, die zum Dom und zur Severikirche hinaufführt, schon in einem kräftigen Ocker, das weit über den Platz hin leuchtete als Vorbote kommender Dinge. Ich stieg die berühmte Treppe zu den beiden

Kirchen hinauf und verweilte lange auf dem Vorplatz, unter schattenden Kastanien, eine Weile auch an der Umfassungsmauer, die den Kirchenhügel von der weltlichen Umgebung trennt. Ein Mann, der an der Mauer lehnte und meinem Blick folgte, sagte plötzlich, als ich einen langgestreckten Bau musterte:

»Da sehen Sie genau auf die Staatssicherheit.«

»So nah an der Kirche?«

»Mit dem Fernrohr können Sie in die Kantine gucken.«

Ein vorsichtiges, zaghaftes Gespräch ergab sich, voller ausgewogener Aussagen über die Stadt. Nichts Provokantes. Es geht schon voran in Erfurt. Bisschen langsam noch, aber das muss nicht so bleiben. Man kann sich da und dort schon sehr gut aufhalten. Keine Frage, woher ich sei und wie ich alles finde. Das Gespräch hörte auf, wie es begonnen hatte, mit einer Erklärung.

»Da drüben ist die IGA. Da können Sie hingehen, da sehen Sie was.«

Da ich für Gärten nicht viel übrig habe, habe ich mir die IGA nur sehr flüchtig angesehen. Mich interessierten mehr die verschwiegeneren Stadtteile. Ich entdeckte einen öffentlichen Spielplatz, auf dem etwa sechzehn Kinder Gruppenspiele ausführten, ohne dass irgendwo eine Aufsichtsperson zu sehen war. Ein Kind stand in der Mitte, die anderen bildeten einen Kreis und gingen um das Kind herum, irgendwelche eingelernten Verse murmelnd. In einem anderen Spiel standen sie in einer langen Reihe einem einzelnen gegenüber und empfingen Zurufe, vielleicht Befehle. Ich photographierte, ohne die Spiele eigentlich zu durchschauen. Zuletzt machte ich eine Gruppenaufnahme, wobei ich die Kinder wie ein Fußballteam anordnete, die erste Reihe hockend, die zweite kniend, die dritte stehend.

Ehe ich mich verabschiedete, fragte ich die Kinder, wem ich denn die Fotos schicken dürfte.

»Mir!« rief ein blondes Mädchen in hellblauem Pulli und grünem Anorak.

»Dann muss ich deinen Namen wissen.«

»Fatima.«

»Und wie weiter?«

»Fatima Bonk.«

»Und wo wohnst du, Fatima?«

»Am Anger 46. Aber Sie müssen drauf schreiben: bei Heinze.«

»Warum?«

»Weil meine Mutti Heinze heißt.«

»Du heißt also Bonk, und deine Mutti heißt Heinze?«

»Ja.«

Einige der Kinder lachten, andere hatten sich schon entfernt.

»Gut. Ich habe alles aufgeschrieben. In drei Wochen ungefähr bekommst du die Bilder.«

Fatima lief den anderen Kindern nach.

Ich sah sie später noch einmal, als ich über den Anger zum Hauptbahnhof zurückschlenderte, da turnte sie etwas gelangweilt an einem Geländer herum. Ich sprach sie nicht mehr an. Ich fuhr nach Weimar zurück.

Am Donnerstag besuchte Herr Golck mit mir Buchenwald. Er war während des ganzen Rundgangs durch das Konzentrationslager fast schweigsam, achtete nur darauf, dass mir nichts entging und dass ich möglichst keine Schautafel unbeachtet ließ. Es schien ihm eine gewisse Genugtuung zu bieten, nach der Gedenkstätte des Humanisten mir auch das Übungsfeld der Unmenschen bis ins Detail zeigen zu können, lichte Höhen und Abgründe des deutschen Wesens nahe beieinander. Er tadelte die Touristen, die nur einer der beiden Seiten Beachtung schenkten.

»Der Prügelbock von Buchenwald gehört neben Goethes Schreibtisch, das deutsche Wesen, über das ich mir mein Leben lang den Kopf zerbrochen habe, treibt sehr sehr unterschiedliche Früchte, Herr Kindler.«

Er fuhr, erneut ergriffen, nach Weimar zurück, ich blieb noch auf dem Ettersberg, wanderte zu den Pylonen, versuchte in einer HO-Gaststätte vergebens etwas zu essen zu bekommen, begab mich dann mit knurrendem Magen auf den Rückweg nach Weimar (zu Fuß). Am Abend sah ich eine recht gute Aufführung des PERICLES von Shakespeare im Nationaltheater.

Der Freitag gehörte Naumburg, vor allem dem Dom mit seinem berühmten Lettner und den Stifterfiguren. Die strenge Uta und die verschmitzt lächelnde Reglindis hatten mich in Bildbänden, gut belichtet, stets entzückt, aber an ihrem Ursprungsort, im gotischen Halbdunkel, entfalteten sie nur geringe Wirkung, wer nicht um ihre Bedeutung wusste, wäre achtlos vorbeigegangen. Eigentlich sollten Figuren von solcher Ausdrucksstärke am Außenportal stehen, dachte ich, aber es war klar, dass ihnen dort Verwitterung und öffentliches Interesse viel schlimmer zusetzen würden als in ihren dunklen Nischen. Alles Gute bedarf erst der Hervorhebung, der Kenntlichmachung.

Es war schwer, in Naumburg ein Lokal zu finden ,wo man Platz bekam. Vielleicht hatte es die lustige Reglindis in ihrem Dom, auf ihrem Pranger besser.

An den Hängen der Saale wanderte ich nach Schulpforta, um das berühmte Internat zu sehen, in dessen Mauern Nietzsche erzogen worden war und dessen Bewunderer, mein Freund Gernot Gerstenberg.

Er hat mir oft von seinem Dasein als »Pförtner« erzählt und wie sich sein Geist in diesem Treibhaus der Ideen viel stürmischer entwickelt hatte, als es in einer Diktatur gut war, und wie er viel zu spät begriff, dass es besser für ihn gewesen wäre, ein mittelmäßiger Schüler zu sein und nicht das Abzeichen für gutes Wissen in Gold zu erwerben. Wie man versuchte, diese schnell schießende Pflanze an einem Spalier wachsen zu lassen, nämlich an den Schriften von Marx und Lenin und nicht an Nietzsche und Schopenhauer. Und wie man die Bücher der letzteren in Schulpforta der Reihe nach alle konfiszierte, zuletzt auch antifaschistische wie Erich Kästner und Tucholsky, und wie gleichzeitig Jahr für Jahr die besten Lehrer nach Westen gingen und es fast aussichtslos wurde, gute Anleitung zu finden. Wie die Funktionäre dann anfingen, Druck auf ihn auszuüben: Schlag die Offizierslaufbahn ein, Genosse. Die Luft wurde kalt, wie unter der Luftpumpe. Das Abitur kam näher. Gerstenberg las Fluchtliteratur. Trenck, von Bruno Frank. Casanova, Meine Flucht aus den Bleikammern. Und dann, in einer durchwachten Nacht, die Lektüre von Platons Kriton. In diesem Dialog bespricht Sokrates mit einem Freund, ob er fliehen soll. Gerstenberg hatte so einen Freund nicht, so dass er den nötigen Wortwechsel in sich selber vollziehen musste.

Drei Nächte lang. Ja, er wollte fliehen, die DDR war nicht Athen. Ihm genügte es nicht, die Flucht platonisch abzuhandeln. Er wollte sie ausprobieren. Er fuhr nach Berlin, das heißt, nicht direkt. Es war schwer, nach Ostberlin reinzukommen. Die Kontrollen waren 1957 schon sehr scharf. Er fuhr einen Umweg. In Halle verpasste er einen Zug, fuhr dann über Neustadt an der Dosse. Er stieg angeheitert in den Zug, im blauen FDJ-Hemd, das Abzeichen für gutes Wissen angesteckt. Neben ihm saßen drei Leute mit Parteiabzeichen. Im nüchternen Zustand hätte er die Nerven verloren, gestand er mir, aber blau kam er durch. Blau fühlte er sich eine Nummer größer, blau konnte er den Agenten spielen oder was man verlangte. Er gab vor den SED-Mitgliedern an, dass er zum Jugendfestival fahren würde, schon mehrere zentrale Pionierlager mitgemacht hätte. Dass er Offizier werden wolle. Flieger, wenn möglich. Er habe über sich selber gestaunt. Er kam nach Ostberlin hinein. Und dann sei es nicht mehr schwer gewesen, durchs Brandenburger Tor zu watscheln. Er sei zweimal in beiden Richtungen unter dem Tor durchgegangen, um das Gefühl auszukosten. Wie es ist, in den Osten zu gehen (Nierenstiche, Schrumpfungsgefühle) und wie es ist, in den Westen zu gehen (Schwebesensationen). So muss Augustus unter dem Triumphbogen durchgezogen sein.

Aber dann war alles ganz anders gekommen, denn niemand habe dort von ihm Notiz genommen. Einer von tausenden war er, ein Herdentier in einer großen Migration. Der Überlebenskampf habe nun erst begonnen. Plötzlich habe er Darwin lesen müssen, um zu erfahren, wer ist fit. Und am Mangel an Herdenwärme ist er dann ganz langsam ins Trudeln gekommen, die Leistungen sind ausgeblieben, er hat sein Studium nicht abgeschlossen, sondern immer weiter studiert und von Wohlfahrt gelebt, und der Alkohol ist der einzige gewesen, der genauso gut zu ihm gewesen ist wie auch vorher in der DDR, und so hat er ihn zu seinem einzigen wahren Freund erklärt und ist am kränkelnden Wachstumsspalier langsam immer tiefer heruntergesunken, bis er sich schließlich in einer Entzugsklinik wiederfand. Dort freilich ist sein Elan vital wieder geweckt worden, und Gerstenberg ist ein leidenschaftlicher und unermüdlicher Suchtberater geworden und später hat er sich in die Eifel zurückgezogen, hat geheiratet und eine kleine Gärtnerei für biologisches Gemüse begonnen. Ich habe ihn seit seiner Einlieferung in die Klinik nicht mehr gesehen, aber ein Kollege von mir sieht ihn gelegentlich. Gernot soll kein Interesse mehr an Nietzsche und Schopenhauer haben und überhaupt kaum mehr an Büchern, auch habe er gänzlich aufgehört zu dichten. Sein Interesse gelte jetzt ganz den praktischen Dingen des Lebens, den gesunden vor allem. Man habe die Pflicht zur Gesundheit, soll er einmal bemerkt haben. Hier, zwischen Naumburg und Bad Kösen, wollte ich kurz auf seinen Spuren wandeln.

Ins Innere der Schulpforte bin ich nicht hineingelangt, konnte aber anhand seines zisterziensischen Grundrisses und der Wohn- und Andachtsbauten noch einen guten Eindruck davon bekommen, wie verinnerlicht die Atmosphäre dieser Pflanzschule leidenschaftlicher Hymniker gewesen sein muss, deren Schüler den »Messias«, die Dionysos-Dithyramben und die Kreuzberger Limericks gedichtet haben.

Gerstenberg hatte so gedichtet:

Kein Satz ist festgestellter
wir werden langsam älter
erst sinkt der Puls
dann sinkt der Mut
doch steigen letzten Endes die Gehälter.

Schafe grasen auf den umliegenden Wiesen.

Zwischen sowjetischen Lastwagen hindurch gelangte ich in das nahe Bad Kösen, den Endpunkt meiner Fußwanderung. Mit seiner gemächlichen Kuratmosphäre, der Saalefähre, den Birkenhainen gibt der Ort einem das Gefühl, hier sei die allgemeine Verödung aufgeschoben. In guter Laune betrat ich ein Lokal, fand die Gäste lebhafter als anderswo, und nahm an einem der weißgedeckten Tische Platz. Man bediente mich herzlich. Doch noch ehe ich die letzte Gabel voll Rotkraut zum Munde geführt hatte, spannte der Ober ein Seil zwischen den nur Essenden und den sowohl Essenden als auch Dableibenden, eine Kapelle packte ihre Instrumente aus, und schon überlappten sich Verzehr und Tanz. Ich bemerkte jetzt, dass an vielen Tischen Frauen ohne Begleiter saßen; ihre Gesichter hatten sich beim Einsetzen der Musik stark aufgehellt, und auch ich wurde als Kurgast taxiert und als Tänzer in Betracht genommen. Ich sah zu der Frau am Nebentisch hinüber und verhedderte mich im Schmelz eines bejahenden Blickes. Nein, es geziemte sich nicht, eine Kurende aufzufordern. Wo ich in Weimar wohnte und am Montag wieder abreiste. Es gehörte sich nicht, Wünsche zu wecken, vielleicht gar nach der großen weiten Welt, die ich für besonders Scharfsichtige stellvertretend repräsentierte, da protzigere Westdeutsche nicht in Sicht waren. Jede Bewegung hier war falsch. Ich kann eure Enge nicht sprengen. Zahlen und schnellstens gehen, ehe die Rosamunde-Polka zündet.

Am letzten Tag, einem Sonntag, ging ich in die Herder-Kirche, um dort eine Konfirmation zu sehen. Acht Jugendliche nahmen daran nur teil (es verlangt Mut, sich gegen die Jugendweihe zu entscheiden), und sie kamen mir alle recht klein und noch kindlich vor, schauten auch nicht sehr verständnisvoll, als der Pfarrer das Schriftwort des Sonntags verlas: Suchet den Herrn, so werdet ihr leben! Dass es sehr viel mehr aussagte, als eine der sozialistischen Mailosungen, schien ihnen noch nicht bewusst zu sein. Aber mich berührte ihre tapfere Art, vor dem Altar zu stehen, als bekennende Minderheit, mit verminderten Berufschancen. Ich erzählte auch Herrn Golck davon, bei dem ich zum Mittagessen eingeladen war. Er glaubte, ich sei praktizierender Christ und äußerte sich nicht zum Thema Konfirmation. In den Christen schien er eine sanft irrende, aber nach und nach aussterbende Minderheit zu sehen, die man mit Nachsicht gewähren ließ. Es kamen den ganzen Nachmittag über keine politischen oder sonstig brisante Themen mehr auf den Tisch, auch dank Frau Golck, deren resolute Gegenwart das zu verbieten schien. Ich erzählte vielmehr von meinem Ausflug nach Naumburg und Bad Kösen, und wie ich beinahe ans Tanzen gekommen wäre, und Frau Golck, berufstätige Krankenschwester, kam sogleich auf ihre Kolleginnen zu sprechen, die sehr gerne tanzten, und wenn ich länger geblieben wäre, hätte man unbedingt etwas arrangieren müssen. Das nächste Mal, milderte ich ab. Wir haben an diesem Nachmittag noch einen Ausflug zum Schloss Belvedere gemacht, das in der Nähe von Herrn Golcks Haus lag, und haben auch den Friedhof mit den Gräbern der Klassiker aufgesucht und somit den humanistischen Rundparcours recht zwingend abgeschlossen. Jetzt, gab er zu bedenken, sollte man noch die klassischen Stätten außerhalb Weimars besuchen, wie Dornburg, Ilmenau und Bad Lauchstädt. Ich hatte, obschon Germanist, nur dunkle Vorstellungen, was an diesen Orten geschehen war, ob vielleicht an einem von ihnen das berühmte »An den Mond« empfunden worden war? Goethes Gegenwart machte die unbedeutendsten Orte legendär. Und doch nur, weil er sie auf sehr persönliche Weise wahrnahm und besang. Ich enthielt mich unwissender Bemerkungen. Erst gegen elf bin ich an diesem Abend, von Herrn Golck im Regen bis zum Hotel begleitet und von seinem Schirm überdacht, daheim gewesen. Nur noch schwer vorstellbar, dass dieser Mann, der ein so spürbares Interesse an meiner Person bekundete, irgendetwas mit der Staatssicherheit zu tun hatte. Jesuiten hätten so vorgehen können, nach ihrem

Motto, allen alles zu sein, dem Humanisten ein Humanist, und dem Jakobiner ein Jakobiner, dem Mafioso sogar ein skrupelloser Amoralist (ob sie auch das getan hätten)? Aber um den Erhalt unseres seelischen Gleichgewichts ging es ja der Staatssicherheit nie. Zu meiner Abreise am Montagmorgen war Herr Golck wieder am Bahnhof. Überwachung? Anteilnahme? Kontaktfreude? Letzte Klarheit wird man nicht bekommen. Das Reiben in den Augenwinkeln freilich sah echt aus – was verlor er mit mir? Was entschwand ihm so bewegend? Mutmaßungen bis Erfurt, dann ein Blick aus dem Fenster auf den Erfurter Hof. Vielleicht will es der Zufall, dass die kleine Fatima gerade dort herumläuft?

Nein, keine so ausgefallenen Begebenheiten.

Ausreisen mit dem Gefühl des Entronnenseins, wenngleich die allzu sauberen und gepflegten Häuschen westlich des Zauns nicht gleich gefallen und die geruchsärmere Luft nicht gleich beflügelt. Ein, zwei Tage im Westen, und die Weimarer Erlebnisse erstarren zu exotischen Begebenheiten. Nach zwei Wochen kommen die Dias. Nun erläutern die Farben auf der Leinwand mir und meinen Nachbarn, was so farbig nicht war. Am buntesten sind die spielenden Kinder im Park von Erfurt, und Fatima, die in der Mitte hockt, sieht so gewitzt in die Kamera, dass man gleich wieder Kontakt mit ihr hat, die anderen Kinder stellen sich mehr oder weniger zur Schau, aber Fatima nimmt Kontakt zum Fotografen auf. Sie ist mir plötzlich viel gegenwärtiger als zuvor. Ich werde ihr schnell schreiben, die Bilder schicken und vielleicht noch ein paar Süßigkeiten, Kaugummi vielleicht, das könnte dort gefragt sein, und Gummibärchen, die haben sie sicher auch nicht.

Und so begann ein Briefwechsel, der sich über sieben Jahre hingezogen hat. Zunächst hat sie sich nur für das Päckchen bedankt und mir ein paar Dinge aus ihrem Leben erzählt, aber dann habe ich sie aufgefordert, mir eine Wunschliste zu schicken für ein Weihnachtspäckchen, und ich bekam eine wirklich stattliche Litanei von Dingen, von deren Existenz ich teilweise nicht einmal eine Ahnung hatte. Im größten Supermarkt am Ort habe ich dann die meisten der begehrten Dinge zusammengesucht, Kugelschreiber, bunte Haarspangen, Anstecknadeln, Aufkleber, Rouge, Augenbrauenpinsel (für die Mutter) und weiß der Himmel was noch. Wie der Sachbearbeiter eines Versandhauses kam ich mir vor, hatte aber bei diesen Einkäufen, bei denen ich mit meinem Einkaufswagen auf stufenlosen Rolltreppen von einer Etage zur anderen fuhr, ein Erfolgs- und Befriedigungsgefühl, das mir in Supermärkten schon seit Jahren nicht mehr begegnet war. Meine eigenen Einkäufe waren Verrichtungen von gleichbleibender Lustlosigkeit geworden. Diesmal aber geriet ich in die Rolle des Weihnachtsmannes, und auf meinem Wagen häuften sich neue und unbekannte Dinge.

Der Brief, der kurz nach Neujahr aus Erfurt kam, hatte dann auch etwas von einem Freudenschrei an sich. Es wurde jetzt der Wunsch geäußert, dass man sich besser kennen_lerne und sich im angebrochenen Jahr wiedersehe, ich schrieb, das würde wohl nicht so schnell gehen, Erfurt ist keine Stadt, in die man schnell mal am Wochenende hinüberfährt, sondern da müssen Visa beantragt und Hotelzimmer bestellt werden und anderes mehr. Aber, schrieb Fatima sorglos, du kannst auch bei uns wohnen. Das geht leider nicht, schrieb ich ihr, das ist nicht erlaubt. Wir haben bald eine neue Wohnung, schrieb Fatima, wir stehen ganz weit oben auf der Liste, weil wir kinderreich sind, und in Erfurt

Süd entstehen ganz große Wohnhäuser, und dann haben wir viel Platz.

Ich werde kommen, antwortete ich, ich werde ganz bestimmt kommen, aber erst nächstes Jahr.

Aber komm auch bestimmt. Meine Mutti lässt dir das auch sagen. Und sie fragt, wieso es kommt, dass du mir immer was schickst, wo wir uns doch kaum kennen. Und kann ich dich Onkel Heinz nennen.

Liebe Fatima, wir kennen uns doch eigentlich schon ganz gut, das kommt daher, dass man mit Kindern besonders leicht Freundschaft schließen kann, sie sind eben nicht so kompliziert wie die Erwachsenen. Ich bin zwar auch kompliziert, jedenfalls sagen das ein paar Leute, die mich kennen und die das Vorrecht haben, mir unangenehme Dinge zu sagen, aber ich kenne hier auch etliche Kinder, und die finden das überhaupt nicht, und besuchen mich oft zweimal die Woche, und dann beschäftige ich mich stundenlang mit ihnen. Wir spielen Arbeitsamt oder Schule, und ich bin dann ein Schüler mit Namen Philipp, und sie lachen sich halb krank, wenn ich nichts weiß oder faul war und sie mich tadeln oder am Ohr ziehen dürfen.

Lieber Onkel Heinz, dann bist du ja ein richtiger Kinderfreund. Warum hast du denn keine eigenen Kinder, das wär doch noch viel einfacher.

Liebe Fatima, das habe ich mich auch schon öfter gefragt, aber ich habe ja auch keine eigene Frau, höchstens ab und zu mal eine Freundin, und das liegt wahrscheinlich wieder daran, dass die Erwachsenen kompliziert sind, wenigstens untereinander, aber damit brauchst du dich jetzt noch nicht zu beschäftigen. Uff, muss denn immer alles so kompliziert sein.

Genau.

Als ich das zweite Weihnachtspaket geschickt hatte, schrieb mir erstmals auch ihre Mutter, Frau Heinze. Sicher, es war auch Wangenrouge für sie mit in dem Paket gewesen und vielleicht auch ein oder zwei Augenbrauenstifte, aber die erwähnte Frau Heinze gar nicht. Sie empfand eine staunende Dankbarkeit für das, was da so unverhofft ihrem Kind geschah.

Sie können sich gar nicht vorstellen, schrieb sie, was Sie Fatima für eine Freude gemacht haben. Sie müssen wissen, dass Fatima aus meiner ersten Ehe stammt. Ich habe noch andere Kinder, die sind aber zum Teil schon groß und verdienen selber. Sie haben alle etwas aus Ihrem Paket abbekommen und wundern sich genauso wie ich, warum Sie das tun.

Ich unternehme keinen Versuch, es ihnen zu erklären. Obwohl ich hätte schreiben können, zum ersten Mal seit Jahren hätte ich wieder Spaß am Einkaufen in einem Warenhaus, und ich führe extra in das größte, das wir im Bonner Raum kennen, um an den endlos langen Regalen meinen Einkaufswagen entlangzuschieben (wie einen Kinderwagen) und mir Fatimas Gesicht vorzustellen, wenn sie in diesem Einkaufswagen säße, die Vielfalt der Waren sähe und mir Kommandos geben könnte, was genommen werden soll und was nicht. Ich hätte schreiben können, dass mir Kinder fehlen, denen ich am Nikolaustag etwas in die Stiefel stecken und zum Geburtstag hübsche Päckchen packen kann mit Litzenschleifen, aber das wäre auch schon eine etwas fadenscheinige Erklärung, denn die Freudenschreie beschenkter Kinder sind längst zur Seltenheit geworden. Die Kinder hier wissen sehr genau, dass es alles gibt und sind schwer zu überraschen, noch schwerer zu entzücken. Aber eure Freude, die ist noch echt und für uns ein Erlebnis. Und wenn ihr Mangel leidet an schönen und köstlichen Dingen, dann leiden wir Mangel an herzlichen und ursprünglichen Empfindungen, oder etwas in der Art. Nichts schreiben, nichts erklären, dachte ich und ließ es sein. Dann geht das bisschen Geheimnis aus der Beziehung heraus und alles wird ziemlich simpel.

Aber dann schlief der Briefwechsel auch wieder ein. Es hieß irgendwann einmal, Fatima sei nun bei den Thälmann-Pionieren und habe eine Bluse und ein Tüchlein zu tragen, und von mir ist mitgeteilt worden, dass ich angefangen habe, in einem Amateurtheater mitzuspielen und dass sich dabei mein Bekanntenkreis, der recht bedrohlich geschrumpft war, wieder erfreulich vergrößerte. Dann lernst du, schrieb Fatima, bestimmt auch eine nette Frau kennen, mit der du dich ein bisschen verstehst. Du hast recht, Fatima, Frauen gibt es hier sehr nette, und bei denen, die Theater spielen, ist das Schöne, dass sie sich von ganz verschiedenen Seiten zeigen und in verschiedene Rollen schlüpfen, und dann sieht man erst, wie langweilig es ist, in einer einzigen Haut zu stecken.

Und immer bloß kompliziert zu sein, nicht wahr?

Genau. Also sei nicht kompliziert und komm bald in die DDR.

Es hat dann noch eine Weile gedauert. Erst im Mai 1982, kurz nach Fatimas zwölftem Geburtstag, kam ich endlich nach Erfurt. Unten in der Eisenbahnunterführung haben sie gestanden, Fatima und ihre Mutter, letztere im Hintergrund, während das Kind, das ich kaum wiedererkannte, auf mich zusprang und mich umhalste, und ich drückte das Mädchen, das ich nur ein paar Minuten zuvor gesehen hatte, an mich, zum Zeichen, dass alles Wirklichkeit war und die Mutter blieb während der ganzen Szene sehr artig im Hintergrund, und ich konnte nur ausmachen, dass sie kastanienrot getöntes Haar hatte und ansonsten ganz wie eine berufstätige DDR-Mutter aussah, alleinstehend, mobil, emanzipiert. Die ersten Schritte, die wir zusammen gingen, etwas wortlos fast, waren tastend, ungeschickt, zum ERFURTER HOF wollten sie mich bringen, der dem Bahnhof gegenüber liegt, aber ich wohnte dort nicht, ich war wieder ausquartiert worden. Ich wohnte im Hotel KOSMOS, einem modernen Hochbau.

»Ach richtig, im Erfurter Hof wohnt ja der Babrak Karmal.«

Fatima wollte wissen, wer das war, der mir das Hotelzimmer wegnahm.«

»Der Regierungschef von Afghanistan und sein ganzer Hofstaat. Das fand sie blöd, was müssen die das ganze Hotel für sich haben?«

»Wegen der vielen Leibwächter«, sagte die Mutter.

»Möchtest du auch einen Leibwächter, Onkel Heinz?«

»Nein, ich bin auch nicht gefährlich.«

Ein Vopo, der unsere Unterhaltung mit gehört hatte, streifte uns mit misstrauischem Blick. »Nicht stehenbleiben«, mahnte er.

»Gut, dann bringen wir dich jetzt ins Hotel KOSMOS. Aber Auto haben wir keins. Ist dein Koffer schwer?«

So weit ist das KOSMOS nicht vom Bahnhof entfernt und wir gingen zu Fuß hin. Während ich meine Sachen aufs Zimmer brachte, probierte Fatima die Ledersessel in der Empfangshalle aus.

»Na, hast du ein schönes Zimmer?« fragte sie, als ich herunterkam.

»'s wird nischt Besonderes sein«, sagte die Mutter. »Sie werden was Besseres gewohnt sein.«

Ich sagte, dass ich das Zimmer akzeptabel fände und einen schönen Blick auf die Stadt hätte.

»Dann nehmen wir jetzt ne Taxe und fahren zu uns raus.«

Es dauerte freilich eine ganze Weile, bis wir eine Taxe hatten. Vor dem Einsteigen sagte Frau Heinze, sie müsse mir vorher noch etwas zeigen. Damit ich nicht überrascht sei. Sie entfaltete ein DIN-A-4-Blatt, auf dem einiges mit Schreibmaschine geschrieben stand. Der Kopf einer Rechtsanwaltskanzlei. Herrn Heinze wurde mit diesem Schreiben mitgeteilt, dass er juristisch nicht befugt sei, Herrn Heinz Kindler aus Bonn, aus seiner Wohnung zu weisen, da es sich um einen Besuch von Fatima Bonk handle, die nicht seine leibliche Tochter sei.

Ich hielt das Schreiben in der Hand, las es ein zweites Mal, und sah immer noch verständnislos aus.

»Können Sie mir sagen, was das alles … ?«

Frau Heinze umkreiste mit schonenden Worten den Sachverhalt, dass ihr Mann ein Trinker war und zu gelegentlichen, von der Familie sehr gefürchteten Wutausbrüchen neigte, bei denen er anscheinend auch schon Familienangehörige (und sogar Fremde) aus der Wohnung entfernt, verwiesen, hinausgebrüllt hatte.

»Sie sehen jetzt etwas verwirrt aus«, sagte Frau Heinze, »aber Sie brauchen sich überhaupt keine Gedanken zu machen. Mein Mann hat das Schreiben gelesen und weiß, dass er es mit dem Rechtsanwalt zu tun kriegt, wenn er wieder aus der Rolle fällt, und vor dem hat er Angst. Und Sie werden ihn auch gar nicht sehen, weil er sich jetzt schämt. Außerdem wird er die meiste Zeit gar nicht zu Hause sein. Er ist nämlich Wäschefahrer.«

»Was ist das, bitte?«

»Er bringt die Wasche von der Wäscherei zu den Kunden.«

»Da darf er doch nicht trinken?«

»Im Dienst trinkt er nicht, aber dafür nach Feierabend um so mehr.«

Wir stiegen ins Taxi und fuhren zum Herrenberg. Der Wohnblock, in dem Fatima und ihre Mutter wohnten (und der kleine Bogdan), wirkte etwas nackt, rings um ihn herum türmten sich noch Schuttberge, man sah eine halbfertige Telefonzelle, aus der ein paar Kabel erwartungsvoll herausragten.

»Wenn die fertig ist, kann ich dich von hier aus anrufen«, sagte Fatima.

»Du, da werden so viele Leute Schlange stehen, dass du die Geduld verlierst«, sagte Frau Heinze.

Der Wohnblock sah immerhin fertig aus und auch neu, und ein bisschen stolz war Fatima doch, jetzt hier zu wohnen, und auch im Treppenhaus und in der Wohnung sah alles proper aus, wenngleich die Wohnung vielleicht nach westlichen Maßstäben etwas ungünstig geschnitten war.

Frau Heinze kochte zur Begrüßung Bohnenkaffee, ich steuerte gleich ein Paket neuen bei, verteilte meine Geschenke. Für Fatima war ein T-Shirt dabei, und während sie es gleich überstreifte und in der Wohnung herumhüpfte und dabei »meins, meins, meins!« sang, spielte der kleine Bogdan mit seinem Auto, und ich rätselte, ob das von mir stammte, oder ob ich vielleicht noch Konkurrenten hatte und meine Rolle des Onkels aus dem Westen gar nicht unangefochten war, was mich sicherlich verstimmt hätte.

Nein, das aufziehbare Auto stammte aus dem Osten. Meine Pakete waren ohne Konkurrenz, und alles, was darin war, war willkommen, bis auf den Ingwer. Den gab es zwar im Osten auch nicht, aber den mochte niemand.

»Bananen kann ich leider nicht schicken.«

»Macht doch nichts. Gibt ja auch manchmal Bananen, die kommen aus Kuba und sind grün. Gelle, Mutti?«

Frau Heinze erklärte, dass sie in einem Obst- und Gemüsegeschäft arbeitete, als Fachverkäuferin, und dass ihr nichts entgehe, wenn einmal etwas hereinkomme. Sie beschrieb ohne Scheu, wie die Verkäuferinnen seltene und besonders begehrte Ware wie Bananen oder Spargel oder Apfelsinen zurückhielten und an bestimmte Kunden abgaben, die entweder durch Treue oder durch die Fähigkeit, ihrerseits begehrte Artikel aufzutreiben, im Geschäft privilegiert waren. Aber wenn Spargel kommt, erläuterte sie, kommt er meist als ganze Wagenladung, und dann muss man ihn loswerden. Dann essen die Leut ein paar Tage lang bloß noch Spargel, und das nächste Mal essen sie ein paar Tage lang Bananen oder Erdbeeren. So ist es halt bei uns. Das wird bei Ihnen ja ganz anders sein. Ich bestätigte, dass auf unseren Märkten das ganze Jahr über fast das gleiche Angebot ist, und dass man sogar im Herbst da und dort Kirschen und Erdbeeren finden kann, wenngleich zu hohen Preisen, aber sie schmecken außerhalb der Saison wässerig. Warum muss ich denn im Winter frische Erdbeeren haben! Im Winter gibts Äpfel und Nüsse.

»Eure Sorgen haben wir nicht«, sagte Frau Heinze. Bei uns kommen die Leute und gucken, was habt ihr heute, und das wird gekauft. Der Handel kommt nicht mit bei uns, das ist es. Fatima stellte sich zwischen ihre Mutter und mich und forderte, dass jetzt keine Diskussionen geführt würden, sondern dass sie mit mir spielen wolle. Wir wählten aus dem Spielzeug einen Fußball und gingen damit ins Freie. Auf den Halden vor den Neubauten konnte man recht gut Fußball, aber auch Fangball spielen. Auch der kleine Bogdan machte eine Weile mit, bis ihn Fatima beiseiteschob. Sie wollte mich erst einmal für sich haben. Später zeigte sie mir ihr Zimmer und nannte die Namen ihrer Idole, die teils als Poster, teils aus Programmzeitschriften ausgeschnitten, an den Wänden hingen; es handelte sich hauptsächlich um westliche Rockstars, deren Musik sich auch im Osten nicht mehr gänzlich unterdrücken ließ, deren Fotos aber nach wie vor schwer aufzutreiben waren. Sie stammten aus der Jugendzeitschrift BRAVO. Fatima erklärte, sie hätte mich gerne auch darum gebeten, ihr einige Poster zu besorgen, hätte sich aber noch nicht getraut, mir diese Aufgaben zu stellen.

»Weil du dich vielleicht genierst.«

»Für dich hätte ich es trotzdem getan.«

»Dann kannst du mir das nächste Mal Howard Carpendale und Mick Jagger besorgen.«

»Ich werde mir Mühe geben.«

»Was für Musik höst du denn gerne?«

»Also, Rockmusik nicht, mit einigen Ausnahmen. Die erinnert mich an Stanzmaschinen in einer Fabrik. Und die habe ich ein Jahr lang hören müssen, da saß ich in einem gläsernen Verschlag mitten in einer großen Fabrikhalle und führte eine Kartei. Das war ein Lärm!«

»Aber dort ist doch keine Musik.«

»Nein, aber der gleiche Rhythmus.«

»Du bist ein Witzbold. Das ist doch was ganz anderes. »

»Wahrscheinlich hast du recht.«

»Und welche Musik hörst du gern?«

»Jazz, Swing, bisschen Klassik. Country-Music manchmal.«

»Was ist das?«

»Das ist amerikanische Volksmusik. Mit Banjo, Gitarre und Bass. Die Musik, wie sie die Cowboys machen und Tramps.«

»Kenn ich gar nicht. Sing mir mal was vor.«

Ich erinnerte mich, dass ich meine Kazoo im Koffer hatte und versprach Fatima, ihr am nächsten Abend ein bisschen Country Music zu machen.

Sie war ganz begeistert. Rief ihre Mutter und teilte ihr mit, morgen gibt Onkel Heinz ein Konzert mit Cowboy-Musik.

Nach dem Abendessen, Bratkartoffeln und Setzeier (ein Wort, das es bei uns leider nicht mehr gibt, das ich aber aus meiner Jugend kenne), brachten sie mich zur Straßenbahn. Wir hatten vereinbart, am kommenden Samstagmorgen in den Zoo zu gehen, wobei Mutter und Bogdan ausgeschlossen waren. Fatima hatte darauf bestanden, mich am Vormittag für sich allein zu haben. Sie wurde um neun von ihrer Mutter in die Hotelhalle gebracht, mit Ermahnungen zu gutem Betragen versehen, und da standen wir nun und versuchten, eine Beziehung zu stärken, die bisher in kaum etwas anderem bestanden hatte als in Geschenken, Wunschlisten und Dankesbriefen. Aber es gab kein verlegenes Abtasten, wie es zwischen Erwachsenen oft stattfindet, es gab sofort direkte Zugänge. Fragen zum Beispiel. Warum bist du nicht verheiratet, hast du eine Freundin oder etwa mehrere, was machst du die ganze Zeit. Verschläfst du den Tag oder bist du fleißig, klebst du dir auch selber die Tapeten an die Wand? Ein Zoo eignet sich ausgezeichnet für solche Gespräche, man ist durch die Vielfalt und den raschen Wechsel der Arten meist so abgelenkt, dass man das Interesse an menschlichen Gewohnheiten verliert und manche auch vorübergehend abstreift. Ein kleines Gebirge voller Affen oder ein Becken mit Seehunden wirken wie eine Entspannungsübung. Die Eleganz der Bewegungsabläufe und die Dreistheit der Kontakte verblüffen und erleichtern. Sieht man gar ein Lama spucken oder ein Kamel scheißen, geht man lachend und aufgelockert zum nächsten Gehege. Fatima und ich waren nach diesem Zoobesuch besser miteinander bekannt, als wir es nach einem langwierigen Frage- und Antwortspiel gewesen wären. Unsere Kommentare über die einzelnen Tiere verrieten genug; dass sie beispielsweise meinte, ich hätte am meisten Ähnlichkeit mit einem Dromedar und ich ihr einen Marabu als Haustier empfahl, nahmen wir als Gewinn mit. Wir erfanden auch neue Kreuzungen; neben dem längst bekannten Krokofanten schufen wir das Dromengo und den Maradar, die Beutelkatze und den Meerwolf. Wen wundert da, dass Fatima im Übermut sogar im Kreis um einzelne Zoobesucher, auch ältere, herumtanzte, bis sie ärgerlich wurden.

Kurz nach Verlassen des Zoos verdüsterte sich ihre Laune plötzlich. Dass ich nach den Gründen forschte, ließ sie zu und gab auch bald einen preis: Der Nachmittag würde vielleicht nicht so schön werden, und dann kämen die anderen, und dann hätte sie wieder nichts von mir.

»Wenn ich bei mir daheim Kindertag abhalte, dann sind auch manchmal fünf, sechs Kinder da, und doch widme ich mich allen.«

»Hast du mal daran gedacht, Kindergärtner zu werden?«

»Ich habe daran gedacht und habe auch gedacht, es ist gut, dass ich keiner bin, denn ich tu so was lieber freiwillig und wenn mir gerade danach ist. Müssen ist nicht so schön wie mögen.«

»Magst du mir einen Freundschaftsring kaufen? Hier gibt's nämlich welche.«

»Ich mag, wenn ich nicht muss.«

»Du musst nicht, aber du kannst.«

»Darf ich dir dieses kleine Geschenk machen.«

»Nur wenn du möchtest.«

Ich beobachtete am Nachmittag, ob ich meine Aufmerksamkeit gut verteilte und Fatima, deren Besuch ich war, nicht zu kurz kam, aber mir schien, dass sie meist im Mittelpunkt stand, außer wenn das Gespräch ein wenig zu den heiklen Themen driftete.

»Wie gefällt euch denn unser Erich«, fragte Frau Heinze einmal augenzwinkernd, kaum eine ernsthafte Auskunft erwartend, aber auf alles gefasst.

»Uns gefallen keine Politiker«, wand ich mich heraus. »Auch die unseren gefallen mir nicht.«

»Der Erich ist jetzt ganz stolz, seit ihn euer Helmut am Werbellinsee besucht hat. Jetzt fühlt er sich so richtig anerkannt. Aber es is kein Mann zum Vorzeigen. Da brauchen Sie gar nischt weiter zu sagen. Das weiß ich von alleine.«

»Ihr sollt nicht von Politik sprechen, mischte sich Fatima ein. Das hast du vorher versprochen und da musst du dich auch dran halten.«

»Tun wir auch nicht«, sagte ich, froh darüber, dass es zu keiner Diskussion über die Vorzüge der Systeme kam. Sie hatte geschrieben, dass sie gerne zu den Thälmann-Pionieren ging, dass es dort lustig sei, und dass sie sich aufs Blauhemd der FDJ freue. Das alles wollte ich nicht antasten.

Wir spielten Mensch-ärgere-dich-nicht, etwas ebenso Systemneutrales wie Tiere im Zoo oder Setzeier mit Spinat. Später kam Fatimas Schwester Gaby aus der Stadt. Sie war etwa zwanzig, arbeitete als Friseuse und bewohnte eine kleine Mansarde in der Altstadt. Sie begrüßte mich ein wenig scheu, fragte aber gleich, was anstehe, also was am Abend geschehen solle.

»Wir gehen in die Koralle.«

»Dann bin ich ja richtig angezogen.«

Fatima maulte ein Weilchen herum, weil die Koralle eine Tanzbar ist und sie dort nicht hinkonnte, und eigentlich müsste ich gefragt werden, ob ich dort hinwolle, es sei dort nämlich langweilig.

»Davon verstehst du nischt, wies die Mutter sie zurecht.«

»Fragt Onkel Heinz wenigstens, ob er in die Koralle will.«

»Immer noch besser als den ganzen Abend Mensch-ärgere-dich-nicht spielen«, sagte Gaby.

»Bäh«, zeigte ihr Fatima die Zunge und ging zum Schmollen auf ihr Zimmer.

Sie hatte verspielt. Als sie aus dem Zimmer herauskam, föhnte sich ihre Mutter schon das Haar, es folgten das von mir einem Paket einst beigelegte Rouge, die Wimpernhaare wurden zu kleinen Stiletten, schwarzblau und pointiert, der Bereich unter den Augen wurde bläulich, an die Stelle des Hauskittels traten Lederrock und weiße Bluse, auch verschwand alles Mütterliche aus der Tenue. Fatimas Bemerkungen wurden mit raschen züngelnden Bissen verschreckt.

Ich dachte an den Mann, der hinter der Tür, die sich nie öffnete, vielleicht seinen Rausch ausschlief, vielleicht aber auch Unheil brütend auf der Lauer lag (oder baute er, innerlich schmorend, aus Streichhölzern den Erfurter Dom nach?), stellte mir vor, wie er plötzlich stöhnend und schweißbedeckt in die Wohnstube torkelte und dort einen Packen stinkender, gelber Wäsche ausschüttelte und eine Tirade vom Stapel ließ, in der etwas von westlichen Schmarotzern und Eindringlingen zu hören war, die sich in ehrbare DDR-Familien hineinbohrten wie die Borkenkäfer und dort ihre Eier ablegten, oder sonstwelche Bosheiten. Aber nichts dergleichen geschah, hinter der bewussten Tür blieb es unverständlich still. Vielleicht war der Wäschefahrer gar nicht da, hatte sich aus dem Haus gestohlen, um irgendwo seinen Ärger zu ersäufen, im Herrenberger Dorfkrug oder anderswo, oder er machte mit einem Kumpan eine private Sauftour. Oder er war in einen Schlafmarathon verfallen, um die für ihn so erniedrigenden Geschehnisse in seiner Wohnung nicht wahrnehmen zu müssen. Herr Heinze blieb das große Familienrätsel.

Die KORALLE war, wenn man das SKANPOL in Kolberg zum Vergleich nimmt, wirklich ein bisschen langweilig. Es ging hier so überaus gesittet zu, als seien da und dort unter den Gästen Sittenprüfer versteckt. Es gab hier auch nicht die dankbare Bereitschaft, sich zu amüsieren, die ich in Bad Kösen gespürt hatte (Heilung durch Frohsinn). Es wurde sehr artig aufgefordert und ebenso artig Zustimmung genickt, es wurde seriös zur Tanzfläche geschritten und erst im Tanz entlud sich dann und wann einmal etwas Freches und Leichtsinniges, aber gewissermaßen geflüstert.

Es war mir unmöglich, Frau Heinze zum Tanzen aufzufordern. Frau Heinze drängte mich auch nicht, sie hatte wohl halb damit gerechnet, dass ich sie in die Rolle der Fremdenführerin verweisen würde, die mich mit dem Erfurter Nachtleben bekanntmacht. Tochter Gaby wurde zwei- oder dreimal aufgefordert, einmal von einem Uniformierten. Immerhin tranken wir im Laufe des Abends eine Flasche Wein (bulgarischen). Dabei erfuhr ich, dass Frau Heinze als Barfrau in einer Art Nachtbar gearbeitet hatte. Dort sei es nicht so zimperlich zugegangen wie in der KORALLE , dort seien auch vorwiegend Jugendliche hingekommen, deutsche Mädels, und viele junge Ungarn und Algerier, die hier als Gastarbeiter lebten.

»Was glaubense, was da los war. Die Ungarn, die waren bei den deutschen Mädels sehr beliebt, die konnten sie sich ja aussuchen. Und den Deutschen passte das nicht, dass die sich da einfach bedienten. Da gabs Eifersuchtsausbrüche und Schlägereien. Mit Flaschen haben sie sich auf die Köpfe geschlagen und mit Messern sind sie aufnander los. Viele hab ich rausgeschmissen. Braucht nicht erst wiederzukommen, hab ich manchen gesagt, wenn ihr euch hier nicht benehmt. Das durfte ja nicht publik werden, offiziell gab es so was nicht, Schlägereien zwischen Deutschen und Ausländern. Aber ich habs erlebt. Manchmal sind sie mit dem Rettungswagen weggefahren. Und doch wiedergekommen. Hier war einer genäht, an der Stirn. Kam wieder und suchte bei mir Trost. Wegen einem Mädel. Ich hab ihnen manchmal die Köppe gewaschen, Herr Kindler. Trinken wir noch ne Flasche?«

»Ich vertrage nicht so viel Wein. Mein Magen spielt da nicht mit.«

»Der ist Ihnen zu sauer. Westdeutschen Wein haben wir leider nicht. Den können wir nicht bezahlen.«

»Ich trinke auch nicht viel westdeutschen Wein. Bin überhaupt kein Weintrinker.«

»Kein Weintrinker, kein Tänzer…«

Ich dachte an den Mann in der Wäschekammer. Oder war es eine Speisekammer, in der er eingesperrt war und am Speck knabberte? Der Gast tanzt mit seiner Frau in der KORALLE und der Rechtsanwalt verbietet ihm Wutausbrüche…

»Nein, ich tanze schlecht … Habe einmal auf einem holländischen Schiff, auf der Fahrt nach Amerika, Twist getanzt. Und da hat mich eine ältere Dame zu sich gewunken und gesagt, sie müsse sich bei mir bedanken, sie habe schon lange nicht mehr so herzhaft lachen können.«

»Na, gelacht wird hier auch nich viel, da geben Sie doch ein Paar Einlagen, vielleicht kriegen die Leute dann was zu lachen. Dass das Ganze bissel lockerer wird. 's wär nötig. Und als Westmensch haben Sie hier Narrenfreiheit.«

»Und gerade die möchte ich nicht ausnutzen.«

»Komisch, es will keiner lustig sein heute! Am Samstagabend! Es könnte wenigstens einer auftreten und den Leuten ein paar Witze erzählen, dass sie sich entspannen. Aber es ist wie auf der Beerdigung.«

»Beerdigung mit Tanz?«

»Nu, warum nich, das wär mal was Neues. Bei bestimmten Leuten könnte ich mir das gut vorstellen, wenn die mal das Zeitliche segnen, da wär Stimmung.«

»Pscht«, machte Tochter Gaby, mit argwöhnischen Blicken zum vorbeihuschenden Kellner.

Es war lauter im Saal geworden, die Menschen waren durch die Rotation und durch den Wein doch noch ein wenig in Schwung gekommen, aber wenig später schien eine leichte Erschöpfung zu spüren, da drängte Frau Heinze zum Aufbruch. Wir tappten ein Stück weit durch stille Straßen und bestiegen dann die Straßenbahn, in der Schläfrige und Erschöpfte saßen. Am Bahnhof stieg ich aus und ging zu meinem Hotel, die beiden Frauen fuhren weiter.

Auch die Pläne für den Sonntag schlossen den versteckten Herrn Heinze nicht ein; ein Ausflug zum Waldkasino war geplant. Familienausflug zwar, aber abzüglich des Familienoberhauptes, das kaltgestellt blieb. Ich war zum Mittagessen in der Heinzeschen Wohnung eingeladen (Rouladen), Fatima war nervös und zappelig und musste mehrfach zur Ruhe, besser zur Gelassenheit, ermahnt werden, was kaum half. Bogdan hatte seinen ganzen Vorrat an Spielzeugautos hervorgekramt und umbaute den Esstisch damit. Gaby war da und erzählte sehr herablassend von ihren Kolleginnen, und Frau Heinze bewegte sich fast etwas zu ausdrucksvoll in ihrem Hauskittel, der durchknöpfbar war, aber beim Sitzen doch viel Bein freigab, auch ging der unterste Knopf manchmal auf, wodurch noch mehr Bein freigelegt wurde.

Ich lobte angelegentlich den Gurkensalat.

»Siehste Fatima, unser Gurkensalat findet doch Anklang. Nur du magst den immer nicht.«

»Weils den immer gibt. Könntest auch mal was anderes machen, Bohnen zum Beispiel.«

»Schnippelbohnen, was?«

»Ja, Schnippelbohnen. Magst du die, Onkel Heinz?«

»Sehr.«

»Siehste.«

»Aber ich ess Gurken auch gern.«

»Siehste.«

Das Waldkasino ist ein Ausflugslokal auf einer waldigen Anhöhe im Süden der Stadt, man hat von dort einen schönen Blick über Erfurt, und kann ausgedehnte Spaziergänge in den Wäldern des Steigerwaldes machen. Zu meiner Überraschung trat uns an der Kuchentheke des Lokals eine weitere Tochter von Frau Heinze entgegen, Erika, die älteste. Sie arbeitete im Waldkasino und hatte der Familie einige besonders begehrte Tortenstücke zurückgehalten, denn der Vorrat reichte meist nicht lange (die Gaststätte war in HO-Händen). Ich wurde mit Erika bekanntgemacht, dass ich der »Weihnachtsmann« war, wusste sie, und hatte auch schon die eine oder andere Kleinigkeit aus meinen Paketen abbekommen. Sie erkundigte sich nach Herrn Heinze, und ihre Mutter gab einen Lagebericht, den ich allerdings nicht zu hören bekam. Immerhin konnte ich bemerken, dass über den Stiefvater im Stil eines Krankenberichts geredet wurde. Auch über einen aus dem Gehege entwichenen Panther würde man so reden: Er ist gerade satt, liegt jetzt schlafend unter der Taxushecke, kann aber abends wieder gefährlich werden.

Ich machte mit Fatima und Bogdan Ballspiele hinter der Gaststätte, Frau Heinze und Gaby tranken eifrig Kaffee und rauchten auf den Gartenstühlen. Die Gesprächskulisse um uns war lauter und unbefangener als die in der KORALLE, hier fühlte man sich behaglicher. Ich dachte an meine Kinderzeit in Schlesien, wo wir oft solche Volksvergnügungen gesucht haben, ein Einkehrrestaurant mit einem großen Saal, einer ausgedehnten Gartenterrasse, einer Wippe und einer Schaukel. Es gibt ein Foto, mit der Agfa Billy gemacht, da stehe ich eingehakt mit der siebenjährigen Karin auf den Stufen einer solchen Gartenterrasse, sie hat große Schleifen an den Zöpfen und sieht geschmeichelt aus, ich schaue ihr grinsend ins Gesicht. Ich erzählte Fatima von diesen Ausflügen, sie interessierte sich vor allem für die kleinen Mädchen, mit denen ich es damals zu tun hatte, ob es richtige Freundschaften gab. Ja, sagte ich, ich glaube, ich habe mich immer gleich verlobt. Ich hatte es immer furchtbar eilig.

»Dann hast du dich aber sehr geändert«, sagte sie.

»Man darf sich eben nicht zu oft verloben, das ist schädlich.«

»Oder man muss ein paar Jahre warten, bis man sich erholt hat.«

»Oder das.«

Abends bei der Heimkehr, vollgesogen mit Volksvergnügungen, starrten die Frauen schon von weitem auf die Fenster ihrer Wohnung. Er ist da, raunten sie, die Jalousie ist runter. Wir näherten uns dem Haus vorsichtig wie ein Stoßtrupp. Auch in mir wurde schnell wieder das Gefühl verschlagenen Eindringens und Einbrechertums lebendig. Wie lange sieht der juristisch Geknebelte zu? Wann sprengt er die Paragraphenfesseln? Tanzlokal, Zoo, Waldkasino – kam er da jemals hin? Wo war sein Bereich? Hatte er wenigstens noch Zutritt zum ehelichen Schlafzimmer? Oder nur bei guter Führung? Ist das etwas DDR-Typisches – der Ehemann als Cicisbeo oder Hausknecht? Wir betraten die Wohnung, wir betraten das Wohnzimmer – alles blieb still. Die gedämpften Stimmen wurden wieder laut, zimmerlaut, die Kinder begannen zu spielen, aus Spiel wurde Streit, dann Toben, dann Geschrei … und nun ging, im unerwartetsten aller Augenblicke, die stets geschlossene Tür auf, und ein massiger Mann, in Hosen und Unterhemd, stand in der Türfüllung, einen Moment schweigend, dann, als er noch immer nicht wahrgenommen war, stieß seine Stimme wie ein Peitschenknall auf die Kleinen nieder:«Ich will den verfluchten Krach nicht mehr hören! Diesen ewigen Krach! Ich will endlich mal eine Stunde Ruhe haben!« Er brüllte zwei drei Sätze heraus, die alle nur von Krach und Lärm handelten, von keiner anderen Demütigung war die Rede. Lange erschien es mir so, als nehme er mich gar nicht wahr, aber dann, als es mäuschenstill in der Wohnung geworden war, die Kinder in die Küche geflohen, Tochter Gaby nervös in ihrer Handtasche wühlte, machte er eine plötzliche Wendung auf mich zu, streckte mir die Hand hin und sagte in völlig veränderter Tonlage: »Guten Abend! Sie müssen entschuldigen!«

Was musste ich entschuldigen? Seinen Ausbruch? Das Toben der Kinder? Ehe ich mir darüber klar geworden war, verschwand er wieder in seinem Zimmer. Bleiben Sie doch ein bisschen, hätte man sagen können, setzen Sie sich doch zu uns. Kann man einen Wohnungsinhaber auffordern, sich in sein eigenes Wohnzimmer zu setzen? Kaum vorstellbar.

»Das ist unverschämt, was der Mann sich erfrecht«, sagte Frau Heinze, aus der Küche kommend. Sie ging ihm aber nicht in das gefürchtete Zimmer nach, um diese Äußerung zu wiederholen.

»Der hatte wieder ’ne Fahne«, sagte Bogdan kleinlaut.

»Jetzt hat er uns den schönen Sonntag kaputtgemacht«, sagte Fatima.

»Wisst ihr was? Ich mach jetzt kein Abendbrot. Wir fahren zu dir in die Stadt, Gaby, und bleiben die Nacht über bei dir. Denn der tobt heute nacht noch. Ich kenn das. Da kommt noch ne ganze Menge nach. Das war erst das Vorbeben.«

»Dann macht euch fertig, dann fahren wir rein.«

Die Essensvorbereitungen wurden eingestellt, es wurden Taschen mit Nachtzeug gepackt, dann wurde die Taxizentrale angerufen und ein Wagen in die Seelenbinderstraße bestellt. Der Wagen war schon nach einer Viertelstunde zur Stelle, hupte vor dem Haus.

»Fünfe sind wir!« rief Frau Heinze aus dem Fenster.

Zu uns gewandt, sagte sie: »Er hat genickt. Es geht alles glatt.« So stiegen wir alle fünf in den alten Wartburg und fuhren in die Stadt. Ich musste noch zum Abendbrot in Gabys Mansarde mitgehen und danach auch noch ein paar Runden Quartett mit Fatima und Bogdan spielen. Aber mein Abschied rückte näher, und er vollzog sich endgültig in einer alten Einfahrt, zwischen rohen Mauern und verwitterten Treppen, und Fatima lief mir auch noch ein paar Schritte nach, den Anger hinunter, dann drehte sie ganz plötzlich um und rannte zurück zu dem alten Haus mit dem großen Tor, winkte nicht, rief mir nichts nach, stand nur ans Haustor gelehnt und wandte mir den Rücken zu.

Ich ging ins Hotel KOSMOS und trank noch ein Mineralwasser, dann eine Flasche Bier.

»Es hat keinen Sinn, hörte ich einen Mann zu einer kleinen Gruppe am Nebentisch sagen, weil man zuviel auslöst.«

»Warum stehen anderen immer passende Worte zur Verfügung, auch wo sie sie gar nicht brauchen? Wenn man sie nicht braucht, sind es keine passenden Worte, sondern Hülsen«, sagte ich leise in das fast leere Lokal hin. Das Gesicht des Kellners, der mich mit mir selber reden hörte, blieb undurchdringlich.

Ich spürte die ungewöhnlich schnelle Wirkung des Biers in meinem Kopf. Ihr Kellner seid das einzige Bourgeoise, was dieses Land zu bieten hat. Ihr seid Snobs.

»Angenehme Ruhe«, sagte der Kellner, als ich das Restaurant verließ.

Am nächsten Morgen, einem Montag, fuhr ich nach Dresden.

Die Stadt ist ein Schock, wenn man aus Erfurt kommt. Man weiß, dass sie in der Bombennacht vom 13. Februar 45 ihr Gesicht verlor, aber man glaubt das Ausmaß nicht. Nur die Elbfassade ist stehengeblieben als eine Parade berühmter Ruinen, die auch im wiederhergestellten Zustand mehr von Ruinen als von Prachtbauten haben und über denen Brandgeruch zu liegen scheint. Ich habe mir die Elbfront von Dresden-Neustadt, vom Ende der Neustädter Brücke aus angesehen – es ist ein Eindruck von tiefer Düsterkeit. Wie mag es ausgesehen haben, ehe die Feuerstürme diese Stadt entleibten? Kann das Flair einer Stadt verbrennen?

Das neue Dresden, das sozialistische, das ich von meinem Zimmer im neunten Stock des Hotels Lilienstein sehen kann, hat auch kein Flair, dafür bedächtiges, ein wenig kanalisiert ablaufendes Leben, breite Straßen, Anlagen, Geschäfte, Springbrunnen, das Genormte eben. Aber der Besucher läuft immer wieder zum Elbufer und sucht das Gewesene. Jedes einzelne Barockhaus, das er in einer Nebenstraße entdeckt, redet zu ihm in der reduzierten Sprache, in der Bauten reden, die ihre Umgebung verloren haben, flehende Gestik. Auch der Trümmerstumpf der Frauenkirche, auch die Reste des Schlosses, auch die Augustusstraße mit der Wandmalerei des Fürstenzuges, reden wie Stimmlose. An den Kiosken verkauft man Kartenserien, auf denen das alte Dresden von 1939 zu sehen ist, aus der Luft aufgenommen; man gewahrt ein barockes und nachbarockes Ensemble von Bauten, Straßen und Plätzen, in dem sich Regelmaß und Capriccio der Launen mischen, vieles wirkt erfrischend zufällig, die Semperoper steht gar nicht im Netz einer fürstlichen Geometrie, sondern ein wenig schief dort, wo noch Platz war, und hinter ihr ein bürgerlicher Hotelkomplex. Überhaupt mischt sich Bürgerliches und Fürstliches in gutmütiger Weise, und man glaubt den sächsischen August grunzen zu hören, »gäbt euch bissel Mühe, dann findet ihr ooch noch Platz, ich hab nich alles beleecht.« Ausgelöscht, das fürstlich-bürgerliche Nebeneinander, das gerade den Charme Dresdens ausgemacht haben dürfte. Nichts durchdringt sich mehr und wuchert durcheinander im modernen, schon gar nicht im sozialistischen Städtebau. Kahlschlagverhältnisse auch beim Grundeigentum, und dementsprechende bauliche Monokulturen. Das wissen wir ja, und doch erleben wir es in Dresden als neuen Schmerz und Ärger. Am ersten Abend erschrecke ich bei dem Gedanken, hier fast eine Woche aushalten zu müssen. Denn Dresden glaube ich am Montagabend schon zu kennen. Aber dieses Erschrecken trügt, die Woche wird inhaltsvoll, und auch in Dresden werde ich noch Entdeckungen machen. Ich erlebe eine Orgelprobe auf der Silbermann-Orgel in der Hofkirche, sehe eine Ballettgruppe im Zwinger probieren, mache einen Ausflug nach Loschwitz, einen gut erhaltenen Vorort. Fahre mit dem doppelstöckigen Zug hinaus in die Sächsische Schweiz, nach Rathen. Wandere von dort zum Lilienstein, einem hochaufragenden Sandsteinfelsen, von dem man die Erosionsarbeit der Elbe gut überblicken kann bis weit ins Land. Ich wandere zur Festung Königstein, die manchen berühmten Gefangenen aufnahm, darunter Frank Wedekind und August Bebel. Angenehm überrascht hat mich in Rathen die Bahnhofsgaststätte mit ihrem privaten Pächter, der Mann trat jedesmal, wenn ein Zug Fahrgäste ausgespien hatte, vor die Tür seines Restaurants, rieb sich unternehmend die Hände und empfahl in Sekundenschnelle seine Tagesgerichte, nannte sie gut und preiswert. Ich folgte seinem Aufruf und konnte seine Anpreisungen nur bestätigen, anders als in den HO-Gaststätten war hier der Gast ein erwünschtes Wesen. So bekommt auch das Essen besser. Ich hatte mir bei meinem Dienstagsausflug in Rathen Karten für die Freilichtbühne besorgt, dort würde ich am Samstagnachmittag den Freischütz sehen, zwischen verwitternden Felstürmen. Es war eine denkwürdige Aufführung, denn ich blieb nur bis zur Pause auf meiner Bank sitzen, danach stieg ich die waldigen Hänge hinauf und genoss die Webersche Musik aus luftiger Höhe, zwischen Birken und Fichten hindurch, dabei immer höher steigend, während Samiel und Agathe in der Waldschlucht vor mir versanken. Das romantische Geschehen bekam etwas Beiläufiges, nicht ganz Zwingendes, nur die Bläser blieben mir bis zuletzt in den Ohren. Zufrieden entwanderte ich der Oper, dem Reich der Kunst.

Mit Dresden hatte es dann noch eine andere Bewandtnis. Genauer gesagt, mit Moritzburg, der kleinen kurfürstlichen Residenz. Dort lebten Verwandte von mir. Eine Tante, Paula Partsch, Mitte siebzig, bewohnte mit ihrer Familie ein eigenes Haus am Rande der Stadt. Sie war eine Nichte meines Großvaters, des alten Wolff, und wohl schon in Dresden geboren. Ich hatte sie nie zuvor gesehen, wohl aber viel von ihr gehört; es wurde stets erzählt, sie sei 1945 mit zwei kleinen Kindern (2 und 4) aus dem Keller ihres zerstörten Stadthauses kommend durch die brennende Stadt geflüchtet, in der es keine wirklichen Fluchtwege gab; man lief wohl in die Richtung, in der es am wenigsten brannte. Sie kamen aber mit dem Leben davon und erlebten den heraufziehenden schwarzen Februarmorgen irgendwo auf den gefrorenen Wiesen, müssen dort erkannt haben, dass, wenn die Amerikaner nicht noch ein drittes Mal anflogen, sie gerettet waren. Jetzt trat noch ein anderer Glücksfall in ihr Leben: der Gerichtsrat Friedrich Partsch, ein Dresdener, hatte schon lange vor dem Krieg in Moritzburg ein Landhaus auf einem Grundstück von erheblicher Ausdehnung gekauft, ein Haus, das einmal zur Zeit des Kurfürsten August des Starken als Kutscherhaus gedient hatte. Die Partsch hatten in diesem Haus nur in den Ferien gewohnt, und es hatte auch nicht die Einrichtung, die einem Städter genügte, aber nun wurde es ihr regulärer Wohnsitz. Wie sie am 14. Februar nach Moritzburg gekommen sind, ob noch Züge fuhren oder ob sie in einem Militärfahrzeug mitgenommen wurden, weiß ich nicht, aber sie haben in all den Jahren dort gelebt und sich das Haus immer weiter ausgebaut, und als ich sie im Mai 1982 besuchte, machte es einen wohnlichen Eindruck. Der Gerichtsrat Partsch war ein alter Herr nahe an den Neunzig, der vom allgemeinen Treiben schon Abstand hielt, aber die Tante war von großer Frische. Sie hatte gerade ihre Schwester zu Gast, die also auch eine Tante von mir sein musste, und ebenso munter, es gab demnach eine Tante Paula und eine Tante Magdalene. Die Tochter der Tante Paula hieß Anita und war so etwas wie eine Cousine und höchstens neununddreißig, und so war ich in diesem Landhaus auf einmal von drei Frauen umringt, die alle mit mir verwandt waren und darüber ebenso erstaunt wie ich. Im Garten wurde der Tisch gedeckt und eine große Kanne mit Kaffee aufgetragen. Im Gespräch wurde auf den weitläufigen Registern der Verwandtschaftsbeziehungen gespielt und alle Relais durchgesteckt und es kam ein reiches Netz mit vielen aufleuchtenden

Punkten zum Vorschein, und man war ganz begeistert, wer alles dazugehörte, und wie weit dieses Geschlecht in die Welt hineinreichte und sie mitgestaltete. Anita, die Cousine aber, schien mir von allen das bemerkenswerteste und eigenartigste Schicksal auf ihr Haupt geladen zu haben: Nach einem Gesangsstudium am Konservatorium in Weimar, zu dem sie teilweise von Moritzburg aus mit dem Motorrad fuhr und das sie mit einem Diplom für Gesang abschloss (die Musikalität in der Wolffschen Familie trieb in jeder Generation etliche neue Blüten), arbeitete sie nicht weiter an ihrer Karriere, sondern begann, ihrem alternden Vater das Haus etwas komfortabler zu machen, dann erkrankte der Bruder und sie bezog ihn in ihre Betreuung mit ein, in späteren Jahren auch die Mutter. Bei den Arbeiten am Haus merkte sie, dass es ihr nicht nur gelang, Handwerker aufzutreiben und schwer erhältliches Material zu organisieren (Zement und Malerfarbe), sie entdeckte auch ihr eigenes handwerkliches Geschick: sie konnte eine Wand kalken und sogar mit der Mörtelkelle umgehen, Ziegel aufeinander setzen und sie zu einer Wand verbinden. Das war unerwartet und begeisterte sie fast mehr, als die Töne, die sie mit ihrer Stimme erzielte. So kam es, dass sie ihren Wiedereinstieg in den Konzertgesang immer mehr aufschob und die Arbeiten an Haus und Hof immer mehr in den Vordergrund ihres Lebens rückte, bis ihr auf einmal der Rückweg zur Kunst verbaut war.

Sie zeigte mir nach dem Kaffeetrinken das von ihr gebaute Ferienbungalow, einen ehemaligen Pferdestall aus August'schen Zeiten, ein gemütliches kleines Gehäuse, in dem schon mehrere westliche Touristen gern gewohnt hatten.

»Mir scheint«, sagte ich zu Anita, als wir einen kleinen Bummel über das ausgedehnte Grundstück (Wiesen und Felder) machten, »dass du hier im kleinen Stil ein Stück westliches Unternehmertum aufgebaut hast, eine kleine privatkapitalistische Insel.«

»Ohne D-Mark wär das nicht gegangen. Für Ostmark gibts keinen Ziegel, keinen Eimer Farbe, nichts.«

»Ich weiß. Aber solche Leute wie du sind eigentlich – unbezahlbar. Weil sie die Nischen im System besetzen.«

»Du, ich hab bloß ein Leben, verstehst du, und das leb ich hier. Ich mein, ich muss es hier leben. Ich kann nicht weggehen, ich will auch nicht weggehen. Hier ist mein ganzes Wurzelwerk. Also gut, ich bleib hier und mach hier etwas, mit dem ich innerlich zufrieden sein kann und das mir auch so die kleine Genugtuung gibt, ich hab sie doch ausgetrickst mit ihrem zentralen Einheitsbrei. Vielleicht war es besser, als zu singen.«

»Bestimmt, mit Sicherheit. Irgendwo ist das Untergrundarbeit, was du machst.«

»Ach nee, soviel ist es gar nicht. Es ist wie du sagst, eine Nische. Meine Nische. Ich hoffe, ich kann sie halten. Es ist nicht leicht. Hab dauernd Geplänkel mit den Behörden. Die möchten mich lieber stillegen, weißt du. Aber ich kann mit denen umgehen. Da hilft mir der Kontrapunkt.«

»Du bist zu bewundern.«

»Weiß ich nicht. Die Eltern brauchen mich, der Notker braucht mich, das Haus braucht mich auch. Es schiebt sich alles so ineinander. Und wie lebst du da drüben?«

»Schematisch eigentlich.«

»Glaub ich nicht.«

»Ich lern hier erst schätzen, was ich habe. Wenn ich seh, was den Menschen hier übrigbleibt. Aber leb ich mein Leben?«

»Ich glaube, wir kriegen unser Leben zugewiesen. Jedenfalls die Tonart. Systeme sind keine Entschuldigung. Ihr müsst auch funktionieren, sonst werdet ihr doch nichts.«

»Ich weiss nicht, ob ich funktioniere. Höchstens sehr oberflächlich. Ich bin ja nichts geworden. Nichts Nennenswertes jedenfalls.«

»Du machst ein Nachrichtenblatt, ja?«

»Einen Pressespiegel.«

»Das ist nicht so schlimm. Es gibt nicht viele gute Berufe.«

»Gibt immer weniger.«

»Vivre sa vie, darauf kommt's an. Und irgendwie geht das in jedem System, wenn man sich quält. Das geht auch im Gefängnis. Du kannst den Gefängnischor leiten, du kannst den Gefangenen predigen oder mit ihnen Theater spielen. Du darfst nur nicht ein Stück vom Gefängnis werden.«

»Ich glaube, ich versteh dich. Und dass ihr hier das sagt, das ist wichtig. Denn wenn wir das sagen würden, wär's Rhetorik.«

»Ach, wir sind vielleicht gar nicht so weit auseinander.«

»Doch, Anita. Doch.«

Wir waren an das Ende des langen Wiesengrundstücks gekommen. Zwei Schafe kamen auf uns zu. Am Waldrand näherte sich mit grellen Pfiffen die Schmalspurbahn.

»Ich wundere mich, dass es solche Dinge bei euch noch gibt.«

»Bei uns gibt es vieles noch, was dich wundern würde. Das meiste gut versteckt. Es wird auch noch gelacht bei uns.«

»Mich wundert, dass sie euch das große Grundstück nicht weggenommen haben.«

»Das kann noch kommen. Ich bin sicher, dass sie da dran wollen. Sie müssen nur noch einen Dreh finden. Vielleicht kommen sie auf die Idee, hier ein FDGB-Heim zu bauen. Dann können sie mich enteignen. Hier gibt es einen Badesee. »Erholungskapazität«, wie sie das nennen. Aber ich will ihnen zuvorkommen. Ich will selber bauen, Dann haben sie das Nachsehen. Ich weiss zwar noch nicht wie und von was. Aber sobald die mich angehen, leg ich ihnen meine Pläne vor. Und die wissen, dass ich so was kann. Besser als sie.«

»Du bist ein Phänomen.«

»Gibt auch nicht viele wie mich. Die meisten scheuen den ewigen Kampf. Die stecken ihre Energie lieber in den Bau eines Fesselballons und fliegen dann nachts nach Westen.«

»Auch phänomenal.«

Wir gingen zum Kaffeetisch zurück. Das Geschirr war zusammengestellt, der Gerichtsrat rauchte, die beiden Tanten musterten uns aufmerksam. Sie meinten, es sei eine Schande, dass man sich nicht schon längst kennengelernt habe. Ich fand das ebenso bedauernswert. Tante Magdalene zum Beispiel kam jedes Jahr hierher, oder wenigstens jedes zweite. Sie bot mir an, mich durch Moritzburg zu führen und mir vor allem das Schloss zu zeigen. Ein Jagdschloss also, mit künstlich angelegten Teichen. Erstaunlich, über wieviel Land diese Kurfürsten ihre Hand ausstrecken konnten. Auch die Kurfürsten von Köln haben sich solche Schlösser mit langen baumbestandenen Zufahrten gebaut. Wem kauften sie den Boden ab? Heute sind wir dankbar für diese Luxusbauten, weil sie unwiederholbar erscheinen. Wir denken kaum noch (wie Brecht das tat) an die Fronknechte, die diese Schlösser erbauten, wir denken an die Fürsten, die hier Wildschweine jagten. Und selbst die sozialistischen Machthaber finden einen Dreh, der fürstlichen Geldverschwendung eine positive Seite abzugewinnen, denn sie wollen ja selber Geld verschwenden, dürsten genauso nach Prunkbauten. Wer die Macht hat, bewundert die Macht anderer. Auch Tante Magdalene sah das so.

Abends bin ich mit der Schmalspurbahn zurückgefahren.

Im Hotel übergab man mir einen Brief. Er war von Frau Heinze. Sie bat mich, wenn es mir möglich sei, auf der Rückfahrt noch einmal in Erfurt Station zu machen. Fatima habe geweint und wolle es nicht fassen, dass mein Besuch schon vorüber sei. Man wohne noch in Gabys Mansarde, aber Gaby werde am Wochenende verreisen, und dann könnte ich in ihrem Zimmer nächtigen. Aber das war doch illegal, eine private Übernachtung, ohne Anmeldung. Wie sollte das gehen: ich gab vorzeitig mein Hotelzimmer im LILIENSTEIN auf und tauchte dann in einem ganz anderen Bezirk, in dem ich nicht gemeldet war, unter? Dennoch reizvoll, weil abenteuerlich. Und für mich selbst überraschend sagte ich zu. Rief Frau Heinze in ihrem Obstgeschäft an und teilte mein Kommen für Sonntagmittag mit. Wie die Woche zuvor, wurde ich am Bahnhof empfangen und zur nahen Wohnung gebracht, wie zuvor gab es einen Sonntagsbraten mit Gurkensalat, wie zuvor gingen wir nachmittags ins Waldkasino und spielten auf der großen Wiese. Aber diesmal war es anders. Ich sah die Menschen an, die auf den Gartenstühlen saßen, und fragte mich: Leben sie denn ihr Leben? Wissen sie überhaupt, was dieses Wort bedeutet, vivre sa vie? Genügt es ihnen nicht auch, irgendein Leben zu leben? Vielleicht sogar ein aufgezwungenes, wenn ihnen nur gewisse Privilegien vergönnt sind? Wer hat die Kraft, sich sein Leben nicht zuweisen zu lassen!

Fatima fragte mich, wie es in Dresden gewesen war, und ich erzählte ihr von der Sächsischen Schweiz und von der Kleinbahn, und von den vielen Kindern und Jugendlichen in Blauhemden, die zum Pfingsttreffen nach Dresden gekommen waren und überall sangen und Gelerntes rezitierten. Fatima meinte, zum Pfingsttreffen der FDJ wolle sie auch einmal fahren, wenigstens einmal, das müsse man erlebt haben. Ob wir auch so etwas wie die FDJ hätten, wollte sie wissen oder wo ich sonst drinne gewesen wäre. Ich sagte ihr, dass ich einmal bei der evangelischen Gemeindejugend gewesen sei und ein Sommerzeltlager mitgemacht hätte. Zwanzig oder dreißig Jungen hatten daran teilgenommen, die wohnten in zwei großen Zelten auf einer Waldwiese, an einem Bach, eine Woche lang.

»Ein Zeltlager möchte ich auch einmal mitmachen, mit sowjetischen Kindern zusammen«, sagte Fatima. »Was muss man da alles tun?«

»Nachtwache halten, kochen, Brennholz sammeln, Beeren sammeln.«

»Dass du dich noch so gut dran erinnern kannst! Das muss doch schon lange her sein!«

»31 Jahre!«

»Und du weißt das alles noch so genau?«

»Sogar, dass die Mäuse nachts in unser Speisezelt kamen und den Grießbrei anknabberten. Er war übrigens lila.«

»Habt ihr da auch beten müssen?«

»Hauptsächlich singen. Das Beten hat der Pfarrer übernommen, der uns beaufsichtigte.«

»Irgendwas wird eben verlangt, wenn man da mitmacht. Wir müssen einen Eid sprechen.«

»Es gibt nichts umsonst, stimmt's!«

»Doch, Kloppe.«

Und schon rannte sie in den Wald.

Wir spielten Räuber und Polizist, Fatima und Bogdan versteckten sich, ich hatte sie aufzuspüren. Später lagen wir einfach auf der Waldwiese, beobachteten die bodennahen Insekten und Käfer, rochen an den Gräsern.

»Ich hab noch nie am Gras gerochen, eh du gekommen bist«, sagte Fatima.

»Aber Gras gekaut haste bestimmt schon.«

»Wie man's nimmt. Vielleicht.«

»Im Zeltlager lernt man das. Wenn man einen ganzen Nachmittag auf einem Felsen liegt, dann schaut man sich jede Wolke an, das Moos, die Baumwipfel. Die Vögel. Alles siehste dann.«

»Auch Wildschweine? Und Wölfe? Und Füchse?«

»Manchmal lagerten wir am Bach. Dann haben wir Forellen gesehen und Schleien. Und Barben.«

»Und Barbys?«

»Du bist albern.«

»Na und? Fang mich.«

Und als ich sie eingefangen hatte:

»Ich will nicht, dass du mir so viel von deinem Leben erzählst. Weil ich dann neidisch bin.«

Sie setzte sich zur Mutter an den Tisch und nahm von dem übriggebliebenen Kuchen. Sah mich an wie einen Fremdgewordenen. Wie schnell der Pfingstsonntag herum ist, und wir steigen wieder ab, die Stadt strahlt jetzt Wärme aus und ist ziemlich leer; wir schauen aus den Mansardenfenstern von Gabys Wohnung hinunter auf den Anger. Und dann bekommt Fatima Lust sich zu verkleiden und kommt in immer neuen Kleidern und Kopfbedeckungen herein, fast ägyptisch sieht sie auf einmal aus. Ich erwähne, dass mir ihr Name orientalisch vorkommt und dass es eine Geschichte von Hauff gibt: *Die Errettung Fatmes.* Fatma hätten sie sie in der Schule manchmal genannt, aber Fatme noch nie. Und dann trägt sie einen Tontopf auf dem Kopf und ist dabei verschleiert, sie geht ohne etwas sehen zu können, mit dem Topf auf dem Kopf durch die Wohnung und trällert eine Melodie, die arabisch klingt. Ich imitiere einen Muezzin, der Koranverse von einem Minarett über die abendliche Stadt singt, und sie lässt vor Begeisterung ihren Topf fallen, und die Mutter sitzt am Tisch in ihrem durchknöpfbaren Kittel, und wieder ist der untere Knopf auf. Sie schüttelt ein wenig verwundert den Kopf darüber, dass ich wirklich fast nur für Fatima da bin und nur mit ihr etwas anfangen kann. Das Tizianrot ihres Haars kommt mir heute noch künstlicher vor als vor einer Woche, aber das mag daran liegen, dass die Wohnung kleiner ist und man alles genauer sieht oder auch daran, dass ich hier illegal wohne und polizeilich noch in Dresden gemeldet bin. Und weil Fatima und ich in Spiellaune sind, spiele ich auch noch die Pantomime vom Flohzirkus, aus Charlie Chaplins Film *Limelight.* Fatima hat sie noch nicht gesehen und lacht sich halb schief, die Mutter verzieht keine Miene.

Nie eine Zugabe an einen Besuch hängen, denke ich plötzlich. Wir sind dabei, alles zu übertreiben. Vielleicht sogar unsere Freundschaft. Je näher der zweite Abend rückt, desto dicker tragen wir auf. Fatima muss mit sanfter Gewalt ins Bett gebracht werden, sie gibt Widerworte und wird sehr laut, kommt mehrmals wieder und erklärt, nicht schlafen zu können, sie ist überdreht. Zuletzt einigt man sich, dass die Mutter zu ihr ins Zimmer kommt und sich auch schon zu Bett legt, damit Fatima einschlafen kann. Alle schlafen unruhig.

Der Montag nach Pfingsten, in der DDR ein Arbeitstag, wird heiß und staubig. Frau Heinze und Fatima bringen mich zum Bahnhof, ich habe versprochen, in einem Jahr wiederzukommen. Nicht erst in vier Jahren. Und in zwei Jahren zur Jugendweihe natürlich auch. Und wann besucht ihr mich? Ich bin unerreichbar, ich wohne in Atlantis, im verbotenen Land. Ich bin ein Bewohner des gelobten Landes, mein Leben ist unbegrenzte Freiheit und Überfluss. Es ist Abenteuer und ferne Länder und das Maul aufreißen können gegen jedermann. Aber ist es auch mein Leben, oder ist es das irgendeines mittleren Angestellten, der seine Blütenträume unter Bergen von Bewerbungen begraben hat und nun dieses Grab mit einer saftigen Ministerialzulage bekränzen darf? Gotha – Eisenach – Bebra. Die Bildzeitung, der kesse Ton der Stimmen, die abgeleckten Häuschen. Durch Zufall mein.

Es gehen wieder Briefe hin und her zwischen Bonn und Erfurt, und man merkt an ihnen, wie schwer uns das Schreiben fällt und unser Leben, über das es unendlich viel zu sagen gäbe, vor dem anderen auszubreiten, die Sätze lesen sich wie ein ständiges Staccato, und ähneln dem Stop Time Rag von Scott Joplin, wo das Schönste die Pausen sind, in denen eine Note nicht gespielt wird. Ich erfinde manchmal ein neues Wort, um Fatima das Lesen meiner Briefe zu würzen. Ein Foto verlange ich von ihr und nenne es Fotoma, zusammengezogen aus Foto und Fatima. An solchen Scherzen halten wir uns fest und erkennen uns immer noch, aber sie werden im Laufe des Jahres wieder rarer. Und sie schickt auch kein neues Foto, sondern verspricht es nur immer wieder. Und die Wunschliste ist auch ganz klein geworden, aber Jeans stehen drauf, und zwar von einer bestimmten Firma, ich verstehe die Unterschiede gar nicht, das Blau ist bei der einen etwas verschossener und bei der anderen etwas kräftiger, und vielleicht sitzen die Nieten an anderen Stellen, aber sonst? Nun, das ist euer Geheimnis und ich werde es beim Kauf sehr genau nehmen. Kenner wissen, dass sich der Osten vom Westen vor allem durch seine Jeans unterscheidet, die fetzen ganz anders.

Vielleicht gilt es auch für die Rock Musik, aber nicht mehr ausschließlich. Gruppen wie Karat sind schon mehr als passabel. Aber wenn noch ein Herzenswunsch genannt werden dürfte, dann wäre es eine Kassette von Udo Lindenberg. Nein, schreibe ich, die darf ich Dir nicht schicken, der ist bei euch nicht zugelassen. Hat sich zu unflätig über den Parteisekretär ausgelassen. Hat aber eine Schalmei von ihm bekommen, schreibt

Fatima. Na, wir werden sehen, vielleicht gibt es diesbezüglich ein Tauwetter.

Im April hat Fatima ihren 13. Geburtstag und ist jetzt ein Teenager. Sie berichtet, dass sie zu den acht Schülern aus ihrer Klasse gehört, die zum Pfingsttreffen dürfen. Aber sie schreibt mir nicht, wodurch sie sich qualifiziert hat. Die bekommen überall Vorzüge, schreibt sie. Ich wüsste gern, wie sich ihre Aktivität äußert. Sicher macht sie besonders eifrig in der FDJ mit. Ob sie auch schon Phrasen nachplappert? Kann ich gar nicht glauben.

Es ist August geworden, bis ich wieder nach Erfurt gekommen bin. Die Fahrt hat wieder etwas Abenteuerliches bekommen, denn ich habe die Kassette von Udo Lindenberg im Gepäck, sie enthält das staatsgefährdende Lied vom Sonderzug nach Pankow, in dem sich der Popstar über Erich Honecker lustigmacht. So eine Ware darf nicht in die DDR eingeführt werden, und ich habe daher das Corpus delicti kurz vor der Grenze aus meinem Koffer herausgenommen und im Aluminium-Aschenbecher versenkt, der in jedem Abteil unter dem Fenster angebracht ist. Dann habe ich zerknülltes Papier und Bananenschalen darüber getan und den Deckel zugedrückt und habe mit erhöhtem Puls gewartet, ob die Geldwechslerinnen oder die Passkontrolleure auf die Idee kommen, einmal in diesen Aschenbecher hineinzusehen. Aber sie haben keinen Blick auf den Aschenbecher verwandt und haben auch mein Gepäck nicht sehen wollen, und ich habe kurz hinter Wartha die Kassette wieder unter den Bananenschalen herausgeholt und mich zum ersten Mal wie ein Schmuggler gefühlt, ganz stolz.

Fatima hat die Kassette herumgetragen wie einen kleinen aus dem Nest gefallenen Vogel, den man nicht verletzen darf und überall, wo es ungefährlich war, vorgezeigt, aber es hat Tage gedauert, bis endlich ein Recorder aufgetrieben war, auf dem man Udo Lindenberg dann auch wirklich hören konnte.

Aufregend genug also meine Ankunft und das Mitgebrachte.

Jetzt wohne ich in Fatimas Zimmer und bin offiziell gemeldet als Gast. Ich bin als Patenonkel deklariert worden, denn nur Verwandte oder Gleichwertige dürfen privat bei DDR-Bürgern wohnen. Wie sie der Meldebehörde und der Polizei die Beweise dafür geliefert haben, ist mir ein Rätsel, aber ich wurde ihnen als Angehöriger bewilligt. Vielleicht ist Frau Heinze mit einem der Beamten ein wenig befreundet, oder sie hat ihm schöne Augen gemacht, oder es ist Geld im Spiel gewesen, vielleicht reichten auch treuherzige Beteuerungen und die Versicherung, dass der Besuch politisch vollkommen harmlos sei, egal, er wurde genehmigt. Herr Heinze war inzwischen ganz ausgezogen, wohin, konnte ich nicht erfahren; er tauchte nicht mehr auf, obwohl er als Name am Türschild noch gegenwärtig war. Aber man sprach nicht mehr über ihn und fürchtete sich nicht mehr vor seinen Wutausbrüchen und Räuschen. Die Heinzesche Ehe schien zu »ruhen«. Und Fatima war auch nicht mehr dieselbe. Man sah es schon an der Veränderung der ganzen Gestalt, auch war ihre Spontaneität unterbrochen, gedämpft, Launen unterworfen. Sie forderte meine Zeit und Zuwendung nicht mehr ein, war selten in meiner Nähe, redete wenig. Dann und wann schimpfte sie mit dem kleinen Bogdan, dass er mir zu viel Zeit wegnähme. Aber Bogdan war das einzige verbliebene Kind, und darum widmete ich mich ihm. Lustig waren wir nur am ersten Abend, da brach die Erinnerung an das im vorigen Jahr Geschaffene durch und wir spielten noch einmal das Pfänderspiel, wo die Hände auf der Tischplatte ruhen und bei jedem Kommando in die Höhe geworfen werden: Die Hühner fliegen, die Gänse fliegen, die Schweine fliegen – wer einen Fehler macht und Vierbeiner fliegen lässt, zahlt ein Pfand. Und stille Post haben wir gespielt und ich gab ein paar Soli. Imitierte Spejbl und Hurvinek. Aber am Samstag war Fatima kaum zu sehen. Den Nachmittag verbrachte ich mit Bogdan auf den Höhen von Melchendorf, in Begleitung ferngesteuerter Autos. Am Sonntag sollte ein Ausflug gemacht werden, aber weder Frau Heinze noch Fatima waren diesmal zu bewegen, irgendwohin zu fahren. Bogdan war allein bereit, Eisenbahn zu fahren. So fuhr ich mit ihm nach Arnstadt, und er trappte ganz brav neben mir her, nie quengelnd oder unleidlich. Nur ein Eis erbettelte er sich, als wir nach ermüdender Stadtbesichtigung zum Bahnhof zurückgingen. Am Montag musste ich zur Polizei um mich anzumelden. Fragen nach meinen Verwandtenstatus unterblieben zum Glück, man war wohl durch Frau Heinze vorbereitet, mich nicht in Gewissensnöte zu bringen. Auf einem langen Stadtbummel war ich allein. Es besserte sich nichts, Fatima blieb unzugänglich. Wir konnten uns nicht miteinander beschäftigen. Abends nahmen sich alle zusammen und machten Schreibspiele, aber nach zwei oder drei Runden war die Lust verflogen. Frau Heinze schickte die Kinder ins Bett und bot mir eine Flasche Bier an. Ich sagte ja. Sie trank keines, nur Limonade, und nahm sich eine Handarbeit vor. Und kam auf ihre drei Männer zu sprechen. Vom letzten, dem Wäschefahrer, war ja nicht mehr viel zu sagen. Da wusste ich bereits Bescheid. Der erste, Herr Bonk, Fatimas Vater, sei der beste gewesen. Der hatte Courage. Aber eben wieder zu viel. Der widersprach den Leuten von der Partei. Der konnte nichts stehen lassen, wie's gesagt war, immer musste der da dran rumzupfen. Immer noch ein Wort verbessern. Immer noch einen draufsetzen. Irgendwann schießen die dich ab, hab ich ihm gesagt. Ich hab ihn oft gewarnt. Halt wenigstens ab und zu deinen Mund. Das tat er nicht. Der war im Handel, bei der HO. Ein tüchtiger Mann, aber undiplomatisch. Dann verlor er seine Stelle. Angeblich wegen übler Nachrede. Aber es war Kritik, nicht üble Nachrede. Und da hat der sich nicht mehr erholt. Da ist der krank geworden. Wenn ers nicht schon vorher war. Fatima hat sehr an ihm gehangen. Sie war auch sein Liebling. Aus Oschatz stammte er. Sachsen. War blond wie Sie. Aber nicht so ruhig. Der konnte seine Klappe nicht halten.

Fatima erschien im Nachthemd in der Tür. »Bitte, rede nicht von meinem Vati, ja?« erbat sie sich.

»Warum denn nicht, Fatima?«

»Weil ich das nicht will. Gut' Nacht.«

Und weg war sie.

»Na ja. Und mein zweiter Mann, das war ein Rätsel. Dass der überhaupt geheiratet hat, hab ich nie verstanden. Der kam gar nicht mehr nach Hause. Der wohnte in seiner Werkstatt, in einem winzigen Hühnerloch. Dort baute er Motorräder um, ganz alte Modelle. Da baute er geschmuggelte Motoren ein und was weiß ich. Der hatte da eine alte Garage, und da bastelte er. Da krachte es manchmal nur so und qualmte. Lauter Fehlzündungen. Und dann machte er Probefahrten und verunglückte, kam humpelnd nach Hause, Schutzbleche unterm Arm. Und dann sah ihn mal wieder jemand, wie er mit großem Krach durch Bad Berka fuhr, wie ein Entsprungener. Ich kann Ihnen sagen. Die Männer sind mehr oder weniger … Verrückte! Jedenfalls sollten sie keine Familie gründen. Warum haben Sie keine gegründet?«

»Meine Verrücktheit sieht man vielleicht nicht so.«

»Auf welchem Gebiet liegt denn die?«

»Ich bin ein Bücherwurm. Alle Zimmer in meiner Wohnung sind mit Büchern verstopft. Und es werden immer mehr.«

»Hier hätten Sie's schwerer. Hier wird ja nischt gedruckt. Lenin haben Sie bestimmt nicht, haben Sie Lenins Werke?«

»Nein. Ich kauf keine langweiligen Bücher.«

»Hier gibts fast bloß langweilige. Hier müssten Sie sich umstellen.«

»Man kann ja auch welche schreiben.«

»Dann ist es schon besser, Motorräder zu bauen. Im Beiwagen hat er mich manchmal mitgenommen, Fatima auf dem Sozius. Aber selten. Seine Maschinen fuhren ja nur selten. Meistens stanken sie bloß und spuckten. Jetzt baut er so eine Maschine, wo man drauf liegt, wie in Amerika.

»Ach, der lebt noch?«

»Ja glauben Sie denn, ich bringe alle Männer unter die Erde? Freilich lebt der noch. In der Nordstadt. Bogdan geht jede Woche zu ihm. Aber mit so einem Mann kann man doch nicht verheiratet sein. Dann hab ich wieder geheiratet, und es ging wieder schief. Immer tiefer bin ich gesunken. Weil die Männer hier immer tiefer sinken. Das glaubense nicht. Man hat einen Mann und hat keinen. Kürzlich hör ich auf der Straße zwei Männer über mich reden. An die käm ich gerne mal ran, sagt der eine. Kommst du nicht ran, sagt der andere, die machts bloß für Westgeld. Das ist ein guter Witz, was? Wo sind wir denn schon.«

Frau Heinze brach in hektisches Lachen aus und stand auf. Sie räumte ihr Glas weg, ließ meines aber noch stehen.

»Wollen Sie noch ein Bier?«

»Nein, ich werde jetzt …«

Ich wollte sagen »zu Bett gehen«, vermied aber dann das Wort Bett und baute den Satz um. »… werde jetzt noch ein bisschen lesen.«

»Im Bett könnte ich nicht lesen.«

»Doch, kann ich. Muss ich sogar, damit ich einschlafe.«

Frau Heinze räumte nun auch mein Bierglas weg und blieb noch in der fensterlosen Küche stehen, rieb sich die Waden mit den Füßen und schien nachdenklich. Ich zog mich mit einem Gutenachtgruß in mein Zimmer zurück. Als ich zu lesen begann, drängten sich Frau Heinzes Männergeschichten in den Vordergrund. Ich musste schließlich ein paar Hopfenperlen nehmen, um Schlaf zu finden.

Mit Fatima wurde es auch am letzten Tag meines Erfurt-Besuchs nicht besser. Zwar ließ sie sich schließlich erweichen, den Ausflug zur Wartburg mitzumachen, auf gutes Zureden der Mutter hin, aber es kam den ganzen Tag über kaum etwas von ihrer alten Spontaneität zum Vorschein. Beim Aufstieg von Eisenach zur Burg ließ sie sich immer weit zurückfallen und klagte über die ihr zugemuteten Anstrengungen, drohte auch umzukehren, kam dann aber unwillig nachgerückt. Ganz anders Bogdan, der kleine Kerl war immer voraus, kletterte über die Felsen wie eine Gemse und freute sich, wie die Wartburg immer näher rückte und zuletzt nur noch durch eine waldige Senke von uns getrennt war. Alle Versuche, mit Fatima zu reden, ihr etwas über die Wartburg und den Doktor Luther zu erzählen, prallten an der zur Schau gestellten Langeweile ab. Ich ahnte wohl, dass es die beginnende Pubertät war, die Fatima verändert hatte und ihr den Zugang zu Geschichte und Landschaft erschwerte, sie war, wie alle Mädchen ihres Alters, jetzt in einem anderen Land, in das wir Älteren nicht hineinkönnen.

Der Ausflug missglückte. Wir machten die Führung durch die Wartburg nicht mit, da sie über eine Stunde dauerte, sondern stiegen ab. In Gotha hatten wir eine knappe Stunde Aufenthalt. Wir setzten uns ins Bahnhofsrestaurant und bestellten einen kleinen Imbiss. Während Fatima Pommes Frites in den

Mund schob, schälte sich ein Lächeln aus ihrem Gesicht, und ich glaubte für kurze Zeit, jetzt werde sie wieder die alte werden und mit mir lustig und albern sein. Aber die Aufhellung war nur von kurzer Dauer, im Zug gab sie sich wieder muffig und setzte sich an ein anderes Fenster als Bogdan.

Es war, als koste sie die eigenartige Verstimmung, in die sie sich hatte gleiten lassen, bis zur Neige aus. Auch der Abend brachte keine Wende. Mir kam der Gedanke, dass ich mit einem Kind befreundet gewesen war und nun, da diese Kindheit zu Ende gegangen war, auch unsere Freundschaft sich verflüchtigte und leise verfiel; weder Geschenke noch lustige Spiele konnten daran etwas ändern. Ich hatte die Freundschaft Bogdans gewonnen, Fatima sah es und nahm es mit Unlust auf, konnte aber nichts eigenes dagegensetzen und fühlte sich als Verliererin. So ist sie, bei meiner Abreise einen Tag später, nur noch etwas trauriger gewesen, aber weniger verstimmt, und beim Winken am Zuge blitzte in ihren Augen noch einmal die Botschaft auf, wir, nur wir sind Freunde, niemand sonst, verstanden?

Diese Erkenntnis bestätigte sich in den Briefen, die nun noch eine Weile gewechselt wurden. Ein Brief ist auch von Frau Heinze dabei, und in diesem Brief werde ich überraschend geduzt. Es schreibt sich leichter so, begründet Frau Heinze ihre Vertraulichkeit. Ich fühle mich überfallen und bin nicht einverstanden. In Erfurt gab es nichts, was das Du in so greifbare Nähe gerückt hätte, dass es sich dann wie von selbst ergab. Es gab Frau Heinzes Eröffnungen über ihre Männer, aber so etwas empfinde ich nicht als Annäherung. Für mich ist das Kraftfutter, das ich liegen lasse. Ich kaue lieber mein Bündel Heu. Ich gehe auf das Du nicht ein. Und sei es noch so systemüberwindend. Ich schreibe an Fatima, dass ich das nicht kann. Sie wird damit sicher überfordert sein. Sie erwähnt auch nichts davon. Sie schreibt nur, dass es immer noch keinen Kassettenrecorder im Hause gibt und sie könnte manchmal heulen deswegen. Und ich sollte die Namen *Alphaville, Forever Young, Nena, Depeche Mode* sowie *Master and Servant* notieren. Das seien ihre Lieblingsgruppen. Oh, es wäre so schön, einmal ein Punk zu sein, das wünsche sie sich sehr. (Aber wie kommt man dann zum Pfingsttreffen der FDJ?) Und auch die Mode sei jetzt herrlich fetzig, Netzhosen, Netzhemd, Plasteschuhe. Stattdessen müsse sie Übungen der Zivilverteidigung mitmachen, in grobe Stiefel und blaue Anzüge gepfercht, zum Fürchten. So ein Schmulli! Aber egal, egal. Du musst mir keine Pakete mehr schicken, ich bin nicht mehr so wie früher, dass ich alles haben möchte. Aber schöne Sachen gibt es.

Forever young, das klingt gut. Ob ich mir diese Musik einmal anhöre?

Fatima, Du bekommst Deine Musik, und wir werden uns auch einmal wiedersehen. Ich könnte mir vorstellen, dass wir einmal einen Urlaub auf der Krim verbringen, beispielsweise in Jalta, dort ist das Schwarze Meer mehr blau als schwarz, und die Pinien verstreuen ihre schmackhaften Kerne und die Palmen rauschen unnachahmlich. Jeder Baum rauscht unnachahmlich. Und dort laufen wir am weißen Stand entlang, wo Roosevelt und Stalin hinter herabgelassenen Jalousinen ihre Kräfte maßen, und die Brandung wäscht uns ganz sachte die Füße und wir lassens uns gefallen. Und ein ukrainischer Ziehharmonikaspieler sitzt in der Säulenhalle und spielt den Leuten auf. Warum machen wir das nicht?

Weil ich so etwas nicht brauche. Ich habe es jetzt nämlich geschafft, zum Pfingsttreffen der Freien Deutschen Jugend zu fahren. Ich habe im großen Manifestationszug ein Transparent getragen, da wächst eine große rote Blume aus einer kaputten Pershingrakete heraus. Und wir haben in Sprechchören »Nieder mit der Neutronenbombe« geschrien, ganz heiser war ich. Und Natascha aus der Nachbarklasse ist in einem Fanfarenzug mitgegangen. Ich habe eine Menge neuer Freundinnen und Freunde gefunden und das Fernsehen ist dagewesen und überall haben Busse gestanden aus der ganzen DDR, so viele hast du noch nie auf einem Fleck gesehen. Das war der schönste Tag in meinem Leben, ob du es jetzt glaubst oder nicht.

Ich glaube es dir, Fatima. Die Freude kann sich nicht aussuchen, wo sie nistet. Sie kann nicht warten, bis die richtigen Umstände es ihr erlauben, in voller Reinheit zu lohen. Und es ist ja eine Friedensdemonstration gewesen, auch wenn der Hass mehr oder weniger unerkannt in ihren Reihen mitschritt. Aber damit hast du nichts zu tun. Die Mehrheit ist eine große Kraft, und nach ihr richten wir uns, in ihr sehen wir das Richtige. Wenigstens, solange wir Kinder sind. Und später auch noch sehr oft. Den Fanfarenzug von Erfurt hättest du hören müssen, wie schön der gespielt hat. Am liebsten würde ich gleich Trompete lernen. Aber ich glaube ich bin nicht musikalisch. Wenn du mir noch mal etwas schicken willst, schicke mir bitte so ein kleines Blasinstrument, wie du es damals hattest. Auf dem konnte ich spielen. Und dann quäle ich dich nicht mehr. Deine Fatima.

Immer seltener kommen die Briefe. Eine Einladung zur Jugendweihe kommt, aber ich kann nicht über meinen Schatten springen. Das angebotene Du hindert mich, nach Erfurt zu fahren. Der Patenonkel verschwindet aus den Polizeiakten und langsam auch aus der Erinnerung. Er wird zur Episode, zum Kauz, der seine Fühler in die DDR streckte und sie dann, als sie sich mit Miasma beschlugen, nervös zurückzog.

Fatimas letzter Brief kam im Mai 85. Warum ist unsere Freundschaft auseinandergegangen? fragt sie nachdenklich. Und weiß die Antwort nicht. Ich habe sie ihr auch nicht gegeben. Ich habe immer wieder mein Kommen angekündigt, für 86 zum letzten Mal. Aber ich bin nicht gekommen. Ich bin nach Budapest gefahren und an den Plattensee, in die Vendee, an die Küste Liguriens. Ich habe Fatima keine Ansichtskarten mehr geschickt. Wenn sie größer ist, werden wir uns wiedersehen, habe ich gedacht. Und dann wird alles neu beginnen, auf einer anderen Ebene. Warten wir mal die Pubertät ab, habe ich gedacht, mit ihren unverständlichen und wirren Wertordnungen, in denen wir Erwachsene uns nicht zurechtfinden und zu denen wir auch nicht zugelassen werden.

Aber was werde ich mit einer neunzehnjährigen Fatima anfangen? Sie wird den Kopf voll haben mit jungen Männern, und alles wird sich um Liebe und Partnerwahl drehen. Da wird keine Zeit mehr sein für Jalta und zweckfreie Strandläufe und dankbares Genießen, Holiday von Nichte und Onkel, Patenonkel, Ehrenonkel. Ich fürchte, Fatima, da wird keine Zeit mehr sein für uns. Am 9. November 89 saß ich im Wohnzimmer des Rechtsanwalts Hinckel in Stolberg. Er schichtete Holzscheite in den Kamin, die etwas später zu einem wärmenden Brand angefacht werden sollten. Wir hatten Abend gegessen und wollten Bach hören. Die Tagesschau sollte noch dazwischengeschoben werden. Doch aus dem Bildschirm brach in die Wohnung Unglaubliches herein: die Öffnung des Brandenburger Tors. Der Grenzübergänge. Bornholmer Straße. Wirres Gestammel des Genossen Schabowski. Menschentrauben auf den Rampen des Sozialismus. Irrlichtelieren. Rechtsanwalt Hinckel vergaß, das Holz in Brand zu setzen, das Bachkonzert in Gang zu setzen, die Flasche Wein zu öffnen. Wir starrten wie angewurzelt auf das Unbegreifliche. Die Mauer war gefallen.

An diesem Abend habe ich an Fatima gedacht. Und in den Wochen danach habe ich wieder an sie geschrieben. Sie nach Bonn eingeladen. Aber es ist keine Antwort mehr aus Erfurt gekommen. Ich werde hinfahren und nach ihr suchen.

Erfurter Geschichte II

Am dritten Jahrestag des Mauerfalls sah ich im Fernsehen eine Gedenksendung. Günter Schabowski erzählte einem Journalisten seine Variante der Vorfälle. Auch jetzt schien er noch nicht ganz verstanden zu haben, was vorgefallen war und wie ausgerechnet er zur Schlüsselfigur historischen Schicksals hatte werden können. Die Distanz zu den Vorgängen war 1992 schon recht groß und man hatte Mühe, den Nervenkitzel, der sich damals eingestellt hatte, noch einmal zu spüren. Was ich immer noch sehr stark empfand, war die Dankbarkeit über die Größe des Geschenks, das mir als Deutschem gemacht worden war. Nach den vielen Beraubungen, deren Zeuge ich von Kindesbeinen an mit noch zunehmender Intensität geworden war – 1945 – 1949 - 1961 – 1968 und so fort, erhielt man jetzt auf einmal soviel zurück, dass es schwer war, anders als nacheinander und stückweise zu erleben, was geschehen war. Im Inneren blieb man eine Weile ungläubig: Der Kalte Krieg, die versperrten und verbotenen Länder – das sollte es nun auf einmal nicht mehr geben? Die östliche Allmacht, die wie eine Pranke auf allem Lebendigen gelegen hatte, sollte sich in nichts aufgelöst haben? Ich musste das auf mehreren Reisen und Wanderungen nachprüfen. Im Mai 90 hatte ich den Brocken bestiegen, als die Brockenbahn noch nicht fuhr, der Kranz der Betonwand, die die Sowjets um den Gipfel errichtet hatten, noch nicht ganz abgetragen war, der Gipfel selbst noch ein halbes Trümmerfeld war, voll von unhandlichem militärischen Gerät und bar jeder gastronomischen Einrichtung, nicht einmal einen Becher Limonade konnte man bekommen. Ich ahnte aber schon, dass hier der Tourismus sich schnell breit machen würde, in ein bis zwei Jahren würde man hier all das finden, was Ausflugsziele in Deutschland ausmacht, voran die Sonnenschirme der Brauerei. Westlicher Brauereien, die dann die östlichen überrollt haben werden. Die Harzdurchquerung mit der Dampfeisenbahn, von Nordhausen nach Wernigerode, hatte am Tage zuvor stattgefunden, noch spärlich war die Zahl der Neugierigen, die hier mitfuhren, ich erinnere mich an einige Schweizer, die ihre Fahrt im Film festhielten.

Nach dem desolaten Nordhausen wirkte das völlig erhaltene Wernigerode wie eine Außerkraftsetzung des Zeitfaktors, hier schien man das Jahr 1939 zu schreiben. Im Hotel zur Post kam ich für 20 Mark unter, konnte später aber feststellen, dass auch schon eine private Zimmervermittlung vorhanden war (geöffnet 14 bis 17 Uhr). Ich habe später noch von ihr Gebrauch gemacht! Nach Wernigerode hat auch Quedlinburg den Eindruck wohltuender Verwunschenheit auf mich gemacht, wenngleich hier der Verfall mitgewirkt hatte. Aber was altdeutsche Städte gewesen sind, konnte man hier wie nirgendwo sonst erfahren. In Magdeburg dann nicht mehr, hier ist städtebaulich der Moskowiter Sozialismus präsent, nur ein paar Straßenzüge um den Hasselbachplatz künden von verschwundener Pracht und Großzügigkeit und ein kleines Ensemble rund um den Dom. Ich erlebte hier die Ankunft der Radamateure der Friedensfahrt nach ihrer zweiten Etappe. Es war wohl das letzte Mal, dass diese Tour ausgetragen wurde. Und ich befand mich ja auch noch in der DDR . Halle hat mich dann wieder in Erstaunen versetzt durch seine Unversehrtheit. Der Manager im Christlichen Hospiz, wo ich ein Zimmer gefunden hatte, sagte mir, die Stadt verdanke das einem vernünftigen Stadtkommandanten, der von einer Verteidigung absah. (Die unverteidigte Stadt ward gerettet) Jena wiederum enttäuschte. Diese von Goethe so hoch gerühmte Stadt entfaltete ihren Zauber nicht mehr. Hier hat man zu unbekümmert Neues in das Alte hineingebaut. Aber Reste lassen sich natürlich immer finden, und mit diesen Resten begnügt man sich. Auf dieser ersten Fahrt in die befreite DDR (zugleich die letzte in die DDR) habe ich noch überfüllte Züge gefunden. Nachdem die D-Mark kam, füllten sich die Straßen, vor allem mit Audis, und die Bahnen leerten sich.

Ich bin jedes Jahr zweimal rübergefahren, einmal im Frühjahr und einmal in der Adventszeit. Im Frühjahr habe ich Mecklenburg, Brandenburg und Vorpommern gesehen, in der Adventszeit das Erzgebirge mit Schwarzenberg, Freiberg, Seiffen und den Thüringerwald mit dem Höhepunkt Lauscha. Das Staunen hat sich bisher nicht abgenutzt, und es entsteht ein Verlangen, dieses Land unermüdlich zu durchstreifen, bis man wirklich seine letzten Winkel erkundet hat. Und vor allem ehe die westliche Planungskamarilla überall ihre Autobahnen und Hochgeschwindigkeitstrassen in all diese Winkel hineingeführt hat, wodurch ein Land nicht erschlossen, sondern erdrückt wird. Aber wie sollen sie das sehen, die ja nie mit den Wanderschuhen gekommen sind. Freilich gibt es auch das Mondgebirge der Wismut Aue und die Halden von Bitterfeld und Leuna, freilich gibt es die Hinterlassenschaft der Sowjetarmee, Altölseen unter der Erde und Müllfelder darüber. Aber der Westen wird in weniger als vierzig Jahren das Land nachhaltiger entstellen, als der Sozialismus das vermochte, wenig effektiv auch darin.

In das Abschweifen der Gedanken hinein läutet das Telefon. Ich meldete mich tonlos.

»Hier ist Fatima.«

»Fatima? Aus Erfurt?«

»Na klar.«

»Wo bist du – bist du in Erfurt?«

»Nee, schon lange nicht mehr. Ich bin im Westen.«

»Und wo bist du da?«

»In der Nähe von Gießen.«

»Ich hab dir nach Erfurt geschrieben, gleich nachdem die Mauer fiel.«

»Da war ich schon weg. Ich bin im Sommer 89 raus.«

»Beim großen Exodus?«

»Nu klar, wie alle abgehaun sind. Über Prag bin ich raus.«

»Dann warst du bei den vielen, die wir im Fernsehen sahen.«

»Nee, im Fernsehen war ich nich.«

»Aber jedenfalls gehörtest du zu denen, die das Fass zum Überlaufen brachten.«

»Kann schon sein.«

»Dann hast du ja Geschichte gemacht.«

»Freilich. Du nich, gelle?«

»Leider nein.«

»Macht nischt.«

»Ja, und wann sehen wir uns?«

»Ich hab 'n Kind.«

»Verheiratet?«

»Nee.«

»Lebste bei deiner Mutter?«

»Nee, alleine.«

»Und wie alt ist dein Kind?«

»Vier. Fast.«

»Ja, dann ist doch alles kein Problem. Dann kannst du doch herkommen.«

»Im Frühling komm ich, ja?«

»Warum denn noch so lange warten?«

»Jetzt hamwer uns fast zehn Jahre nich gesehen. Da kommt's auf ein Vierteljahr auch nich mehr an.«

»Doch.«

»Warum?«

»Weil zehn Jahre zu lang waren.«

»Du hast ja aufgehört zu schreiben. Zur Jugendweihe biste auch nich gekommen.«

»Ich erklär dir das, wenn du hier bist.«

»Vor Weihnachten kann ich nich.«

»Also gut. Obwohl ich's blöd finde. Jetzt ist die Mauer weg und wir sehen uns wieder nicht.«

»Ich muss jetz die Domi ins Bett bringen.«

»Wie heißt die Kleine?«

»Domi, von Dominique.«

»Ach, französisch.«

»Ruf du mich mal an, Onkel Heinz.«

»Ja, klar, Wann bist du denn zu erreichen?«

Man hörte im Hintergrund Kindergeschrei und Fatima sagte, sie müsse jetzt auflegen. Es war auch nicht mehr viel zu sagen.

Oder aber so viel, dass eine Stunde nicht genügt hätte. Mich hatte dieser Anruf in eine eigenartig beschwingte Stimmung versetzt und ich ertappte mich dabei, wie ich mich rhythmisch durchs Zimmer bewegte und dabei die *Internationale* summte. Sie hat gehalten, murmelte ich vor mich hin, sie hat gehalten, diese Freundschaft über den eisernen Vorhang hinweg, hat sogar die gefährlichen Jahre der Pubertät überdauert, und wenn es jetzt wirklich zu neuen Grabenaushebungen kommt, wie man da und dort hören und lesen kann, und zu neuen künstlichen Abgrenzungen von Beleidigten und allzu Selbstbewussten, wird sie das auch überdauern. Aber was für eine Freundschaft soll das denn sein? Auf was soll sie sich denn gründen? Auf die Erinnerung an viele schöne Weihnachtspakete oder an zwei kurze Erfurtbesuche, bei denen sich nicht einmal allzu viel ereignete, außer, dass der Stiefvater ins Hinterzimmer gesperrt wurde und die Familie ohne ihn zum Waldkasino ausflog? Diese Freundschaft war mit Gelübden lebendig gehalten worden: Man werde sich nicht aus den Augen verlieren. Man werde die Grenze immer mit seinen Gedanken überwinden, und das hieß immer. »Zur ewigen Erinnerung« hatte Fatima auf das Foto geschrieben, das sie extra für mich hatte anfertigen lassen. Nicht vergessen! Das Land hinter dem Vorhang und seine Leute nicht vergessen! Nicht abschreiben! Nicht denken, es geht auch ohne sie! Nicht die Mühen scheuen, dieses vernachlässigte Land zu bereisen!

Das alles habe ich ja nicht getan. Dass ich nicht zur Jugendweihe gekommen bin, bereue ich heute sehr. Wo Fatima dort doch die Ansprache für die Jugendweiheteilnehmer gehalten hat. Dort hat sie nämlich über Treue gesprochen. Es gibt nichts Besseres als Freundschaft und Kameradschaft. Die, die heute zusammen zur Jugendweihe gegangen sind, die werden auch später nie ganz auseinandergerissen werden. Viele Gemeinschaften gebe es, sagte Fatima, die nicht halten. Von der Krippe angefangen (hier setzte Gelächter im Saale ein) über den Kinderhort und das Pionierlager und das Pfingsttreffen der FDJ. Das alles sei schön, aber die Jugendweihe sei mehr, die sei etwas für immer. An diesem Tag sei etwas gepflanzt worden, was immer grün bleiben soll.

(Hat ihr bei diesem Bild jemand geholfen? Die Mutter vielleicht oder der Stiefvater in einem lichten Augenblick?)

Spielt keine Rolle. Die Grundgedanken der Rede sind von Fatima, und es sind die Gedanken, die in ihrem Leben immer wiedergekehrt sind. Aber weder der Vater ist bei ihr geblieben noch die wechselnden Stiefväter, denen sie ja gerne eine treue Tochter gewesen wäre. Aber sie hatten sich doch abgewandt.

Fatima, ich bereue mein langes Schweigen, schrieb ich in dem Brief, der noch am selben Abend entstand, aber Du musst auch daran denken, dass ein Teenager für einen Erwachsenen wie ein Weggereister ist, in einem anderen Land lebt, sozusagen, mit anderen Gedanken und anderen Gefühlen, und auf einer ganz anderen Wellenlänge sendet und erst wiederkommt mit zwanzig, einundzwanzig, frühestens. Also hätten wir nur aneinander vorbeigeredet und uns missverstanden, ist es dann nicht besser, wir haben uns gar nicht gesehen in diesen Jahren? Und es wird auch jetzt noch nicht leicht sein, eine gemeinsame Sprache zu finden, denn du hast in gewisser Weise heroische Erfahrungen gemacht, als du dein Land unter großen Gefahren verließest, und nach solchen Erfahrungen spricht es sich sehr schwer mit Menschen, die nie in ihrem Leben eine Wahnsinnstat vollbracht haben. Falls du verstehst, was ich meine.

Diesen Brief habe ich nicht abgeschickt, sondern zerrissen und in Wasser aufgeweicht. Ich wollte Fatima keine Waffen in die Hand geben, die ihr vielleicht nur willkommen sein konnten.

Ich schrieb ihr stattdessen eine Postkarte mit einem Holzschnitt von Erfurt.

Unser Zusammentreffen zögerte sich hin. Eine seltsame Scheu band uns beide, auch Fatima.

Als habe man Angst vor Enttäuschungen. Als könne die Vergangenheit eine schöne Täuschung gewesen sein. Einmal, im Februar, versuchte ich Fatima zu überrumpeln, ich fuhr nach Bad Nauheim nd rief sie von dort aus einfach an, in der Hoffnung, bei solch räumlicher Nähe würde sie mich nicht abweisen können. Aber sie konnte. Ich kann dich jetzt nicht einladen, ich bekomme neue Fenster, sagte sie am Telefon. Es klang nach Ausrede. Andererseits kam die Erklärung so spontan, dass sie doch die Wahrheit sein konnte. Schade, sagte ich, da ist man sich so nahe und kann sich doch nicht sehen. Melde dich lieber vorher an, sagte sie fröhlich, und es wird schon mal klappen. In früheren Jahren, als ich um Mädchen warb, habe ich mich über Absagen dieses Genres manchmal hinweggesetzt und bin auf gut Glück angereist, habe die Jeweilige überrumpelt. Es ging selten gut aus. Einmal führte es sogar dazu, dass ich mir einen langen Vortrag anhören musste, warum es mit uns nicht ginge. Es ging dann später doch, aber der Überraschungsbesuch schlug fehl. Ich lief verwirrt am Ufer der Weser entlang und starrte hellerleuchteten Schiffen nach, auf denen fröhliche Menschen tanzten. Aus der Entfernung erschien das Leben leicht, fröhlich und ohne Dissens. Aus der Nähe diffizil und spannungsreich. Diesmal lief ich nicht an der Weser, war auch nicht liebeskrank, ich badete im Solebad von Nauheim, schwamm aus der geheizten Halle ins Freie hinaus, wo das Wasser auf die Winterkälte traf und Dampf bildete, sah einen fahlroten Sonnenuntergang und genoss alle die körperlichen Annehmlichkeiten, die einem zugänglich sind, wenn man nicht verliebt ist. Nur, wie war dieses Gefühl zu nennen, das mich mit Fatima verband? War sie für mich eine gedanklich adoptierte Tochter? Ein Kind aus armen Ländern importiert und fürsorglicher westlicher Liebe empfohlen ?

Als es dunkel geworden war, bestieg ich den Johannisberg mit seiner Sternwarte. Dass sie an diesem Abend offen war, sah man an dem roten Positionslicht, das durch den dunklen Wald zur Stadt herunterleuchtete. Die Sternwarte befand sich in einem alten Turm, der oben mit einer Kuppel versehen worden war. Etwa zehn Leute hatten sich eingefunden und ließen sich von den jungen Hobby-Astronomen, Gymnasiasten aus Friedberg, in die Astronomie einführen, zunächst mit hinreißend schönen Dias, die uns zeigten, dass auch im All kein ödes Einerlei herrscht, sondern erstaunliche Vielfalt, bis ins Farbliche hinein. Sogar die neun Planeten unseres Sonnensystems wetteifern miteinander, jeder scheint der interessanteste und ungewöhnlichste sein zu wollen.

Nach dem Vortrag stiegen wir ein Stockwerk höher und schauten durchs Okular in den offenen Himmel. Man musste, um mit dem Auge an das Fernrohr zu kommen, auf ein Treppchen steigen und sah dann als erstes die Venus, die wie ein Halbmond aussah, der auf dem Rücken lag. Draußen auf der Balustrade war ein stärkeres Fernrohr aufgestellt, einer der jungen Leute richtete es abwechselnd auf Sternkugelhaufen, Castor und Pollux und Andromedanebel. Gegen zehn oder später, sagte der Gymnasisast, würde man den Jupiter betrachten können. Aber soviel Geduld hatten die Leute auf dem Turm nicht. Ich war wohl der letzte, der noch in das Okular schaute. Soviel wie auf den Dias konnte man mit Auge und Okular nicht sehen. War der direkte Zugang zu den Dingen eher ernüchternd? Machten die Medien die Dinge bunter, schillernder, facettenreicher ? Oh, ich werde die Venus nicht vergessen, still und leuchtend in ihrer tausendfachen oder auch nur zweihundertfachen Vergrößerung.

Aber beim Abstieg durch den dunklen Wald fröstelte mich ein wenig beim Gedanken an das kahle Weltall, und ich tauschte die himmlischen Lichter gerne wieder gegen irdische ein. Und kehrte ohne zu zögern in dem Gasthof KRONE ein, der eine althessische Gaststube besaß, und bestellte Handkäse mit Musik und Äppelwoi, ein Getränk, das mir nur in Hessen schmeckt, dort allerdings auch angewärmt. Und nirgendwo im All sonst erhältlich.

Der Gedanke, dass Fatima mit am Tisch sitzen könnte, war falsch, denn es gab Dominique, und sie beanspruchte die Abende. Aber sie wird heranwachsen, und dann wird man sie mitnehmen können, oder es wird leichter, einen Babysitter für sie zu finden. Nein, dachte ich, als ich zum Hotel ging, es ist nutzlos, sich Gedanken zu machen, die Realität ist immer ganz anders. Ich unternahm keinen Versuch mehr, Fatima zu überraschen. Erst zur Buchmessezeit fuhr ich wieder nach Hessen. Ich kündigte ihr rechtzeitig an, dass ich diese Verbindung herstellen wolle und sie fand das auch ganz plausibel. Ja, die Buchmesse schien ihr ein zwingender Grund, nach Frankfurt zu fahren, und dass man den ganzen Samstag auf dem Messegelände verbringen musste, ließ sie ohne Widerspruch gelten, der Sonntag sollte dann ganz unserem Treffen gehören. Sie wusste mir sogar eine kleine Pension im Süden des Taunus zu nennen, dort habe sie selber einmal für mehrere Wochen gewohnt, ehe ihr das Sozialamt eine Wohnung in X. beschaffen konnte. Man komme dort mit der S-Bahn von Frankfurt aus leicht hin und soviel sie wisse, sei die Pension auch bezahlbar. Ich mietete mich da ein und bekam ein Apartment, das in einem Gartenbungalow lag, recht verwohnt und mit schäbigen alten Möbeln ausgestattet, es sah aus, als habe man hier längere Zeit hindurch Asylbewerber oder andere Flüchtlinge untergebracht und für sie eine billige Einrichtung gewählt, mit der die Bewohner ruhig lieblos umgehen konnten. Mehr als andere Pensionen, die ich kennengelernt hatte, atmete diese die Atmosphäre der Durchgangsstation. In dem alten Clubsessel, der im Raum stand, saß man wie in einem Hotelfoyer, auf einen Anruf wartend. Mehrere Seiten zu lesen, fiel schwer, schließlich legte ich mich auf das

Bett und las dort, die saubere Wäsche gab einen Hauch von Wohnlichkeit.

Zum Frühstück am anderen Morgen musste man durch den Garten zum Wohnhaus hinübergehen. Man betrat das Haus über die Terrasse und ein großes Wohnzimmer, das als Fernsehraum hergerichtet war. Das Frühstückszimmer enthielt zwei mit blauem Wachstuch bespannte Tische, dort erwarteten den Gast zwei junge Jugoslawinnen, die nur kurz ihr Gelächter unterbrachen, um zu ermitteln, ob man Kaffee oder Tee nehme.

Ich beeilte mich mit dem Frühstück, um mich nicht länger als nötig als Bittsteller zu fühlen, bezahlte 60 Mark und machte mich auf den Weg. Auf der Straße sah ich, wie nahe man hier am Taunus war, nur ein paar Wiesen schienen einen noch von dem Bergzug zu trennen. Die Sonntagsstille hier war ganz und gar kleinstädtisch, das Anonyme der Pension war ein Stück hierher verschleppter Großstadt.

Um neun Uhr war das Treffen mit Fatima am Bahnhof vereinbart.

Sie kam mir schon auf halbem Wege entgegen, mit dem Kind an der Hand. An dem Lächeln, das sich schon in einiger Entfernung auf ihrem Gesicht bildete, erkannte ich sie, ein Lächeln, das Gemeinsamkeiten beinhaltet, Erinnerungen auch, das Lächeln, das Fremde nie füreinander haben können.

»Das ist Onkel Heinz«, begrüßte sie mich. Das Kind fremdelte ein bisschen, wurde aber schnell zutraulicher.

War sie dieselbe, die ich vor zehn Jahren in Erfurt zurückgelassen hatte? Nur die Augen erinnerten an das Kind, das ich gekannt hatte, alles andere war umgeformt und erwachsen. Die langen blonden Haare waren nicht zu sehen, weil Fatima eine blaue Schirmmütze trug.

Wir schlenderten nebeneinander her und kramten in unseren Erinnerungen, die sich nur teilweise deckten. Den Ausflug zur Wartburg hatte sie in ebenso schlechter Erinnerung wie ich, fühlte sich auch schuldig an seinem Misslingen.

»Zur Jugendweihe hättest kommen sollen, da war ich schon wieder vernünftiger.«

»Weiß ich, weiß ich. Du hast sogar die Rede gehalten. Jeder macht eben Fehler. Mein Fehler war, dass ich mich nicht überwinden konnte.«

»Über deinen Schatten springen, gell.«

»Meine ganz schwache Disziplin.«

»Und grade das kann ich. Ich war immer aktiv. Drum haben sie mich auch nominiert. Nicht weil ich die Gescheiteste war. Weil ich aktiv war. Schlecht war ich allerdings in der Schule auch nicht. Ich wusste immer, von was die redeten.«

»Und auch, was sie dabei dachten?«

»Nee, Gedanken lesen konnte ich nie. War aber auch besser so. Was machen wir denn jetzt ?«

»Ich dachte, wir fahren ein bisschen raus in den Taunus. Vielleicht in den Opelzoo. Kennste den?«

»Ja, da waren wir schon mal. Ist aber schon ein halbes Jahr her. Vorher gehen wir aber erst mal zu mir. Damit du meine Wohnung siehst.«

Die Sozialwohnung, zu der mich Fatima führte, konnte sich durchaus sehen lassen, Wohnraum, Kinderzimmer, Küche und Bad, moderner als meine Bonner Wohnung. Zweifelhaft, ob ich auf dem freien Markt so schnell eine ähnliche Wohnung gefunden hätte und ich dachte daran, was Fatima über ihre Aktivität gesagt hatte. Als sie die Mütze abnahm, erschrak ich. Ihre Haare waren ganz kurzgeschoren, bis auf eine kleine Locke, die stehengeblieben war.

»Was hast du für eine Frisur , sagte ich. Du siehst ja aus wie …«

»Wie'n Skinhead, gell?«

»Beinahe.«

»Das haben schon viele gesagt. Aber ich mag's ganz gern.«

Während Fatima ihre Mutter anrief und ihr erzählte, dass ich da war, übergab ich Domi einen kleinen Teddy und ein Säckchen mit winzigen Püppchen, das ich im Dritte Welt-Shop entdeckt hatte.

»Das sind Sorgenpüppchen«, belehrte ich sie.

»Was is das ?«, fragte Domi, während sie die kleinen Püppchen aus dem Säckchen herausholte.

»Wenn man eine Sorge hat, dann legt man ein Sorgenpüppchen unter sein Kopfkissen und erzählt ihm die Sorge. Und dann geht sie weg.«

»Sowas könnt ich auch brauchen«, sagte Fatima. »Da musste mir mal welche geben, Domi.«

»Nein«, sagte das Kind. »Sind meine.«

Ich fragte Fatima, ob sie denn schon Sorgen habe.

»Mehr als genug. Die stehen bei mir Schlange.«

Sie setzte zwei Töpfe mit Kaffee auf den Tisch.

»Weißte noch, wie du uns immer Kaffee geschickt hast? Die Mutti hat den immer gespart, damit er lange reichte.«

»Was macht sie jetzt?«

»Die wohnt bei Frankfurt. Die hat doch 88 einen Hessen geheiratet. Aber die Ehe ist schon wieder geschieden. Die gerät immer an die falschen Männer. Und bei mir wird's mal genauso, wirst es sehen.«

»Gibt es dafür eine Erklärung?«

»Vielleicht. Aber ich will sie gar nicht wissen. Jetzt noch nicht. Ich bin ein Kämpfer, verstehste?«

»Klar.«

»Und bei dir, was ist bei dir los? Haste das Mädel gekriegt, hinter der du damals herwarst?«

»Was hab ich denn da erzählt?«

»Na, dass die so viel jünger ist. Flamme hast du immer geschrieben, deine Flamme.«

»Ach so. Ja. Die ist allerdings verloschen.«

»Dann muss man eine neue anzünden.«

»Es funkt nicht mehr so.«

»Bei mir funkt's dauernd. Vielzuviel. Vielleicht erzähl ich dir unterwegs was. Ich hab viel erlebt in den letzten Jahren.«

Während der Busfahrt nach Kronberg kam Fatima nicht zum Erzählen. Domi wanderte im Bus hin und her und fing Gespräche mit einzelnen Fahrgästen an, mit unfreundlichen geriet sie auch in Streit, schimpfte dann plötzlich laut auf jemanden ein. Ich war erstaunt, dass Fatima nicht sofort eingriff, sondern es zuließ, dass das Kind die Aufmerksamkeit der Fahrgäste auf sich zog. Ich fürchtete, dass jemand die Nerven verlieren und das Kind grob anfahren würde, doch es geschah nichts. Domi tobte sich aus und kam dann zu uns, um sich ein Bilderbuch anzusehen.

Im Opelzoo hielt sie sich dann mit großer Ausdauer bei den Streicheltieren auf, denen man übers Fell streichen kann, und versuchte auch sie zu füttern. Wir brauchten etwas Geduld, Fatima drängte das Kind nicht, gab ihr immer wieder neues Futter. Sie könne sich unwahrscheinlich lange mit einer Sache beschäftigen, viel länger als andere Kinder. Aber seit sie im Kindergarten sei, habe sie sich verändert.

»Das ist nicht mehr meine Domi, die ich da abends zurückkriege. Das ist ein anderes Kind. Das muss ich erst wieder kennenlernen. Die Domi, die war bloß an mich gewöhnt. Und jetzt muss die sich mit lauter anderen Kindern die Zeit vertreiben, und die haben alle ihren Kopf. Was glaubste denn, was das für 'ne Umstellung ist. Die Kindergärtnerinnen, die mag sie auch nicht. Die sind auch nicht gut, denen würde ich dauernd widersprechen, wenn ich da drin wär. Die reizen einen einfach zum Widerspruch. Ich hab in der Schule auch solche Frauen gekannt.«

»Du bist schon ein Rebell. Weißt du das?«

»Nu klar.«

»Aber jetzt gehen wir was essen, auch wenn dieser Imbiss hier ein bisschen primitiv ist.«

»Wieso ist der primitiv?«

»Na schau dir doch die Grillerei mal an. Diese Hähnchen da, sieht das nicht schrecklich aus.«

»Wie Grillhähnchen eben aussehen.«

»Oder dieses Frittenbad, wie die da ins Fett getaucht werden.«

»Ja, das ist doch so.«

»Drum mag ich's ja auch nicht.«

»Sonst noch was zu bemängeln?«

»Getränke aus Plastikbechern – das sollte eigentlich auch der Vergangenheit angehören.«

»Nu guten Tach. Findste die Leute auch primitiv?«

»Ich geh dir nicht in die Falle.«

»Glück gehabt.«

Wir haben dann doch gegessen und den Rundgang durch den Zoo fortgesetzt, und später auf dem Nachhauseweg sind wir noch einmal in einem Café eingekehrt, aber Domi hatte nirgends viel Lust, etwas zu essen oder zu trinken, jedenfalls nicht die Sachen, die auf der Karte standen. Auf dem Weg vom Bus zur Wohnung habe ich sie eine Weile auf den Schultern getragen, und da war sie ganz ruhig und zufrieden und sang auch irgendetwas Unverständliches, Selbstgereimtes vor sich hin. In der Stunde, die mir dann noch blieb, saßen wir wieder in Fatimas Wohnzimmer und sie gab mir einen skizzenhaften Abriss ihres Lebens in den letzten drei oder vier Jahren.

Domi spielte mit einem Nachbarskind im Freien.

Alles hatte damit begonnen, dass ihre Mutter in Erfurt einen Touristen aus dem Westen kennengelernt hatte. Einen Witwer aus Hoechst, Leiter einer Edeka-Filiale. Sie hatte mit Kolleginnen in einer Gaststätte Nikolaus gefeiert, und es war ganz ausgelassen und lustig zugegangen an dem Tisch, der nach und nach mit Geschenkkartons bedeckt worden war, lustigen Geschenken, und nach und nach war die Aufmerksamkeit eines anderen Tisches erregt worden, an dem Hessen saßen, und nach und nach war das Interesse des Männertischs an dem Frauentisch auch bekundet worden und zuletzt hatte man sich zusammengesetzt und angestoßen und grenzüberschreitend Nikolaus gefeiert. Und dabei hatte Eduard Zenker gemerkt, dass ihm Frau Heinze nicht nur gefiel in ihrer unverblümten und etwas kessen Art und mit ihrem sächsischen Tonfall, sondern dass sie als Fachverkäuferin auch noch ausgezeichnet in sein Berufsleben hineinpasste, und er hatte »Nägel mit Köpfen« gemacht. Er war ein paarmal nach Erfurt gekommen und hatte ›geworben‹, aber schon nach seinem dritten oder vierten Besuch war alles klar gewesen. Sie hatten in Erfurt geheiratet, genau gesagt, in einem Vorort von Erfurt in einer Landgastwirtschaft, weil Herr Zenker gerne das Ungewöhnliche tat, auch wenn es ein paar Schwierigkeiten dabei zu überwinden gab, aber den DDR-Behörden gegenüber hatte er auch seinen Stolz und genoss es, über sie letztlich zu triumphieren und ihnen zu beweisen: Ein freier Mann aus einem freien Land schafft auch das

Unmögliche, und er fürchtet sich nicht vor dem Sozialismus und ekelt sich auch nicht davor, und er würde sogar ganz gerne dableiben und das Gemüsegeschäft auf Hochglanz bringen, in dem Frau Heinze arbeitete, aber das würde ja nun nicht genehmigt und deshalb wähle er den anderen Weg, seine Frau zu exportieren. Viel Behördenaufwand, aber alles machbar, wie Devisenlieferanten wissen. Und so war Frau Heinze gegangen und hatte ihre Töchter in Erfurt zurückgelassen. Lauter Strohwaisen.

Auf der Hochzeit war auch Herrn Zenkers Sohn Martin anwesend gewesen, und dem hatte nun wieder Fatima gefallen, und sie fand ihn auch nicht abweisenswert, und praktische Erwägungen als Begleitumstände hatten gar keine Rolle gespielt. Und dann hatte man auch gleich Tatsachen geschaffen, das hatte sich einfach so ergeben, wie im Rausche eben, und ehe Fatima es sich versah, war sie schwanger, ohne dass vorher von Heirat oder ähnlich Ernstem die Rede gewesen war. Zwar hatte man ihr da und dort geraten, das Kind abzutreiben, aber mit dem Gedanken hatte sie keine Minute lang gespielt.

»Ich weiß nicht einmal«, sagte sie zu mir, »ob ich ihn geheiratet hätte, wenn er gekommen wäre. Wahrscheinlich hätte ich's getan, es kann aber auch sein, ich hätt's nicht getan. Denn je besser ich ihn kennenlernte, desto mehr merkte ich, der ist gar nicht reif als Vater. So verspielt noch, was er sich beruflich alles vorstellte, mit Computerspielen herumreisen als Vertreter und allen möglichen Goggolores. Früher ist er einen Gabelstapler gefahren, in einer Glasfabrik. Aber die haben viele entlassen, und er war dabei. Und dann hat er lange rumgehangen. Eigentlich bin ich wegen ihm in den Westen gegangen, weil ich ihn damals nicht gut kannte, bloß eben, dass er charmant ist und bei Frauen gut ankommt, und da dachte ich, ich muss nachhelfen. Aber das hab ich dann bald nicht mehr gedacht.«

Und dann hat sie mir mit ebenso knappen Worten wie alles Vorherige auch ihre Flucht erzählt, nicht eindringlich, nicht dramatisch, wie ältere Menschen oft erzählen und jüngere gelegentlich, sondern nüchtern, in Berichtform, manchmal etwas gelangweilt, weil sie es schon so oft erzählt hatte.

Zunächst habe sie im Jugendhaus HERMANN MATERN auf einem Clubabend mit Tanz ihren alten Freund Mischa wiedergetroffen. Den kannte sie schon seit der Jugendweihe, oder noch länger. Und der habe sie an diesem Abend gefragt, ob sie sich nicht fürchte, ganz allein in Erfurt.

Und ehe sie etwas antworten konnte, hatte er schon weitergeredet und den Namen Gorbatschow genannt und etwas von Reisen erzählt, die er mit anderen in der DDR gemacht hatte und noch machte, und dann hatte er erklärt, es braut sich was zusammen. Und dann war sie mit ihm nach Leipzig gefahren, und sie hatten dort in einer Kirche eine Diskussion miterlebt, wie sie sie in diesem Lande nicht für möglich gehalten hatte. Da hatte jemand vor dem Altar gestanden, kein Pfarrrer, sondern einer in einem weißen Pulli, und hatte mit einem auf der Empore geredet, laut, durch die ganze Kirche, und hatte gesagt, wir sind Staatsbürger, wir sind keine subversiven Elemente, wir sind keine Verschwörer, und was wir brauchen, ist ein Minimum an Öffentlichkeit, und das könnten wir von der Sowjetunion lernen, denn von der Sowjetunion lernen heißt Siegen lernen. Und so weiter. Und es hatte geknistert in der Kirche. Und da sei ihr eine Gänsehaut über den Rücken gelaufen, ehrlich. Und dann hätte sie mit Mischa irgendwo auf der Straße gesessen, und plötzlich hatte sie zu Mischa gesagt: »Ich will hier raus«. Wenn die Leute schon so reden, wie die in der Kirche, dann gibt es doch bald Verhaftungen. Denkste denn, die in Berlin wehren sich nicht? Die schlagen zu. Gut, hatte Mischa gleich gesagt, dann türmen wir zusammen Dann gehen wir nach Prag, in die deutsche Botschaft. Und dann hatten sie Karten und Fahrpläne studiert und waren ohne lange zu zögern, nach Dresden gefahren, mit ganz wenig Gepäck, einer ganz unauffälligen Einkaufstasche und Mischa mit einer Aktentasche. Aber auf dem Dresdener Hauptbahnhof hatten sie schon gesehen, dass es schief geht: alles war grün von Volkspolizei, als wenn die dort ihr zentrales Meeting hätten, und alle wurden gehindert, in den Zug nach Prag zu steigen, und die Papiere wurden kontrolliert, und einige wurden auch mitgenommen. Es sah aus wie in einem dieser alten Kriegsfilme, wo nicht viel fehlt und die Leute geraten in Panik. Dann sind sie zurückgefahren und hatten es eine Woche später wieder versucht, und da war keine Polizei da. Jedenfalls längst nicht so viel. Und da waren sie auseinandergerissen worden, aber sie hatten ausgemacht, sich in Prag am Masaryk-Bahnhof zu einer bestimmten Zeit zu treffen und dann gemeinsam zur deutschen Botschaft zu gehen. Aber Mischa war nicht wieder aufgetaucht, und da war Fatima allein gefahren, denn sie wusste, es gab kein Zurück mehr. Und im Zug hatte sie sich von einem Tschechen ansprechen lassen, der ihre Situation durchschaute und ihr versprach, sie als seine Bekannte auszugeben, wenn es zu Verhören kommen sollte, und er wollte sie auch mit zu sich in seine Wohnung nehmen, damit sie den günstigsten Zeitpunkt für die Ausreise abwarten konnte. Aber komischerweise war alles glatt gegangen, und sie war ihm in Prag dann doch weggelaufen, denn sie dachte jetzt oder nie, und ein großes Bier hatte sie getrunken, damit ihr alles ›bißl wurscht‹ würde, und das hatte auch gewirkt. Es war alles so schnell gegangen wie im Film, sie hatte auch nicht im Garten der Botschaft warten müssen mit den vielen anderen Jugendlichen, sondern war am selben Abend schon wieder im Zug gesessen.

»Ich hab's gar nich richtig mitgekriegt, so schnell ging alles. Erst wie ich in Bayern war, bin ich irgendwie aufgewacht. Da hab ich gedacht, jetzt haste's geschafft. Jetzt biste im Westen. Das Gefühl kann niemand beschreiben.«

»Wann war das ungefähr?«

»Na, im August 89.«

»Und als dann die Mauer aufging? Was dachtest du da?«

»Da hab ich gedacht, die jetzt rauskommen, sind zweite Wahl.«

»Und hast du nie daran gedacht, nach Erfurt zurückzugehen?«

»Nie. Das will ich alles vergessen. Radikal.«

»Deine ganze Kindheit? Das wirst du nicht schaffen.«

»Wetten dass?«

»Die Kindheit ist unauslöschlich.«

»Ich kann gut vergessen. Wenn ich was vergessen will. Und ich will viel vergessen.«

»Man vergisst nichts, man verdrängt.«

»Ich vergess. Wirst sehen. Das erste, an das ich mich später mal erinnre, das ist, wie wir über die Grenze fuhren. Wie ich das erste westdeutsche Dorf sah. Da fängt mein Gedächtnis an.«

»Das wäre sehr traurig.«

»Du hast dort nicht leben müssen. Du hast die DDR immer bißl rosig angehaucht gesehen. Haben viele im Westen gemacht.«

»Aber du warst doch gerne Pionier und all das. Und du hast dich auf die Jugendweihe gefreut. Und auf deine Ferienlager.«

»Stimmt, ich hab mitgemacht. Ein Kind macht ja auch leichter mit. Aber die Bonzen hab ich immer gehasst, die unehrlichen. Je älter ich wurde, destomehr hab ich die gehasst. Je mehr ich kapierte. Verstehste das? Die hab ich alle nach und nach vor den Kopf gestoßen. Alle. Kannste glauben. Wie ich achtzehn war, hat mich niemand mehr gedeckt. Es war wirklich so, wie Mischa sagte. Ich war in Erfurt alleine.«

Ihr letztes Geständnis hatte mich beeindruckt, obschon ich fand, dass es etwas zu nobel geklungen hatte. Nicht nach Widerstand, aber immerhin nach edlem Rebellentum. Jedenfalls wollte ich noch mehr hören. Als ich abfuhr, hatte Fatima versprochen, mich schon bald am Rhein zu besuchen, und das, ehe es kalt wurde, damit man noch ins Freie konnte.

Und sie kam auch schon vierzehn Tage später. Wenn man miteinander gesprochen hat, sich gegenübergesessen hat, ist alles, was vorher schwierig und langwierig war, einfach. Darum müssen sich wohl auch Politiker wieder und immer wieder sehen, sich die Hände schütteln, sich umarmen, damit sie einander die Worte und Versprechungen auch glauben können, die zwischen ihnen gewechselt werden. Und nicht einmal im Jahr, sondern mehrmals, und ohne dass andere Politiker dabei sind, auf die man eifersüchtig sein könnte. Und die, die sich vierzig Jahre lang gemieden und verabscheut haben, treffen sich auf einer marmornen Veranda, trinken Tee oder Kaffee zusammen, machen einen Spaziergang unter Palmen oder Zypressen, lassen sich die Darbietungen einer Bauchtänzerin vorführen, essen zusammen Abend, tauschen Tischreden aus, und auf einmal gerät der Kalte Krieg von vierzig Jahren ins Schwitzen, und unmöglich geglaubte Projekte werden realisiert, und Diplomaten eilen geschäftig hin und her, und lobende Presseartikel erscheinen, und Ressourcen werden gerettet. Leider geht es manchmal auch andersherum.

Fatimas Besuch bei mir begann vielversprechend. Wir gingen mit Domi am Rhein spazieren, den man von meiner Wohnung aus in ein paar Minuten erreicht, und das Kind begann gleich damit, Steine zu sammeln, graue rundgeschliffene Flusssteine, die nur im Wasser bunt aussehen und glänzen. Domi war bei dieser Beschäftigung wieder so ausdauernd, wie sie es im Streichelzoo gewesen war, und war von ihrer Mutter nicht von der Stelle, die sie gewählt hatte, wegzubringen. Auch das Versprechen, woanders würde es ebensolche Steine geben oder noch schönere, fruchtete nichts, und wir mussten eine Viertelstunde oder länger stehenbleiben und das Kind gewähren lassen. Beim Weitergehen ging es nicht ohne Tränen und Geschrei ab, Domi gerät in Wut und schreit ihre Mutter an, droht ihr allerhand Schlimmes an. Ich versuchte sie abzulenken, indem ich ihr große Baumwurzeln versprach, zu denen man kommen würde, wenn man weiterging. Domi tappte maulend und maunzend hinter uns her.

Später in der Wohnung bekam sie Papier und Malstifte und begann zu kritzeln, aber auf jedes Blatt nur ein paar Striche und Strichkombinationen, stets gleich auf einem neuen Blatt weiterkritzelnd. Ruhig wurde sie erst wieder, als Fatima ihr etwas aus einem Buch mit Gutenachtgeschichten vorlas. In dem Gästezimmer, in dem sich Mutter und Kind ausbreiteten, fanden sich auch noch einzelne Spielsachen, die sich nun mit den mitgebrachten vermischten. Es sah so aus, als würden beide ihr Zimmer wohnlich finden. Auch fand das Kind viel Gefallen daran, von Zimmer zu Zimmer zu wechseln und so die ganze Wohnung zu vereinnahmen, sie kam öfter in mein Arbeitszimmer und stellte Fragen nach einzelnen Gegenständen, beispielsweise wollte sie Näheres über die Gipsbüste eines lesenden Mädchens wissen, die bei mir auf dem Buchregal steht und die aus den zwanziger Jahren stammt. Dies, sagte ich, ist meine Leserin, sie bewacht meine Bücher und passt auf, dass ich auch alle lese. Domi versicherte mir, dass sie auch schon ein wenig lesen könne. Ich versprach ihr, wenn sie größer wäre, könnte sie kommen und meine Bücher lesen, zuerst die Kinderbücher, von denen eine ganze Menge da wären.

Fatima hatte sich, nachdem das Kind zu Bett gebracht war, die Hitlerbiographie von Fest aus dem Regal genommen und mit ins Wohnzimmer gebracht, um darin zu blättern und ein paar Abschnitte zu lesen.

»Das Buch interessiert mich, würdest du es mir mal ein paar Wochen leihen?«

»Gerne. Wie kommst du grade auf Hitler?«

»Da weiß ich so wenig drüber. Den haben sie immer schwarz gemalt bei uns in der Schule. Aber so schlecht kann er doch nicht gewesen sein. Was hältst denn du davon.«

»Von Hitler?«

»Na ja.«

»Das Schlimme war, dass die Menschen ihn gewählt haben. Dass sie sich von ihm führen ließen. Er hätte ein Untergebener bleiben müssen, und zwar in ziemlich niedriger Stellung. Als Bauzeichner oder Anfertiger von Blaupausen. Eine nützliche Arbeit verrichten und am Wochenende in einem Schäferhunde-Verein wilde Reden schwingen. Darüber, was Hunde alles lernen müssen. Wie man Schäferhunde nach Japan exportiert und nach Hinterindien. Von zwanzig Hundezüchtern bewundert und gefeiert. Da wäre er unschädlich geblieben.«

»Dafür war er wieder zu gut. Mit seinem phänomenalen Gedächtnis.«

»Das Schlimme bei uns ist, dass jeder, der wie wild darauf versessen ist, in Deutschland Politik zu machen, das auch erreichen kann. Weil die meisten es gar nicht wollen.«

»Aber er hatte Redetalent. Er hat die Leute mitgerissen.«

»Fatima, was hast du mit Hitler im Sinn?«

»Irgendwie imponiert der mir. Ich kenn Leute in meinem Alter, die finden das auch.«

»Mir imponiert der Mann nicht. Wer sich so übernimmt, sich so überschätzt, sein Volk überfordert, seine Armeen verheizt, wie ein Wildgewordener – wie soll ich den achten?«

»Wildgewordene gibt's viele in der Geschichte.«

»Das stimmt. Und findest du die gut?«

»Manche schon. Weil sie was erreicht haben. Alles oder nichts. Manchmal ist das gut. Wenn man immer schön brav ist und es allen recht machen will, erreicht man nichts.«

»Du hast recht, die Geschichte ist voll von Monstrositäten, von Radikalen und Extremisten. Aber muss ich das gutheißen?«

»Das will niemand wissen.«

»Richtig. Ich kann die ganze Geschichte ablehnen, und kein Hahn kräht danach.«

»Das tust du auch.«

»Was? Die Geschichte ablehnen. Ich glaub, das tust du. Aber das kann man nicht. Das geht nicht.«

»Fatima. Die Kreuzzüge. Der Dreißigjährige Krieg. Die Raubkriege Ludwig des Vierzehnten. Der Siebenjährige Krieg. Der Russlandfeldzug Napoleons. Alles Wahnsinn. Und Hitlers Russlandkrieg erst recht. Der hätte ja nun was aus der Geschichte lernen können.«

»Mit Krieg willst du nischt zu tun haben. Warst du nie bei der Bundeswehr?«

»Ich war Weißer Jahrgang, hab Glück gehabt.«

»Drum bist du auch so. Wenn du bei der Bundeswehr gewesen wärst, würdest du heute anders reden.«

»Bestimmt nicht.«

»Okay, diskutieren wir nich. Schauen wir bissel fern. Ist was Schönes drin?«

»Gewalt, Mord, oder Seifenopern.«

»Warum haste denn dann überhaupt so ein Gerät?«

»Fatima, ich kann über zwanzig Sender empfangen, und an manchen Abenden ist nicht ein einziges Programm drin, das ich mir ansehen möchte.«

»Und wenn du hundert Sender kriegen könntest, wär dann was dabei?«

»Mir würde es ja schon reichen, wenn ich den Mitteldeutschen Rundfunk oder Radio Brandenburg kriegen könnte, denn die haben oft DEFA-Filme im Programm.«

»Von denen hab ich genug gesehen.«

»Aber ich nich.«

»Du hättest aber drüben auch nich leben können, das sag ich dir.«

»Wo man vom Schicksal hingestellt wird, dort lebt man. Meistens schlecht.«

»Und manche hau'n ab. Du wärst nich abgehau'n, stimmt's?«

Mir missfiel die Wendung, die das Gespräch nahm und ich begann, von anderen Dingen zu reden. Vom Ausflug, den wir am kommenden Sonntag machen wollten und ob Domi gut laufen könnte und wie weit. Fatima zog sich bald zurück, sie sagte, sie wolle einmal früh ins Bett gehen und sich ausschlafen.

Am Tag darauf fuhren wir mit dem Zug an die Ahr. In dem von Felskuppen umgebenen Ort Altenahr bewährte sich Domi, sie lief und kletterte wie eine Gemse, ließ die Mutter oft weit hinter sich. Fatima protestierte einmal gegen steile und abschüssige Wege, und zuletzt mussten wir umkehren, ohne die Aussichtskanzel hoch über der Ahr erreicht zu haben. Alle hatten Appetit bekommen, und es wurde ein Gasthaus gesucht. Nach einigem Suchen fand sich eine Schnellgaststätte. Ich riet ab, sagte, das Essen hier wäre sicher nicht so gut wie in den gepflegteren Lokalen im Ort. Auch die Schnellgäste gefielen mir nicht, mit ihrer Motorradmontur.

»Was dich alles stört«, sagte Fatima. »Kuck mal, hier gibt's Schnitzel. Das wünsch ich mir doch schon so lange, ein Wiener Schnitzel.«

»Gut. Wenn's dir gut genug ist, gehen wir rein.«

Während wir auf das Essen warteten – die Getränke kamen schnell – erzählte ich Fatima, dass ich meinen nächsten Geburtstag feiern wollte, mit Swingmusik in allen Räumen und großem kalten Büffet.

»Dann komm ich und mach die Küchenarbeit«, sagte sie ohne zu überlegen. »Da brauchst du doch jemanden, das schaffst du doch nicht alleine. Mit deinem halbleeren Kühlschrank. Dann kauf ich auch alles ein. Du brauchst bloß die Scheine rauszurücken. Wirst du das schaffen?«

»Na hör mal.«

»Dann musst du auf deinem Balkon grillen. Kannste's denn?«

»Sicher. Ich kann sogar flambieren. Hab auf einem Gartenfest Bananen flambiert.«

»Dann mach das. Die Leute haben so was gern, die wollen was sehen. Du musst was bieten, Onkel Heinz, dann haste auch mehr Freunde.«

Fatima nahm Domis Limonadenglas und trank es halb leer. Das Kind reagierte mit einem Zornausbruch.

»Du sollst bei mir nicht trinken, das hab ich dir schon so oft gesagt. Merk dir das endlich mal, mein Fräulein. Dass ich immer böse werden muss mit dir, weil du mir immer wieder was wegtrinkst. Das wird einfach nicht besser mit dir. Das hab ich dir nämlich verboten mein Fräulein. Und dann lernst du das endlich mal, ist das klar!«

Fatima saß während dieser Tirade schweigsam und etwas schuldbewusst neben ihrem Kind. Domi war so laut und heftig geworden, dass man in dem Lokal aufmerksam wurde und zu uns herüber schaute. Ich bot Domi an, ihr eine neue Limonade zu bestellen. Aber sie lehnte es ab.

»Die soll mir das ersetzen, damit sie das endlich mal lernt.«

Als das Essen gebracht wurde, haute das Kind mit ihrem Besteck der Mutter in den Salat.

»Jetzt ist es aber gut, ja?« protestierte Fatima.

Ich bestellte noch eine Limonade, die Domi aber stehen ließ.

Als wir wieder auf der Straße standen, äußerte ich meine Verwunderung über den Ausbruch und sagte, er habe auf mich einen aggressiven Eindruck gemacht.

»Die Domi ist nicht aggressiv«, sagte Fatima schroff. »Und so ist sie erst seit dem Kindergarten. Und aggressiv ist überhaupt was ganz anderes.«

Ich merkte, dass ich ein Reizwort verwendet hatte und versuchte meine Bemerkung abzuschwächen. Aber eine leichte Verstimmung blieb für eine Weile bestehen.

Als wir zum Sessellift kamen, mit dem viele Touristen auf die Höhe der Ahrberge hinauffahren, bekam Fatima Lust, auch da hinaufzufahren. Ich sagte ihr, dass ich nicht gerne so hoch in der Luft hänge und Sessellifte meide. Darauf sprach sie ein junges Mädchen an und fragte, ob sie mit ihr und Domi hinauffahren würde. Das Mädchen war dazu bereit.

Als die Sessel sich ruckartig von der Plattform entfernten und an Höhe gewannen, winkten die drei mir zu. Ich verfolgte ihre Fahrt bis zum Gipfel, aber es war aus der Entfernung nicht auszumachen, ob sie ihnen Vergnügen bereitete. Es vergingen vielleicht zehn Minuten, dann konnte ich an der Farbe der Kleider erkennen, dass Fatima und Domi und das fremde Mädchen, das einen roten Anorak trug, wieder herunterkamen. Aber sie winkten mir nicht zu, und alles Vergnügen war aus ihren Gesichtern gewichen. Sie hatten Mühe, aus den Sesseln herauszukommen, wirkten wie erstarrt.

»Wie war es denn?« erkundigte ich mich.

»Es war schrecklich. Die Domi hat vor Angst gezittert.«

»Jetzt werdet ihr verstehen, warum ich nicht gern Sessellift fahre.«

»Ich hab gedacht, ich vertrag so was«, sagte Fatima.

Ich schlug vor, jetzt etwas Schönes zu machen, damit dieses unglückliche Erlebnis schnell in Vergessenheit geriet. An einem der vielen Ständer, die mit Waren bedeckt vor den Geschäften standen, entdeckte Domi zwei rosarote Ponies, die sie unbedingt haben wollte. Fatima kaufte sie ihr und es sah so aus, als könnte das Kind sich nun beruhigen.

Im Ort schlug ich vor, eine der hiesigen Weinstuben aufzusuchen. Aber ich wusste nicht gut Bescheid und wir gerieten erst in einen Probierkeller, in dem wir die einzigen Gäste gewesen wären. Obwohl es Fatima hier gefiel, drängte ich zum Gehen. Sie zuckte mit einem Blick zur Frau hinter der Theke die Achseln.

»Hier ist keine Atmosphäre«, zischte ich ihr auf der Kellertreppe zu.

»Was du alles brauchst!« spöttelte Fatima.

»Doch. Wenn man schon einen Weinort besucht, muss man auch in die richtigen Lokale gehen.«

»Also, dann such eins. Aber mach nicht zu lang.«

Beim nächsten Versuch hatten wir Glück. Wir fanden eine gut besuchte Weinstube, in der vor allem eine Gruppe Kölner Frauen hervorstach, die eine überaus muntere, manchmal in beherztes Singen übergehende, Unterhaltung führten. Domi machte sich schnell an diesem Tisch bekannt und forderte weitere Lieder, wollte auch einiges über Herkunft der Frauen wissen. Ein besonders lustiges Lied wurde ihr zuliebe wiederholt. Domi wollte das Lied lernen, aber eine der Frauen machte ihr klar, dass ihr das nicht gelingen würde. Ich bestellte Federroten, und Fatima schien die vorigen Ereignisse zu vergessen. Es war mir wichtig, dass sie sich wohlzufühlen begann, denn bisher hatte wenig ihre Begeisterung erwecken können. Auch meine Stimmung war jetzt eine Mischung aus Erleichterung und Optimismus, unsere Verstörungen erschienen mir geringfügig. Der Federrote geht schnell ins Blut, und nach dem zweiten Glas wurde ich geradezu ein wenig übermütig. Als wir aufbrachen, sagte Fatima, man könne ja ein paar Flaschen von diesem Wein mitnehmen, und wir ließen uns im Hausflur, wo der Wein verkauft wurde, einen Dreierkarton zusammenstellen.

»Ich hab noch nicht viel Wein in meinem Leben getrunken«, sagte Fatima auf der Straße. »Keine zehn Flaschen. Das gab's bei uns nicht so.«

»Ich bin auch kein Weintrinker. Es muss der richtige Zeitpunkt da sein und der richtige Ort, dann schmeckt er mir. Zum Beispiel schmeckt er mir fast immer im Anbaugebiet. Ein Glas Mosel, in einem Burghof oberhalb von Bernkastel-Kues getrunken, nach einer langen Wanderung – das ist einfach Harmonie. Oder ein anderes Erlebnis: Eine Weinstube in Tübingen, gescheuerte Holztische, Serviererin, die aussah wie das Käthchen von Heilbronn, altdeutsche Zöpfe, Schürze undsoweiter – da ein Viertele Ruländer – das bleibt im Gedächtnis haften.«

»Du kannst ja ein richtiger Genießer sein!«

»Ja, kann ich! Wenn das Ambiente stimmt! Wenn ein Gleichklang da ist zwischen Außenwelt und Innenwelt.«

»Nu hört euch das an«, lachte Fatima.

Wir standen auf dem Bahnsteig, es dämmerte, Domi suchte neue Bekanntschaften unter den wartenden Leuten, ich bewegte mich rhythmisch vor Fatima auf und ab, sie lachte über meine ›Fisimatenden‹. Es sah alles gut aus.

Aber kurz nach Remagen ließ die Wirkung des Federroten nach und unser Gespräch nahm wieder nüchternere Formen an. Fatima erzählte davon, dass sie bald eine Lehre als Altenpflegerin anfangen werde. Dann werde Domi noch weniger von ihr haben und noch mehr im Kindergarten sein, wagte ich einzuwerfen. Und noch aggressiver werden, fügte ich in Gedanken hinzu. Fatima witterte die versteckte Kritik und verteidigte sich. Irgendetwas müsse sie tun, andere schafften das auch. Ich fragte sie, wie sie mit den Alten zurechtkomme.

»Mit denen komm ich komischerweise gut aus. Aber nur wenn ich sie pflegen kann. Wenn sie noch rumlaufen können, hab ich Schwierigkeiten damit. Dann vertreten sie nämlich verknöcherte Ansichten und wollen einen immer belehren. Und das kann ich nich ab. Aber wenn ich sie pflege, sind sie friedlich. Is so.«

»Bei mir ist es umgekehrt«, sagte ich. »Ich hab alte Menschen immer ganz gut leiden können. Aber ich möchte sie nicht pflegen müssen.«

»Nee, als Pfleger könnt ich mir dich nich vorstellen. Als was könnt ich dich mir eigentlich gut vorstellen? Pfarrer wärste auch keiner, und Lehrer auch nicht.«

»Meine Großmutter meinte, ich wäre ein guter Postbeamter geworden.«

»Briefe sortieren, gell? Bibliothekar hätteste werden können. Bücher rumschleppen oder rumfahren. Mit solchen Wagen, wie sie in den Büchereien rumstehen. Oder Buchbinder. Nee, da hätteste die Geduld nich. Als Handwerker biste glaub ich zu nervös.«

»Weißt du, dass ich mal ein paar Monate lang Perlmuttschleifer war?«

»Du? Das gibst doch gar nich.«

»Doch.«

»Und das haste ausgehalten? Am Schleifstein sitzen, acht Stunden am Tag?«

»Zehn, und fünf Stunden am Samstag. Macht 55 Wochenstunden. Auf einem hölzernen Hocker ohne Lehne. An einem Schleifstein mit Exhaustor. Winzige Perlmuttknöpfe von minimal 1,8 Millimeter Durchmesser. Glattgeschliffen, im rechten Winkel. Stundenlohn: eine Mark zehn.«

»Erzähl keine Märchen, Onkel Heinz.«

»Das ist die Wahrheit. Und ich erzähl's dir auch nur, damit du siehst, wie vielseitig der Mensch ist, wieviele verschiedene Berufe er ausüben kann, wenn ihn die Umstände dazu zwingen.«

»In der DDR wärst du vielleicht Pfefferküchler geworden, in Pulsnitz. Hättest Pfefferkuchen gebacken.«

»Kann ich mir gut vorstellen.«

»Und nebenbei hätteste Gedichte geschrieben.«

»Manchmal denke ich, wie wäre es, wenn ich als Neger im Kongo geboren worden wäre. Keine soziale Sicherheit, keine Vergünstigungen.«

»Komm, jetzt spinn nich.«

Wir sind in Bonn. Müssen aussteigen.

Der Abend verging mit Baden, Memory-Spielen, Blätter vollkritzeln, ein wenig Fernsehen. Von der Bewegtheit des Tages war nichts mehr zu spüren, aber unter der Oberfläche vertieften sich einige Wahrnehmungen. Wortkarg zog sich Fatima gegen zehn auf ihr Zimmer zurück, sie wolle ausnutzen, sagte sie nur, dass sie hier so gut schlafen könne, weil es so wenig Hausbewohner gebe.

Am folgenden Tag hatte ich Frühdienst, kam mittags nach Hause, ein wenig schläfrig und lustlos. Im Wohnzimmer saß Fatima mit Ulli Küpper, der jungen Nachbarstochter (25), die uns schon am Tage von Fatimas Ankunft begegnet war. Domi spielte auf meinem Kieferntisch. Zu meinem Verdruss kritzelte sie über die Blätter, die ihr gegeben worden waren, hinaus und machte Eindrücke in dem weichen Holz. Es ärgerte mich, dass ihre Mutter nicht einschritt gegen diese Regelwidrigkeit.

»Sie sehn müde aus«, begrüßte mich Ulli Küpper.

»So sieht er doch immer aus«, sagte Fatima, und die Mädchen lachten.

Ich fühlte mich überrumpelt und fand keine passende Antwort. Meine Verstimmung vertiefte sich noch. Aber ehe ich mich vorwurfsvoll zurückziehen konnte, musste ich Vorwürfe entgegennehmen. Gegen Mittag hatte Fatima in meinem Kühlschrank nachgesehen, was sich Geeignetes für ein Mittagessen fand, hatte aber nichts Brauchbares gefunden. Daraufhin hatte sie Ulli Küpper aufgesucht, hatte einfach an ihrer Wohnungstür geklingelt und ihr erzählt, dass sie nichts zu essen habe.

Darauf war Ulli mit ihnen in eine Pizzeria gefahren, wo sie sich satt essen konnten. Und dann sei man noch zusammen am Rhein gewesen und Domi habe Steine gesammelt, buntere als beim ersten Mal. Ulli Küpper bestätigte, dass die Vorräte in meinem Kühlschrank nicht ausreichend waren für den Fall, dass man Gäste hatte. Das müsse sie mir einfach sagen. Und dann schauten sie mich alle sehr schlau und wissend an.

Ich legte mich eine halbe Stunde schlafen. Als ich ins Wohnzimmer zurückkam, war Ulli Küpper nach Hause gegangen. Fatima las im Hitlerbuch und empfing mich mit dem Hinweis, dass Hitler aber von allen Politikern ernstgenommen worden sei, auch von den Engländern und Franzosen.

»Wer erst einmal Macht hat, wird ernstgenommen. Es kommt darauf an, Unwürdigen die Macht zu verwehren.«

»Das sagt sich alles so leicht. Der Mann hatte unwahrscheinliche Energie.«

»Ich will darüber nicht mehr diskutieren. Jedenfalls nicht heute.«

»Brauchste auch nicht. Auf jeden Fall geh ich in der nächsten Zeit mal auf eine Veranstaltung vom Frey.«

»Geh nur hin, hör ihn dir an. Mach dir dein eigenes Bild.«

»Ich glaub nicht, dass er mir so schlecht gefällt.«

Tief durchatmen, dachte ich, nichts mehr sagen. Antiimperialismus, dachte ich, und Antifaschismus haben sie in der DDR weidlich schlucken müssen. Vielleicht finden sie ihn deswegen so unverdaulich. Vielleicht müssen sie sich alle erst einmal in Schmutz suhlen dürfen, ehe sie ihn dann für immer verlassen. Weiß man das denn?

Und ich dachte an die Blauhemden, die ich in Dresden auf dem großen Pfingsttreffen gesehen hatte, mit klingendem Spiel und mit Transparenten gegen die Neutronenbombe. War das

Verlangen nach den braunen Uniformen und den Jungmädelblusen nicht vielleicht ein Ersatz für die weggenommene Blauhemdenherrlichkeit? Ich ließ Fatima an diesen Gedanken nicht teilhaben, ich wusste, sie würde sie abtun. Wie auch andere sie abtun würden. Letztlich fand ich selber sie nicht überzeugend, aber wie oft ging man Gedanken nach, die man eher gewagt als überzeugend fand.

Der Abend brachte keine Entspannung. Eher neue Anspannung, als nämlich klar wurde, dass außer einer Büchse Erbsen aus Bundeswehrbeständen, mit sehr geringem Fleischanteil, nichts an warmen Gerichten im Hause war. Ich hatte die Erbsen schon warmgemacht, ohne vorher zu fragen, ob man sie auch haben wolle.

»So etwas«, sagte Fatima gereizt, nachdem sie in den Topf geschaut hatte, »würde ich mich niemals wagen meinen Gästen vorzusetzen.«

»Du hast am Telefon gesagt, Essen ist nicht so wichtig.«

»Für mich nicht, aber für Domi.«

»Ich habe dir aber gesagt, dass ich viel Vollwertkost auf meinem Speisezettel habe und wenig Fleisch.«

»Du vielleicht, aber andere nicht.«

»Hättest du doch einfach gesagt, wir lieben Fleisch, wir möchten jeden Tag Schnitzel essen. Dann wären jetzt welche da.«

»Deine Erbsensuppe hier, das soll wohl Vollwert sein. Das ist ganz billiger Fraß. Und dass du mir jetzt auch noch das Schnitzel vorrechnest, das ich gegessen hab.«

»Wie du alles verdrehst.«

»Und das, was du über die Domi gesagt hast, ist auch falsch. Die ist nicht aggressiv.«

»Ich meinte das Wort nicht abwertend.«

»Ist es aber. Du denkst, dass ich die Domi falsch erzieh.«

»Das ist nicht wahr.«

»Aber du weißt nichts von Kindern, weil du keine hast. Erzieh mal eins, dann können wir weiterreden. Aber das kommt ja nicht. Wo du doch niemanden akzeptierst. Du musst die Leute einfach so nehmen wie sie sind. Du verlangst es auch von anderen.«

»He! Was redest du da für einen Unsinn.«

»Ich bin froh ,dass ich so bin wie ich bin. Ich komm damit gut zurecht. Du mit deiner Art wahrscheinlich weniger. Ist deine Sache. Und dein ewiges Nörgeln. Nichts ist dir gut genug. Keine Kneipe, kein Spielzeug, die Leute passen dir nicht. Und die eine Zigarette, die ich am Tag rauche, die regt dich auch auf.«

»Du verrennst dich!«

»Wir fahren morgen nach Hause. Das passt alles nicht zusammen. Solche Menschen wie du sind mir fremd. Du deckst ja nicht mal für drei.«

»Für Domi wollte ich gerade einen Kinderteller herausnehmen und kleineres Besteck und eine Kindertasse.«

»Wenn du mal aggressive Kinder sehen willst, dann musste in den Kindergarten gehen. Da siehste die.«

Ich merkte, dass Fatima sich in eine Stimmung hineingeredet hatte, aus der sie bei ihrem Naturell sicher nicht durch Gegenargumente herauszuholen war, und schwieg. Sie schwieg nun auch, schweigend wurde der nun allen verhasste Erbsbrei heruntergewürgt (ich fand ihn auch schlecht), Domi aß gar nichts, sie kroch unter dem Tisch herum und spielte mit ihren rosa Ponies. Als sie erfuhr, dass morgen früh nach Hause gefahren werden sollte, fing sie an zu zetern. Ein kleiner Zirkus war doch ausgemacht worden, mit ›Cloonies‹, wie sie immer wieder betonte, sie wolle ihre ersten Cloonies sehen, das sei ihr versprochen.

»Gut«, ließ sich Fatima schließlich tonlos herbei, »dann gehen wir noch in den Zirkus, aber gleich danach fahren wir heim«. Ich bemerkte, dass ihre Atmung heftig und etwas stoßweise ging und erkannte daran ihre innere Bewegtheit. Fatima trug einen inneren Kampf aus. Sie trennte sich von den Gefühlen und Träumen ihrer Kinderzeit. Sie warf Erfahrungen über Bord, die ihr nicht mehr gültig erschienen.

Ich überlegte fieberhaft, ob ich eine Kritik an ihr geäußert hatte, die ihr unannehmbar erscheinen musste. Fand aber nichts. Nichts, außer dem ›aggressiven Kind‹. Das war die Wunde. Dagegen bäumte sie sich auf, da wurde die Mutter zur Tigerin.

Am nächsten Morgen beim Frühstück wurde der Zirkus Marrini gestrichen. Es gab keine Cloonies, und Domi weinte bitterlich. Ob sie mich denn wieder besuchen würden, wollte das Kind wissen. Ich war gespannt, was Fatima antworten würde. Ob sie sagen würde: Nie, nie wieder besuchen wir Onkel Heinz.

Weiß ich nicht, sagte sie nur. Nun mussten sie unwiderruflich abreisen, in diese Lage hatte sie sich selber gebracht. Es gab kein Zurück, es sei denn, sie erklärte ihren gestrigen Ausbruch für ein Außersichsein, das ihr leid tat. Aber das war es wohl nicht. Fatima war nur ihrer Natur gefolgt, und in der lag eine gewisse Radikalität. Ihre Flucht aus der DDR, ihre entschlossene Absage an den Vater ihres Kindes wären anders nicht möglich gewesen. Sie tat diese Dinge, obwohl sie schmerzhaft waren, und drang in neue Bereiche vor. Ich freu mich auf meinen Job, hatte sie irgendwann gesagt, und: Ich freue mich auf meinen Teddy, den Busfahrer. Obwohl er verheiratet ist. Ich geh niemals rückwärts. Auf der Ahrbrücke in Altenahr hatte sie das gesagt, wo der Fluss noch ein wenig Rauschen erzeugt und der schroffe Felsen mit einem Drahtnetz geschützt ist. Vaterfiguren werden abgestoßen, sofern sie dem hohen Ideal nicht entsprechen. Daran war ich ebenso gescheitert wie der Wäschefahrer Pietsch, über den ich so kurze Zeit einmal triumphiert hatte. War mein kurzer Idealglanz nur geborgtes Licht vom angebeteten Westen, den ich damals verkörperte, ohne für ihn typisch zu sein? Der Bus fuhr ab, das Kind winkte, Fatima hielt sich mit versteinertem Gesicht an einem der Haltegriffe fest – so war mein letzter Eindruck von ihnen.

Ulli Küpper erzählte mir ein paar Tage später, Fatima habe sie angerufen. Sie habe sie besuchen wollen, auch bei ihr wohnen.

Den ausgemusterten Onkel Heinz gar nicht benachrichtigen.

Ich würde dann, hatte sie gesagt, die Domi zu meiner Mutter oder zu einer Bekannten geben, und dann könnten wir mal richtig ausgehen, diskomäßig, oder technomäßig, oder in dieses Jugend-Inn, wo abends diese tollen Yuppies herumstehen und gelangweilt dreinschauen. Und wir würden mal richtig auf die Pauke haun! So hat sie sich ausgedrückt.

»Ich hab zu ihr gesagt, dass ich gerne mit ihr ausgehen würde und dass ich sie auch sympathisch finde, und so, aber zu Herrn Kindler auch eine ganz alte Beziehung habe, der gehört bei uns daheim sozusagen zum Familieninventar, und dem kann ich das unmöglich antun. Und ich find's eigentlich auch nicht gut, dass du das machen willst und ihn einfach ignorieren, als wenn da nie was gewesen wär. Und hab ihr abgesagt.«

Seltsam, dachte ich, da ist wieder diese Radikalität, diese Bereitschaft, die Gefühle anderer zu ignorieren. Was ist das für eine Eigenschaft, wo kommt sie her? Ist sie ein Einfluss des Marxismus-Leninismus? Des Konkurrenzkampfes in der Zeit der Diktatur? Opportunismus? Flucht vor Schmerz? Ich fragte Ulli Küpper, aber sie hatte keine Erklärung dafür.

Später habe ich einmal bei der Familie Küpper am Abendessen teilgenommen, und da ist die Geschichte noch einmal zur Sprache gekommen. Ulis Eltern erinnerten sich daran, wie sie mir und Fatima mit Domi auf der Straße begegnet waren und wie ich sie mit den Worten: »Das ist Fatima aus Erfurt vorgestellt hatte. Fatima hatte sofort abgewehrt: »Aus Frankfurt« Es war ihr peinlich, mit der DDR in Zusammenhang gebracht zu werden. Auch später hat sie mich deswegen noch einmal gerügt. Niemand brauche zu wissen, dass sie aus der DDR komme. Ich wäre stolz an ihrer Stelle, sagte ich, aus Erfurt zu stammen, wo Luther wirkte, Meister Ekkehart und, soviel ich weiß, Bach.

Aber dafür hatte sie keinen Sinn.

»Du hast dort nicht leben müssen«, sagte sie. »Wer dort wirklich gelebt hat, der ist nicht stolz. Der ist froh, wenn er das hinter sich hat.«

»Thüringen möchte ich gerne mal sehen«, sagte Herr Küpper. »Ich hab schon soviel darüber gelesen, und nie bin ich dagewesen. Vielleicht machen wir sogar eine DDR-Rundfahrt, damit wir noch was von damals sehen. Wenn der Westen sich erst mal rapide nach drüben ausbreitet, dann lohnt es sich vielleicht gar nicht mehr.«

»Genau«, sagte ich. »Es wird eine Kolonie.«

»Et wächst schon zusammen«, sagte Frau Küpper. »Aber et braucht Zeit.«

»Vielleicht wächst es aber schlecht«, opponierte Herr Küpper. »So wie manche Wunden schlecht heilen, wenn schlecht operiert worden ist.«

»Trotzdem, für mich das schönste Geschenk, das uns seit dem Zweiten Weltkrieg gemacht worden ist«, bemerkte ich.

»Dagegen ist nichts zu sagen«, meinte Herr Küpper.

Praha - die Brücke

Ich habe Prag wiedergesehen, nach achtzehn Jahren. Es ist nicht mehr die Stadt von damals, eine Stadt der Kasernierten und der Camouflierten, der Vorsicht und des Flüsterns. Es ist wieder die Stadt in der Mitte Europas, in der ein lauter und bunter Menschenstrom den Muff von vierzig Jahren fast schon weggeschwemmt hat. Obschon Straßenhändler und Geldwechselstuben das Bild beherrschen und Touristengruppen sich von morgens bis abends durch die berühmteren Straßen wälzen, findet man auch noch die stillen Gassen und die moderaten Preise. Das Café SLAVIA an der Moldau ist geschlossen, vielleicht wird es modernisiert oder wechselt den Besitzer, aber das Café EUROPEISKI am Wenzelsplatz (Jugendstil bis in die Stühle) ist noch wie immer, und der Kaffee kostet dort immer noch eine Mark, man wagt gar nicht, zwanzig Minuten lang einen der kostbaren Sitzplätze zu okkupieren bei diesem Preis. Eine U-Bahn gibt es jetzt, die schreiben sich die Kommunisten noch zugute und sehen zähneknirschend zu, wie sie der Klassenfeind leichtherzig benutzt. Aber die Kommunisten haben auch den schönen Hauptbahnhof, den Wilson-Bahnhof, eines der bedeutendsten Prager Jugendstilgebäude, sterilisiert, indem sie den alten Bau seiner Funktion einer Ankunftshalle beraubten und einen unterirdischen Vorbau schufen, in dem sich alles Leben und Treiben abspielt, an der Bahnhofsfront führt heute eine Schnellstraße vorbei, und man kann nicht mehr, was ursprünglich Sinn des Gebäudes war, aus seinen geschweiften Flügeltüren auf einen geschäftigen Platz hinaustreten, wo die Stadt den Fremden breit und behaglich willkommen heißt.

Hebky, der mich am Hauptbahnhof abholte, Hlavni Nadrazi, führte mich auch gleich in die U-Bahn, so dass ich gar nichts Überirdisches sah, bis wir im Stadtteil Dejvice ankamen. Von der U-Bahnstation waren es nur ein paar Minuten zu seiner Wohnung. Wir sind da, sagte Hebky und blieb vor einem unscheinbar gewordenen Bau der dreißiger Jahre stehen. Das Haus war einmal als Villa konzipiert worden, im Stil neuer Sachlichkeit offenbar, Flachdach, 1930 offenbar etwas Avantgardistisches, muss einmal mediterran gewirkt haben, hat sich aber als unpraktisch erwiesen, vor allem gegen den böhmischen Winter. Durchgeregnet hat es auch erst wieder in diesem Sommer. Der Bau ist als symmetrische Doppelvilla angelegt gewesen, von zwei Brüdern namens Schönbaum gebaut, Prager Juden, der eine Rechtsanwalt, der andere Professor für Mathematik. Letzterem gelang es 1938, sich den Nazis zu entziehen und nach Amerika auszuwandern, ersterer war nicht misstrauisch genug, wurde von den Nazis aus seinem Haus geholt und nach Auschwitz gebracht, von wo er nicht wiederkam. Während des Krieges haben deutsche Offiziere in dem Haus ihr Quartier gehabt, nach dem Krieg die Kommunisten, die es dann an in ihren Diensten stehende Naturwissenschaftler vermieteten. Die Villa wurde geteilt, was deshalb möglich war, weil es einen Herren-und einen Dienstbotentrakt gab und auch getrennte Eingänge. Hebkys Eingang war der Dienstboteneingang, schmalere Tür, enges Treppenhaus, Steinstufen. Allerdings war die Wohnung im ersten Stock aufgeschnitten worden und einige Zimmer des ehemaligen Herrentraktes gehörten nun zu Hebkys Wohnung, der nun halb wie ein Herr und halb wie ein Hausmeister wohnte. Zum zweiten Stock führte eine steile Holztreppe, dort gab es noch zwei kleine Zimmer, früher offenbar Kinderzimmer. Auch Hebkys Kinder waren hier aufgewachsen. Jetzt waren die Zimmer Gästen reserviert. Frau Hebky hatte mir dort zwei Betten vorbereitet, eines mit einem Federbett und eines mit dünner Decke, Sommer- und Herbstlager, und ich durfte mir eines auswählen. Ich wählte, da der September mit Regen und kalten Nächten angetreten war, das Herbstbett. Vorhänge gab es in dem Zimmer nicht, auch keine Jalousien, ich hatte, wenn ich abends spät noch im Bett las, stets das Gefühl, von der gegenüberliegenden Seite aus gesehen zu werden, was mich aber von Tag zu Tag weniger störte. Die Fenster klemmten, seit Jahren waren sie nicht mehr abgehobelt und gestrichen worden, das Holz war entfärbt und gequollen. Nachts drang das rötliche Licht der Straßenlampen ins Zimmer, aber es war schwach und blendete den Schlaf nicht. Ich dachte an die Kinder, die hier einmal gelebt hatten, tschechische und zuvor deutsche, vielleicht jiddische Rufe über der engen Treppe, Toben und Poltern, dann plötzlich das Verstummen, deutsche Befehle auf der Straße. Im Herbstbett die Scham, diesem skrupellos expandierenden Volke anzugehören, das überall seine Zinken hinterlassen hat. Das Unvermögen, etwas abzutragen von deutscher Arroganz. Einschlafen mit Hopfenperlen. Früh polterte ich ein bisschen auf der Treppe, damit Hebky und seine Frau gewarnt waren, dennoch fand ich sie einmal beide eingenickt vor, er auf der Wiener Bank sitzend, sie in einem Sessel. Und stets standen sie auffallend hilfsbereit da, wenn ich ihre Wohnung betrat, und fragten nach meinen Wünschen. Lauerten meinen Wünschen auf. Fast nahmen sie, obschon sie die Gastgeber waren, etwas von der Rolle der hier einst tätigen Bediensteten an. Hebky ging schon lange vor acht in einen nahegelegenen Bäckerladen, um Mohnstangen und Weckerln zu holen. Leider, entschuldigte er sich, während ich die Weckerln aufschnitt, ist das Gebäck nicht so gut wie bei Ihnen. Es gäbe keine richtigen Bäckereien, nur die alten Brotfabriken, In der CSSR, müssen Sie wissen, ist radikal alles verstaatlicht worden, anders als in der DDR oder in Polen. Bei uns sind sie am weitesten gegangen, und das rächt sich jetzt.

»Aber es wird wieder Bäcker geben.«

»No, es wird sie geben, aber wann. Ich werde nicht mehr in die Lage kommen, Ihnen besseres Gebäck vorzusetzen.«

»Die Mohnstangerl sind recht gut.«

»Na, dann bring ich morgen mehr davon.«

So schämen wir uns weiter, ich wegen der Nazis in Prag, und er wegen der dilettantischen Kommunisten, die sein Land ruiniert haben. Denn in den Dreißigern, als er in den französischen Alpen war, galt die Krone als eine starke Währung, beteuerte er. Seine Gesundheit war nicht mehr die alte, ein zweiter Herzinfarkt hatte sich ereignet, und nun ermattete ihn die sommerliche Hitze so sehr, dass er mich nicht mehr in die Stadt begleiten konnte. Nur einmal ist er mitgefahren, in ein Konzert im Smetana-Saal; ich hatte mich darauf versteift, in diesem berühmten Jugendstilsaal, einem der wenigen, die es noch gibt, unter den Deckengemälden Muchas, ein Konzert mitzuerleben. Zu meiner Überraschung bekam ich Karten, vielleicht, weil Zwischensaison war und die ganz großen Orchester zur Zeit nicht spielten, aber auch die Marienbader Synfoniker waren mir recht, dazu ein deutscher Chor mit einem Te Deum von Charpentier. Und dazu gab es Schuberts Unvollendete. Hebky blieb auf dem Weg zur U-Bahn einige Male stehen und musste Nitroglyzerin-Pillen nehmen, die die Durchblutung fördern, und daran sah ich erst, wie schlecht es ihm ging. Das Konzert war überwiegend von Touristen besucht, hinter uns saß ein Amerikaner in einem roten Anorak, der ständig seiner Familie seine Einfälle mitteilte, auch Jugendliche in Turnschuhen waren zu sehen und Füllige in luftigen Freizeitanzügen. Wer zieht sich denn ins Theater noch festlich an? Jeder demonstriert im Theater mit einigem Stolz das gesellschaftlich Erreichte, der Gruppentourist demonstriert die Demokratisierung der Kunst, zu der nun auch er Zugang hat, und zwar in einem Gewand, in dem er auch beim Frühstück sitzt oder abends um den Block joggt. Der Snob demonstriert, wie wenig ihn die allgemeine Nivellierung beeindruckt und kommt im dunklen Abendanzug mit Krawatte oder gar mit Fliege. Im Applaus sind sie dann doch wieder vereint, der elitäre Enthusiasmus lässt sich akustisch kaum von der gutgläubigen Begeisterung des Gruppentouristen unterscheiden, und es durchdringt sich alles. Nur das Orchester reagiert verhalten und betrachtet das applaudierende bunte Publikum mit starren Gesichtern, man ist nicht bewegt, weil der Begeisterung im Saal heute die Kompetenz fehlt. Hebky lobte nur den Chor, das Programm war auch ihm zu geistlich, zumal man nach der Unvollendeten noch eine ganze Messe gebracht hatte – dem Chor zuliebe. Man hätte jetzt noch in die Bierhalle im Keller des Repräsentationshauses gehen und einen Krug Pilsener trinken können, aber Hebky musste sich des Alkohols ganz enthalten, und so fuhren wir zurück nach Dejvice. Er erzählte an diesem Abend aus seinem Leben; als Student hatte er Orgel gespielt, als Schüler ein eigenes Marionettentheater gebaut, vielleicht war er damals vom Pilsener Marionettentheater des Josef Skupa angeregt worden, der die Puppen Spejbl und Hurvinek erfand. Schüler Hebky aber bastelte sich klassische Figuren, er führte das Puppenspiel vom Doktor Faust auf, das auch eine Höllenfahrt enthielt, und lud sich Schülerinnen und Schüler dazu ein. An die Stirnleiste seiner Bühne hatte er mit Buchstaben aus Goldpapier die Worte geheftet, die auch an gleicher Stelle im Nationaltheater prangen: Narod sobe, das Volk sich selbst. Die Puppenkiste ist lange erhalten geblieben und wurde, als Hebky eigene Kinder hatte, auch noch einmal geöffnet, später freilich ist sie verloren gegangen. Ich wusste, sagte ich, dass wir eine verborgene Gemeinsamkeit haben: ich habe in den sechziger und siebziger Jahren Stabpuppen gebaut mit Köpfen aus Knetmasse, mit denen ich den Kindern aus meiner Nachbarschaft Vorstellungen gab, zuletzt spielten die Kinder selber damit und übertrafen mich an Einfällen mit Leichtigkeit. Sie variierten zwar nur meine Spielvorlagen, aber was sie zum Beispiel meinen Neger im Pelzmantel alles sagen ließen, wäre meinem Gehirn nie entsprossen.

»Ano«, sagte Hebky, »beide sind wir also Puppenspieler gewesen. Was ist das Besondere an einem Puppenspieler? Dass er gut und böse ganz einfach ausdrücken kann.«

»Dass es überhaupt noch eine Rolle für ihn spielt.«

»Dass der Teufel wirklich zu erkennen ist.«

»Und die Welt relativ einfach.«

Frau Hebky hat nicht viel gesagt zu unseren Gesprächen, aber sie hat alles verstanden. Wenn Hebky um ein Wort rang, hat sie es ihm oft souffliert, sie nannte sich selber eine Souffleuse, die aber nie viel eigenen Text hatte. Stets fielen ihr die Wörter ein, die ihm entfallen waren. Ein schönes Symbol für eheliche Ergänzung.

»Vielleicht werden wir in Prag nicht mehr lange wohnen«, sagte er. »Die Miete haben sie uns von 400 auf 1000 Kronen erhöht, und wenn das so weiter geht, werden wir es nicht mehr bezahlen können. Der Staat verkauft die Villa, im Moment ist noch kein Interessent da, aber es wird sicherlich bald einer kommen, und dann muss er investieren, und dann wird das Wohnen hier - wie sagt man?«

»Unerschwinglich«, soufflierte Frau Hebky.

»No. Dann werden wir das Schicksal vieler Prager haben, die in alten Häusern gewohnt haben für geringe Mieten. Dann fallen wir aus dem Nest.«

In diesem Falle würde er, gestand Hebky, in sein Landhäuschen in Luzna ziehen, das er vor Jahren käuflich erwarb. Dort stehen schon viele seiner Bücher, dort steht ein zweiter Fernseher, mit dem der Westen empfangen werden kann (Prag liegt zu sehr in der Senke, jedenfalls Dejvice), dort sind schon viele der Möbel. Und vor allem werden dort die Härten der neuen Zeit nicht mehr ganz so schmerzlich sein, denn die Provinz mildert alles, auch den kapitalistischen Geist der Zeit. Und sie mildert auch die Erinnerungen an das goldene Zeitalter der Tschechen, die Masaryk-Ära, wo Unabhängigkeit und Wohlstand zum ersten Mal in der tschechischen Geschichte aus eigener Kraft hergestellt waren. Es ist ein schönes Gefühl, in dieser Ära gelebt zu haben, es ist auch nicht übel, das noch zu erleben, was jetzt geschieht, wenn sich auch vieles zum Schlechteren wendet.

»Wollen wir nicht doch einmal zusammen über die Karlsbrücke gehen?«

»Die Karlsbrücke will ich jetzt nicht sehen. Da laufen zu viele Sieger.«

In Tabor, der Hussitenstadt, auf dem trutzigen Turm des Kotnov, beim Blick auf die eigenartig radial angelegte Stadt, die deutlich vom gotischen Städtebau abweicht, fragte mich ein älterer Mann auf englisch, ob mit mir auch deutsch zu reden sei. Als ich bejahte, gab er sich als Sudetendeutscher zu erkennen, jetzt freilich in Norwegen lebend, aber voller Neugier auf seine einstige Heimat. Zunächst wollte er nur wissen, ob ich ihm über das Kloster Auskunft geben konnte, dessen rote Zwiebeltürme sich auffällig aus dem Waldesgrün herausschälten. Ich las ihm aus meinem Stadtplan vor, dass es das Wallfahrtskloster Klokoty sein müsse. Wir merkten schon nach einigen Sätzen, dass unsere Erfahrungen und Empfindungen in Böhmen sehr ähnlich waren und ergingen uns in Begeisterung. Auch die alte Brauerei, deren Gebäude sich fast in die Burg Kotnov hineinbohrten, dem Burgturm einen Brauereischornstein gegenüberstellend wie ein Zubehör, fanden wir erwähnenswert. Und so war hier alles, ineinander verwoben, ohne Reisstischbrett errichtet, spielerisch nebeneinandergesetzt, nicht wild, aber doch viel organischer als es heute irgendwo gelingt. Wir tauschten Städtenamen aus, ich nannte ihm Kutna Hora, er nannte mir Konopiste und Benesow und die eindrucksvollen alten Bäume dort, wir blickten über die Hussitenstadt und waren uns einig, dass man solche Städte, aus denen der Geist des alten Österreich ebenso aufsteigt wie die Erinnerung an erbitterte Glaubenskriege, kaum sonstwo findet. Und offenbar drang nur geringe Kunde von diesen böhmischen Städten in den Westen, denn hier in Tabor waren nur eine Handvoll Touristen zu sehen, französische Jugendliche mit schweren Rucksäcken hatte ich am Bahnhof beobachtet. Herr Pschierer, so hieß der Sechzigjährige, erzählte, dass er in der Nähe von Saaz aufgewachsen und mit fünfzehn Jahren vertrieben worden sei, dass er aber nicht die geringste Ahnung gehabt habe, in welch reichem Lande er gelebt habe. Diese Reise habe ihm die Augen geöffent, dass hier wirklich die Mitte Europas sei. Er habe sich in Prag spontan entschlossen, im nächsten Jahre wiederzukommen und seine Kenntnisse zu vertiefen. Ganz in Übereinstimmung mit seiner Lebensgefährtin übrigens, die unten auf ihn warte, weil sie hohe Türme nicht gerne besteige, die aber seine Begeisterung teile, obwohl sie Norwegerin sei und zuvor keinerlei Beziehung zu Böhmen gehabt habe. Ich gestand Herrn Pschierer, dass es mir ganz ähnlich ginge und dass ich – obwohl in Böhmen ein Teil meiner Vorfahren gelebt haben und sogar Glaubensvertriebene gewesen sind, die wahrscheinlich zur Zeit der Gegenreformation nach Schlesien auswanderten und ein anderer Zweig gegen Ende des 19. Jahrhunderts als Wirtschaftsflüchtige nach Bayern – achtzehn Jahre lang keine Reisen in dieses Land unternommen habe aus Angst vor verschlossenen Türen, verschwundenen und verbrannten Kirchenbüchern, verfallenen Gräbern, vor abweisenden Gesinnungen und fehlender Bettenkapazität. Wenn man darauf wartet, dass alle Bedingungen günstig sind, wird man nie reisen. Der wahre Reisende muss etwas von Marco Polo haben, es muss ihm gerade darum zu tun sein, in die verschlossenen Länder hineinzugelangen und in die verbotenen Städte und in die versteinerten Mienen zu lächeln; er darf sich nicht sorgen, wo er morgen sein Haupt hinlegen wird und ob das Kissen auch weich genug ist und aus der Brause heißes Wasser kommt, und wenn er nicht zu oft ständig daran denkt, wie er bald wieder bei seinen Lieben und zwischen seinem vertrauten Hausrat sitzen wird, so wird sich ihm auch der große Berg Sesam der Tabus langsam öffnen. Wir wurden uns einig, dass wir solche Marco Polos leider nicht gewesen waren und wie alle anderen erst mit dem Tauwetter kamen, wie einige Vogelarten, die sich der strengen Jahreszeit entziehen.

Und jetzt bestehen zahlreiche neue Gefahren, dass man das Land touristisch erschließt und dabei mit Straßen und Superbauten überzieht, die das Böhmen Smetanas und der Nemcova erdrücken werden.

Wir trennten uns, trafen uns aber später vor der Wallfahrtskirche Klokoty wieder, zu der wir auf verschiedenen Wegen gelangt waren. Hier wurde ein etwas versöhnlicherer Schlusssatz gesagt, etwa so, dass die Tschechen vielleicht die Fehler des Westens nicht wiederholen werden oder wenigstens das Geld dazu nicht haben. In verschiedenen Zügen fuhren wir abends nach Prag, zu dem mir aus meiner Kindheit her bekannten Bahnhof, vor dessen glasüberdachter Mittelhalle ich nachts gelärmt hatte. Das Bahnfahren ist hier immer noch billig; man fühlt sich dadurch ermuntert, weite Strecken zurückzulegen, bis tief in die Slowakei hinein vorzudringen, in die Gebirge der Beskiden und der kleinen und großen Fatra und Tatra, bis an die Grenzen zur Ukraine und zu Ungarn, ins immer Unbekanntere, immer Unzugänglichere, wo die Kunde von Marktwirtschaft und Prosperität mehr und mehr verblasst, die Preise für Unterkunft und Bewirtung immer mehr sinken, bis man schließlich in einer Schäferjurte umsonst übernachtet und am nächsten Tag mit Schäfer und Schafen weiterzieht in ein hügeliges Grasland, wo Fortschritt und Wachstum unter schweren grauen Wolken ihren Geist aushauchen.

In Prag freilich sind die unabweislichen Heilslehren des Westens angekommen und tief ins Weichbild eingefressen, am sichtbarsten in den vielen Wechselstuben und Zimmervermittlungen und in den neugegründeten Restaurants, in die kein Prager mehr gehen kann, weil sie für ihn zu teuer sind. Bei Sonnenuntergang bin ich noch einmal über die Karlsbrücke geschlendert, zwischen all den fliegenden Händlern hindurch, die neben russischen Militärmützen und Orden auch die Matrjoschka anbieten, die Puppe in der Puppe, handbemalt. Das neueste ist eine Jelzinpuppe, aus der sich eine Gorbatschowpuppe herausschälen lässt, daraus eine Stalinpuppe, in ihr sitzt ein noch kleinerer Lenin, und darin, schon recht zierlich der Zar, oder bei einigen Händlern, Katharina die Große. Man konnte auch umgekehrt verfahren, und als äußere Puppe die Zarin anfertigen oder Peter den Großen, und aus ihr all die anderen Potentaten hervorgehen lassen, alle mit dem tatarischen Zug im Gesicht, den einige listige Maler hervorgehoben haben. Schließlich könnte man, in einem schon recht kleinen Jelzin verborgen, den Präsidenten der Weltbank oder eine andere Repräsentationsfigur des großen Geldes entdecken, in dem sich nichts mehr verbirgt, weil sie schon aus einem Stück harten Wurzelholz geschnitzt wäre. Wäre ich Lackmaler, würde ich solche Puppen anbieten.

Auf der Karlsbrücke aber scheint niemand etwas zu kaufen. Man hört den Straßensängern eine Weile zu, viele junge Paare sind unterwegs, die sich verliebt aneinander pressen und hier ihre Verzauberung zur Schau stellen, ein paar Weltenbummler, die das Erwachen der Menschheit verfolgen, ein paar Desillusionierte, die über dem Zerbröckeln der Ideologien außen und innen grau geworden sind, ein paar Unstete, die hier ihr tägliches Gleichgewicht wiederzufinden hoffen, niemand von ihnen weiß, was auf die Freiheit folgen wird, aber alle strömen sie an diesem glutroten Abend über die dämmernde Brücke, die wie kein anderer Ort in dieser Stadt jetzt in Zuversicht getaucht erscheint.

Weitere Titel im NordPark Verlag

Karl Otto Mühl
Siebenschläfer
Roman
Paperback, 180 Seiten, 2002; 14.00 Euro
ISBN 3-935421-02-8

Rückkehr aus der Kriegsgefangenschaft nach Wuppertal, Währungsreform, ein Arbeitsplatz, beruflicher Erfolg, der Wunsch, sich im Leben einzurichten – tagebuchartig knapp, unprätentiös und äußerst präzise setzt Karl Otto Mühl hier ein Bild der Jahre 1947–1957 zusammen, geschrieben aus der Sicht eines mittleren Angestellten, der nachdenklich genug bleibt, um sich am Schluß der großen Karriere zu verweigern. Dieser Roman ist ein Zeitdokument und zugleich ein nach wie vor gültiges Werk der neueren deutschen Literatur.

Karl Otto Mühl
Nackte Hunde
Roman
Paperback, 208 Seiten, 12.00 Euro
ISBN 3-935421-06-0

Die Verwandten des Gustav Lautner sind durchschnittliche, einfache Bürger, Deutsche in einer Zeit, die das Deutschsein zu einem besonderen Schicksal machte. Gustav lebt seine Kindheit inmitten der Selbstverständlichkeiten jener Jahre.
Karl Otto Mühl beschreibt mit Gustavs Entwicklung auch seine eigene, mit nüchterner Präzision, einfühlsam, unprätentiös und ohne Attitüde der Betroffenheit als stilles, spannendes Zeitdokument. Gustav kehrt desillusioniert und erwachsener aus der Gefangenschaft nach Hause zurück.
Nach Hause – wohin? In die ausgebrannte Stadt, die Kindheit, die Erinnerung … in den Anfang eines neu zu suchenden Lebens und auch in den Anfang von Muhls 1975 erschienenem bekannten Roman »Siebenschläfer«.